인권강의

장규원

박영사

누가 누구보다 얼마나 더 높고 낮은가를 따지는 것은 부질없는 것이다. 누구보다 얼마나 더 높고 낮은지는 또 다른 누구 앞에 서면 절대적인 기준이 되지 못한다. 여기서 가장 높다고 뽐내지만, 저기서는 가장 낮은 사람이다. 스스로 높다고 여기며 젠체하는 것처럼 어리석은 것은 없다. 낮추면 높아진다. 낮은 데로 임하소서.

교양강좌로 인권을 화두 삼아 강의한 지 여러 해다. 처음에는 시간마다 4~5쪽 분량의 강의자료로 시작했다. 시간이 지남에 따라 강의안은 차곡차곡 쌓였다. 이를 인권강의라 하여 묶었다. 교양강좌라 여러 학과의 학생들이 모이고, 학년도 다양하다.

인간과 권리를 주제로, 백지상태에서 이를 어떻게 차곡차곡 쌓아갈까를 고민했고 그 과정에서 많은 시행착오를 겪었다. 그리고 이 과정 끝에 내린 결론은 강의는 편하게 이야기하듯 풀어가야 한다는 것이다.

인권은 인간을 전제로 한다. 인간이 무엇인지를 설명하고 싶은데 쉽지 않다. 세월이 흘러 머리가 희끗희끗해졌음에도 여전히 답을 찾기가 어렵다. 그래서 인간에 대한 성찰과 설명은 피하고 권리를 놓고 이야기하게 되었다. 이렇게 제1장은 권리와 의무의 주체로서 인간을 드러내고자 노력했다. 제2장은 인권 단위라 하여 개인을 상정했다. 권리를 누리는 주체는 나, 개인이라는 점을 강조했다. 제3장은 인간이기에 권리를 누린다지만, 그 이유나 배경은 무엇인지가 궁금하다. 인권은 자명하다고 말하지만, 왜 그래야 하는지는 여전히 의문스럽다. 상상의 자연상태와 현실의 상태를 놓고 비교할 수 있다. 어느 때가 더 나을 것인가를 놓고 자연법과 자연권, 사회계약 등 인권의 기초가 되는 논의를 정리했다. 제4장에서는 인권 선언이라 하여 절대권력에 맞섰던 자유인의 선언, 문서, 조약을 중심으로 변천하여온 과정을 짚었다. 인권 의식은 어느 한 지역만이 아니라 이웃 지역, 저 멀리 있는 다른 지역까지도 공유하여, 일명 국제화되었다. 그러한 과정과 내용을 제5장에 담았다. 제6장은 인권 목록이라는 제목을 달았다. 여러 인권 선언과 제5장에서 언급한 세계인권선언의 내용 중 일부를 다뤘다. 또한, 대한민국 헌법에서 규정한 기본권의 내용도 다뤘다. 제7장은 인권 풍경이라 하여 논란의 여지가 있는 주제를 다뤘다. 인권이란 주제는 똑 부러지게 어떠한 결론이 나올 수 없다. 이쪽 주장도 저쪽 의견도 나름대로 이유가 있다. 이는 옳고 그름의 문제가 아니라 같이 생각하자는 것에 초점을 맞춘, 답을 구하지 않는 질문이기 때문이다. 그야말로 서 있는 곳에 따라 달리 보이는 풍경일 뿐이다. 강의할 때 이 시간에는 토론으로 진행했다. 기대 이상으로 많은 생각을 들을 수 있다. 거침없는 의견들을 들을 수 있고, 해마다 자기주장을 펼치는 학생들의 변화도 느낄 수 있다. 제8장과 제9장은 인권침해에 대한 구제 수단을 다뤘다. 한 번은 사법적 구제라는 관점에서, 다른 한 번은 비사법적 구제의 관점에서이다. 특히 비사법적 관점으로는 회복적 정의를 이야기했다. 공식적인, 그래서 절차적이고 형식적이며 일방적으로 흘러갈 수밖에 없는 사법절차가 아닌 당사자와 이해관계인이 모여 난상토론 하듯 갈등을 풀어가는 광경을 그려볼 수 있다. 하늘 아래 새로운 것은 없다. 그런 광경은 예전에도 있었지만, 제도화되면서 잊혔을 뿐이다. 인권침해의 구제 수단과 절차로 응징과 처벌이 아닌, 화해와 치유를 바탕에 둔 회복적 정의를 구현하는 것이 정의롭다고 하겠다. 제10장에서는 정의를 놓고 이야기하면서 한 학기 강의를 마쳤다.

무엇을 말하는가도 중요하지만 어떻게 말하는가도 중요하다.

"내가 쓰고 싶었던 문장들은 모두, 오래전부터 당신들에 의해 쓰였다." 한유주의 《농담》이라는 소설에서 나온 이 문구가 그것을 보여준다. 강의안을 꾸미고,《인권강의》라 하여 책으로 묶어내면서 배우고, 깨닫고, 인용한 내용은 각 장의 참고문헌에 제시하였다.

2020년 2월
장 규 원

제 1 장 인간의 권리

제 2 장 인권 단위

제 3 장 인권의 기초

제 9 장 회복적 정의와 인권구제

제10장 인권과 정의

인권
강의

제1장
인간의 권리

아메리카 인디오는 과연 인간인가? 말도 안 되는 소리지만, 1550년대 유럽에서는 달랐다. "인디오는 과연 인간인가?"라는 화두는 당시 사회를 뜨겁게 달궜다. 이를 바야돌리드 논쟁이라 한다. 신대륙 발견 이후, 유럽인들은 인디오를 신이 준 선물로 여기며 그들의 노동력을 착취했다. 한 수도원의 수사를 중심으로, 그들도 우리와 같은 인간인데 폭력과 악행을 저질러서는 안 된다는 반성의 목소리가 나온다. 문제는 인디오 인권을 주장한 쪽도 식민제도를 당연하게 여기고 있었고, 다만 방법이 달랐을 뿐이다. 한쪽은 무력으로 인디오를 다스려야 한다고 주장했고, 다른 한쪽은 전도와 교화라는 온건한 방법을 제시했다. 아프리카 노예와 달리 인디오는 인간이며, 따라서 그들을 함부로 다뤄서는 안 된다는 것이 논쟁의 결과였다. 당시 유럽인의 세계관에서 도출한 합리적인 절충안이었다.

인간이 인간을 놓고 인간인가를 따지는 중세 유럽의 풍경이지만, 이는 오늘날에도 크게 다르지 않다. 공공의 이익이라는 이름으로 다수 앞에 소수는 쉽게 무시당하고, 가난한 나라의 사람은 중세 유럽의 인디오나 아프리카 노예와 같이 차별과 폭력 앞에 떨어야 하고, 성차별 구조에 82년생

김지영은 먹먹해야 한다. 여전히 "나도 인간이다."라고 광장에서 외쳐야 한다. 인간의 권리라는 이름으로.

1. 인간의 권리에 대한 이해

인권 개념 가닥잡기

인권이란 무엇인가? 따지고 보면 우리는 이미 인권이 뭐라는 것은 알고 있다. 남이 불의를 겪을 때 괴로움, 또는 적어도 불편함을 느끼기 때문이다. 이를 타인에 대한 동정, 달리 이야기하자면 공감이라고도 할 수 있다. 이러한 마음이 있기에 우리는 인권을 충분히 이해할 수 있다.

사람마다 인권에 대한 정의는 다르다. 예를 들어 인권은 단순히 '인간'의 권리라고 한다. 또는 인간답게 살 권리라고도 한다. 인간이기 때문에 누려야 할 권리라고도 한다. 인간의 인간다움을 실현할 권리라고도 한다. 인간이면 누구나 누릴 수 있는 당연한 권리라고도 한다.

인권에 관한 많은 주장 중에 '인권이란 인간이 인간답게 사는 데 필요한 최소한의 권리'라는 설명이 여러 가지 생각거리를 제공한다.

인권은 인간다운 삶을 위한 권리이다. 인간다운 삶을 위해서는 무엇보다 우리는 살아 있어야 하고, 살기 위해서는 먹을 것이 있어야 하고, 머물 곳이 있어야 한다. 인류 역사 이래 인간은 의식주를 해결하기 위해 노력했다. 인간은 의식주를 해결하기 위해 부지런히 일을 한다. 따라서 인간다운 삶을 위해서는 일을 할 수 있어야 하고, 일하기 위해서는 배우고 익혀야 한다. 예전에는 동네 어른한테 배웠다. 할아버지 손을 잡고 따라다니면서, 어르신 뒤를 졸졸 쫓아가면서 '이것은 몸에 좋고, 저것은 나쁘다'라며 하나씩 배워갔다. 산업화와 함께 아이들은 학교에 모여 공부하며 익힌다. 아이들뿐만 아니라 어른들을 위한 교육, 재교육, 평생교육 환경을 갖추는 것도 요구된다. 또한, 인간다운 삶을 위해서는 노인이나 가난한 사람 등 사회적 약자에 관심을 가져야 한다. 산업 일꾼으로 한 시대를 역동적으로 보내다가, 지금은 세대교체라는 이름으로 물러난 노인들은 종묘나 탑골공원, 천변의 다리 밑 공터에서 삼삼오오 모여 하루를 보낸다. 그들은 불편하고 귀찮은 존재가 아닌 온기가 도는 한 사람의 인간으로 보고 정책을 펼쳐야 한다. 가난한 사람은 죽음조차 미안해하며 가는 세상이다. 누구나 인간답게 살아갈 권리를 누려야 한다. 국가는 노인, 장애인, 아동, 그리고 가난한 사람의 인간다운 삶을 당연한 권리로서 인정하고 있는가? 이들을 단지 보호해야 할 수동적이고 시혜적인 대상으로 인식하고 있는 것은 아닐까? 모든 국민이 인간으로서 존엄과 가치를 가지며, 행복할 권리를 가진 것인지 국가에 묻고 따져야 한다. 인간다운 삶을 꾀하기 위해서다.

인권은 인간답게 사는 데 필요한 권리이다. 필요하다는 것은 반드시 요구된다는 뜻이다. 앞으로 천천히 형편에 따라 보장되어야 할 것이 아니다. 당장 있어야 한다. 사람답게 살기 위해서 지금 당장 반드시 요구되는 것, 그것이 곧 인권 개념의 요소이다.

인권은 인간답게 사는 데 있어 최소한의 권리이다. 최소한이란 적어도 이 정도는 되어야 한다는 것이다. 적어도 이 정도는 보장되어야 한다는 것이다. 인권은 곧 최소한의 권리도 보장받지 못한 사람들이 요구하는 것이다.

인권은 다양한 권리들의 집합체이다. 그 권리들이 하루아침에 인권이란 울타리에 포함된 것이 아니다. 지금도 인권 목록에 그 이름을 올리려고 대기 중인 또 다른 권리들이 널려 있다.

권리에 대한 이해

(1) 많은 사람들이 "나한테 권리가 있다."라는 등의 말을 한다. 우리가 쓰는 권리라는 용어는 휘튼(Henry Wheaton)의 《Elements of International Law》를 《만국공법》이라 하여 중국어로 번역하여 출판한 때 처음 사용한 것으로 알려져 있다. 일본은 통의(通義, つうぎ)라는 용어로 번역하여 사용하다가 후에 권리(權利, けんり)라 하였는데, 당시에는 그 어감이 너무 강하다고 하여 법학의 영역에서 사용하였다.

(2) 우리는 인권을 정치적 도구로만 사용하고 있는지 모른다. 인권 침해라고 말하지만, 어떤 권리가 침해되었는지 분명하게 따지기 어렵다. 권리 중에 인간의 권리가 아닌 것도 있을까? 인권이라는 용어는 단지 동물권과 구별하기 위해 사용하는 것은 아니다. 한편 인간의 권리와 시민의 권리는 결이 다르다. 권리 개념이 분명하지 않다면 인간의 권리, 시민의 권리, 동물권 등에 대해서 명확하게 이야기하기 어렵다.

혼히 권리와 의무는 동전의 양면과도 같다고 한다. 즉, 권리에는 의무가 따른다. 권리를 가지는 특정인을 권리의 주체라 하고, 의무를 지게 되는 사람을 의무의 주체라 한다. 원칙적으로 권리의 주체가 될 수 있는 사람만이 의무의 주체가 될 수 있고, 의무의 주체가 될 수 있는 사람만이 권리의 주체가 될 수 있다.

권리는 특정한 생활 이익을 내용으로 한다. 권리 내용인 그 특정한 생활 이익을 권리의 목적이라 하고, 그 목적이 성립하기 위하여 필요한 일정한 대상을 권리 객체라고 한다. 권리의 객체는 권리의 종류에 따라서 다르다. 물권에서는 물건이고, 채권은 사람의 행위이며, 친족권에서는 일정한 친족관계에 서는 삶의 지위가 권리의 객체이다. 또 생명, 신체, 자유, 명예 등 그 주체와 분리될 수 없는 이익을 내용으로 하는 인격권은 권리 주체 자신이 동시에 권리 객체이다. 한편 권리 주체가 사회적 약자일 때, 의무

주체는 거의 예외 없이 사라진다. 인간의 생명권을 부정할 사람은 없지만, 그 권리에 상응하는 의무 주체가 누구인지는 밝히려 하지 않기 때문이다. 세월호를 예를 들 수 있다. 안타까운 죽음에 대한 기업과 국가의 도덕적, 법적 의무를 따지지 아니하고 세월만 지났다.

(3) 사회생활 관계를 법적으로 보자면 다양한 권리와 의무의 관계로 얽혀 있다. 이 권리와 의무의 관계를 법률관계라고 한다. 예컨대 매매 관계 때문에 '판 사람'(매도인)은 소유권 이전의 의무가 있고, '산 사람'(매수인)은 이를 청구할 수 있는 권리를 가진다. 반면에 매도인은 매매대금을 청구할 수 있는 권리를 갖고 매수인은 이를 지급할 의무가 있다. 이것이 매매 관계로부터 발생하는 권리와 의무이다.

법률관계와는 달리 관습, 도덕, 종교의 규율을 받는 생활관계를 생각할 수 있다. 예를 들어 가족, 애정, 우의, 예의 관계와 같은 생활관계는 법률관계와는 다르다. 아버지가 딸에게 생일 선물을 사주기로 약속하는 것, 친구와 여행을 같이 가자고 약속하는 것 등은 모두 인간관계에 따른 약속으로서 이로부터 법률관계는 발생하지 않는다. 이러한 약속을 어겼다고 그 이행을 또는 배상을 청구하라는 문제가 야기되지 않는다.

그러나 이러한 순수한 인간관계와 법률관계의 경계를 구분하기가 쉽지 않다. 여러 사람이 여행을 떠날 때 얼마의 돈을 모아 공동 여행비로 쓰기로 했으나, 어느 누가 참여하지 않아 다른 사람이 손해를 입으면 그 사람이 이 손해를 배상하는 것이 타당한가? 결혼을 전제로 혼수를 주고받았는데, 혼인이 이루어지지 않을 때는 이를 반환하도록 하는 것이 타당한가? 우리는 형평에 맞아야 한다고 말한다. 이럴 때 원상회복이 형평에 맞는다고 할 수 있으므로 부당이득반환에 기한 법률관계가 발생한다고 할 수 있다. 인간관계인가 법률관계인가의 구별은 법익의 타당성을 고려하여 결정해야 할 것이다.

권리와 의무는 서로 대응한다. 그러나 권리가 대응하지 않는 의무도 있고, 의무가 대응하지 않는 권리도 있다. 법인의 등기나 무능력자의 영업 등기를 해야 할 의무, 공고의무, 감독의무 등은 전자의 예이고, 민법상의 취소권, 동의권, 해제권 등의 형성권은 후자의 예이다. 또 친권자가 미성년자를 보호하고 교육할 권리를 가지는 동시에 의무를 지는 예와 같이 동일한 사람의 권리이자 동시에 의무인 경우도 있다.

(4) 권리는 다른 사람에게 무엇인가를 요구하는 것이다. 이런 권리를 청구권이라 한다. 예컨대 임대인(빌려주는 사람) 甲과 임차인(빌려 쓰는 사람) 乙이 주택임대차 계약을 맺었다. 이때 甲은 乙에게 주택을 임대할 의무가 있고, 동시에 乙에게 임대료를 청구할 권리가 있다. 반대로 乙은 甲에게 임대료를 지급할 의무가 있고, 아울러 甲에게 주택을 사용할 수 있도록 청구할 권리가 있다.

권리는 내가 원하는 대로 자유롭게 할 수 있다는 것을 말한다. 이런 권리를 자유권이라 한다. 다른 사람이 나한테 이래라저래라 요구할 수 없다는 것이다.

권리는 어느 한쪽 권리자의 의사표시이다. 그 의사표시는 일정한 법률효과가 일어나게 한다. 이런 권리를 형성권이라 한다. 예를 들어 신용카드로 30만 원짜리 물건을 3개월 할부로 결제하였다가 마음이 바뀌어 구매하지 않으면 물건을 인도받은 날로부터 7일 이내에 청약 철회권을 행사하여 할부거래를 취소할 수 있다. 그 7일 이내에는 내가 철회하겠다는 일방적인 의사표시를 했어도 상대방은 이를 거절할 수 없다. 이처럼 권리는 법률관계를 형성하고 또한 바꿀 법적 능력이기도 하다. 끝으로 권리는 권리보유자의 소유물이나 상태에 대하여 제삼자가 마음대로 처분할 수 없는 지위를 의미한다.

(5) 권리와 유사개념으로 권력, 권한, 권능, 권원 등이 있다. "모든 권력은 국민에게서 나온다." 헌법 제1조 제2항의 내용이다. 여기서 권력(權力)은 남을 복종시키거나 지배할 수 있는 공인된 권리를 말한다. 흔히 "힘이 있다."라고 표현된다. 특히 국가나 정부가 국민에 대하여 가지고 있는 강제력을 말한다.

"탄핵소추의 의결을 받은 자는 탄핵 심판이 있을 때까지 그 권한 행사가 정지된다." 헌법 제65조 제3항의 내용이다. 대통령이 공석이 되거나 사고로 인하여 직무를 수행할 수 없을 때는 국무총리, 법률이 정한 국무위원의 순서로 그 권한을 대행한다(헌법 제71조). 권한(權限)이란 어떤 사람이나 기관의 권리나 권력이 미치는 범위를 말한다. 법인이 법인을 위해서 할 수 있는 행위능력(민법 제59조 이사의 대표권 참조), 대리인의 권한(민법 제118조), 공무원의 권한, 단체간부의 권한, 회사 이사의 권한 등 공법 또는 사법상의 법인이나 단체의 기관이 법령이나 정관 등에 의하여 행할 수 있는 일의 범위나 자격을 말한다.

권능(權能)이란 권리에서 나오는 개개의 기능을 말한다. 권리를 주장하고 행사할 수 있는 능력, 어떤 일을 행하는 능력, 무슨 일을 할 수 있는 자격이다. 한 개의 권리가 있으면 그로부터 여러 가지 권능이 나온다. 예를 들어 소유권이라는 권리로부터 사용의 권능, 수익의 권능, 처분의 권능 등이 나온다. 한편 이러한 권능을 흔히 사용권, 수익권, 처분권 등으로 이야기한다. 한편 권원(權原)은 어떠한 행위를 정당화하는 법률상의 원인, 권리의 원인을 말한다. 예컨대 다른 사람의 토지 위에 물건을 부속시킬 수 있는 권원은 지상권 또는 임차권에 의한다는 식이다.

개인의 권리

(1) 권리에 해당하는 영어 right, 프랑스어 droit, 독일어 Recht는 각기 다른 역사를 거쳐 발전해왔지만, 그 뿌리는 라틴어 jus에서 찾는다. jus는

권리만이 아니라 법과 의무도 의미한다. 중요한 것은 '올바른 상태, 올바름'이라는 의미이다. 오늘날 영어 right에는 여전히 '옳은, 적절한, 바른, 곧은' 등과 같이 사물의 객관적 상태를 지시하는 말로 쓰인다. 그러면 영어 right에 개인의 권리라는 의미는 언제 등장했을까? 네덜란드 법학자 흐로티위스(Hugo Grotius)는 jus를 '한 사람의 도덕적 자질로서, 무엇을 적법하게 소유하거나 행할 수 있도록 해 주는 것'이라 정의했고, 이 시기 이후에 jus는 개인이 가진 주관적 자질, 속성, 상태라는 의미가 추가되었다. 오늘날 의미의 권리가 출현한 것이다.

jus가 객관적으로 올바른 상태를 의미하던 시대에는 그 용어에 권리와 법이라는 두 가지 의미가 모두 들어 있었다. jus가 개인의 주관적 자질이라는 의미가 더해지면서 법과 권리가 분리되었다. 현대 영어는 right(권리)와 law(법)를 구별한다. 프랑스어도 권리와 법을 구별하고 있지만, droit에는 법과 권리라는 의미가 다 담겨있다. 보통 이 말을 복수로 쓰면 개인의 권리들을 의미하고, 정관사와 함께 단수로 쓰면 법을 말한다. 같은 단어를 용법에 따라 달리 쓰다 보니 영어보다는 두 의미의 경계가 모호하다. 그래서 프랑스인들은 법을 권리의 집합이라고도 이해한다. 독일어 Recht도 권리와 법 모두를 의미한다. 라틴어 jus에서 유래한 서구 언어 상당수가 법과 권리라는 두 가지 의미를 모두 가지고 있다.

(2) 자유는 권리의 요소이다. 인권의 핵심은 개인과 권력체인 국가와의 관계 설정에 있다. 개인은 국가에 어떤 권리가 있고, 국가는 개인의 권리에 어떻게 개입을 할 수 있는가, 바로 이것이 인권의 가장 중요한 문제였다. 그 핵심을 차지하는 것이 자유이다. 개인은 국가에 대하여 얼마나 자유로울 수 있는가, 국가는 개인의 자유를 얼마나 제한할 수 있는가이다. 밀(John Stuart Mill)은 개인의 자유는 절대적으로 보장되어야 하지만, '남에게 해를 끼치지 않는 한'이라는 전제를 붙였다. 권리는 권리를 가진 사람

에게 어떤 이익을 가져다주는 것으로 이해한다. 이는 달리 표현하면 무엇을 할 자유(~할 자유)라는 의미이다. 이때 '~할 자유가 있다'라는 권리 주장은 자기 마음대로 무슨 일이든 할 수 있다는 것은 아니다. '~할 자유가 있다'라는 주장은 그 행위의 적법성을 드러내는 표현이다. '~할 자유가 있다'라는 것은 '~하지 않을 의무를 갖지 않는다'는 것이다. 권리는 또한 요구이다. '甲이 乙에게 ~할 요구권을 가진다.'라는 것은 '乙이 甲에게 ~할 의무가 있다'라는 말이다. 한편 권리는 개인의 지위(status)에 기초한다. 내가 표현의 자유, 신체의 자유, 사상의 자유를 갖는 이유는 내가 인간이라는 지위에 있기 때문이다. 개인의 지위를 권리 정당성의 원천으로 이해하는 것이 자연권 사상의 핵심이다.

2. 권리와 권리의 충돌

제퍼슨(Thomas Jefferson)은 미국 독립선언서 초안에서, "우리는 다음 진리들을 자명한 것으로 간주한다. 모든 인간은 평등하게 태어났으며, 조물주로부터 고유의 양도할 수 없는 권리를 부여받았는데, 그중에는 생명, 자유, 행복 추구가 있다."라고 주장했다. 제퍼슨이 보기에 인권의 보편성, 만인의 평등과 생명, 자유, 행복 추구 등의 양도할 수 없는 권리는 그 자체로 자명한 것이었다.

그러나 최초의 근대적 보수주의자로 알려진 버크(Edmund Burke)는 인권을 근본적으로 정의할 수 없다고 했다. 인권은 오로지 특정한 정치적·문화적 조건에서만 규정 가능한 것으로, 근대 혁명 시기 인권에 관한 주장은 모두 극단적인 것으로서 현실성 없는 추상적인 이념의 차원에서만 논의할 수 있는 공허한 개념이라 했다. 그에 의하면 인권이 유의미할 수 있는 것은 오로지 특정한 정치적 조건을 전제할 때뿐이며, 이때에야 비로소

인권은 규정 가능한 현실의 권리 개념이 된다는 것이다.

그러나 인권이 단지 국가를 근거로 하는 법적 차원의 권리로만 온전히 이야기될 수 있는 것인가? 오히려 현실의 관점에서 생각해도, 국가에 의해 규정되고 보장되는 법적 질서에 대항하는 투쟁이 인권의 이름으로 전개되어 왔다.

반민주적 독재국가뿐만 아니라 민주국가에서도 인권 투쟁은 늘 있다. 오히려 민주국가일수록 현행법을 넘어서는, 더 많은 권리를 위한 투쟁이 인권 운동으로 활성화된다.

권리들은 현실의 특정한 조건에서는 서로 부딪칠 수 있다. 예를 들어 성매매 합법화, 혹은 성노동자의 권리문제를 주장하는 사람들과 반성매매 운동을 펼치는 사람들 사이의 논쟁이 그것이다. 성적 서비스를 제공하는 여성이 쟁취하려는 권리와 여성의 성이 상품화되는 것을 거부하는 권리가 충돌한다. 집회 시위에서도 여러 권리가 부딪친다. 집회의 권리와 통행의 권리, 그리고 평온하게 조용하게 살고 싶은 주변 주민의 권리가 부딪친다. 이외에도 학생인권과 교권이 맞선다면, 죄수의 권리와 교도관의 권리가 대립한다면, 노동자 권리와 경영권이 갈등한다면 등등, 권리들끼리 싸우는 사례는 많다. 권리 간 충돌 문제는 인권에서 이론적으로나 현실적으로나 민감한 난제이다.

모두가 인권에 바탕을 둔 주장이라면 양자는 어긋나서는 안 된다. 이 상호 충돌하는 현실을 어떻게 단일한 인권의 개념 속에서 해결할 수 있을까? 그렇다면 인권이 불가능한 것처럼 보인다. 그만큼 인권은, 인권 논의는 늘 부딪치며 다듬어 가야 한다.

헌법은 국민이 가지는 인권 내용을 규정하고 이를 보장하는 것을 국가의 의무로 규정하고 있다(헌법 제10조 참조).

3. 인권에의 접근

인권, 자유, 정의, 평등, 관용 …. 이른바 인류 보편의 가치라 하여 제시되는 개념들이다. 이 모든 가치가 진실로 소중하다면, 왜 그것이 훼손될 때 바로잡으려는 움직임이 우리 눈에 보이지 않는가. 이런 보편 가치의 이름으로 행해지는 불의와 악은 또 얼마나 자주 목격되는가.

인권은 국가가 부여한 권리가 아니라 인간이 태어나면서 부여받는 권리라는 점에서 천부인권성을 이야기한다. 또한, 모든 인간이 동일한 인권을 갖는다는 점에서 보편성, 인권은 포기하거나 양도할 수 있는 권리가 아니라는 점에서 양도 불가성, 권리 간에 상호 충돌이 생긴다면 우선순위가 존재하지 않는다는 불가분성, 권리를 누리기 위해서는 다른 권리도 함께 향유되어야 한다는 상호의존성의 다섯 가지를 인권의 특성으로 이야기한다.

이러한 인권에 관한 생각은 학제적 협업이 요구된다. 천부인권성을 이야기하는데, 그 인권을 정당화할 수 있는 철학적·인식론적 토대에 대한 질문을 고민해야 한다. 인권의 토대가 자연법인지, 자명한 것인지, 인간 욕구에 달린 것인지, 합의인지, 아니면 인권의 토대에 관한 질문 자체가 불필요하거나 불가능하며 차라리 다른 인간의 고통에 대한 측은지심을 가지는 것만으로도 인권을 정당화할 수 있다고 할 것인지, 각 문화권이 인권을 어떻게 다르게 해석하는지 등이 철학과 더 나아가 인류학의 관심사이다. 인권은 법적 담론이 필요하다. 무엇보다도 법은 인간의 기본권에 대한 적절한 보호를 제공하여야 한다. 보편성의 인권에 대하여 국민국가 질서가 지배하는 세계에서 국제법의 성격과 지위, 초국가적 법질서의 가능성을 탐구하고, 법적 이성을 통해 법의 내적 의미·통일성·적용 범위·허점 등을 살펴야 한다. 인권에 대한 정치학과 사회학의 기여도 철학적·법적 담론과 적절한 맥락 속에 같이 하여야 한다. 왜 20세기 후반에 인권이 이토록 급부상했는지, 어째서 특정한 인권만이 유독 더 큰 주목을 받는지, 인권으로 인해 일차적 혜택을 받는 사람과 간접적 혜택을 받는 사람은 누구인지, 인권이 궁극적으로 현존하는 권력 구조를 정당화하는지 또는 그것에 도전하는지 등을 따져보는 것이 필요하다.

인권침해에 대한 법적 해결책을 곧바로 제시하기에 앞서 권력과 인권 간의 관계를 분석하고 성찰할 수 있는 영역도 필요하다. 역사학·정치경제학·사회복지학·여성학 등이 여기에 속할 것이다. 이는 곧 인권이란 어느 한 영역에서만 고집스레 고민하는 것이 아니다. 융합적 관점에서 접근해야 한다.

참고문헌

김비환, 민주주의와 법의 지배: 현대 입헌민주주의의 스펙트럼, 456쪽, 박영사 펴냄, 2016.

박이대승, 개념 없는 사회를 위한 강의: 변화를 향한 소수자의 정치전략, 324쪽, 오월의 봄 펴냄, 2017.

박찬운, 인권법, 1117쪽, 한울아카데미 펴냄, 2008.

송호근, 시민의 탄생: 조선의 근대와 공론장의 지각 변동, 521쪽, 민음사 펴냄, 2013.

유네스코한국위원회, 인권교육 어떻게 할 것인가, 238쪽, 오름 펴냄, 2000.

장경학, 법학통론 (제7개정판), 509쪽, 법문사 펴냄, 2004.

장 클로드 카리에르/이세욱 옮김, 바야돌리드 논쟁: 신대륙의 운명을 결정지은 5일간의 기록, 372쪽, 샘터 펴냄, 2007.

조효제, 인권의 문법, 392쪽, 후마니타스 펴냄, 2007.

조효제, 인권을 찾아서: 신세대를 위한 세계인권선언 (한울아카데미 1398), 352쪽, 한울아카데미 펴냄, 2011.

조효제, 인권 오디세이: 다시 인간답게 살 권리를 묻는다, 440쪽, 교양인 펴냄, 2015.

존 스튜어트 밀/서병훈 옮김, 자유론 (책세상문고 고전의 세계 43), 254쪽, 책세상 펴냄, 2006.

진관타오·류칭펑/양일모·송인재·한지은·강중기·이상돈 옮김, 중국 근현대사를 새로
　　쓰는 관념사란 무엇인가 2: 관념의 변천과 용어, 571쪽, 푸른 역사 펴냄, 2010.
최종고, 한국의 서양법수용사, 486쪽, 박영사 펴냄, 1982.
한나 아렌트/이진우·박미애 옮김, 전체주의의 기원 1 (한길그레이트북스 83), 550쪽,
　　한길사 펴냄, 2006.

제2장
인권 단위

　무진장 넓고 넓은 우주에 무량수만큼 많고 많은 별 중 하나에 우리만이 존재한다면, 정녕 헤아릴 수 없이 아찔한 낭비가 아닐까 싶다. 외계인이 있다면, 그 외계인이 작은 별 지구에 사는 우리를 바라본다면 아마도 똑같아 보일 것이다. 그들에겐 잘난 사람, 못난 사람, 착한 사람, 악한 사람, 늙은 사람, 젊은 사람, 돈 많은 사람, 가난한 사람, 키 큰 사람, 작은 사람, 흑인, 백인, 한국어를 사용하는지, 영어를 쓰는지는 중요하지 않을 것이다. 그러나 지구인 우리에겐 별별 사람 하나하나가 인권의 주체인 개인이다.

1. 개인과 개인화

개인
　사회는 개인을 단위로 한다. 인권도 개인을 단위로 한다. 인권을 누리는 주체는 개인인 '나'가 기초이다.
　개인이란 무엇인가? 개인을 뜻하는 영어 단어 individual은 원자

(atomon)라는 뜻의 그리스 단어를 라틴어로 '나눌 수 없는 것'(in-dividua)이라고 번역한 데서 비롯된다.

개인은 더 나눌 수 없는 존재자를 의미한다. 개인은 개별적 개인을 말한다. 개인은 한 사람 한 사람의 인간을 의미한다. 개인은 타인과 구별되는 자기만의 개별적인 특징을 가진 사람을 의미한다. 개인은 전적으로 개별적인 인간에 주목하여 사회나 국가 같은 집단의 대립자를 의미한다. 개인은 개체나 개별적 사물과는 구별되는 인간적, 인격적인 개인을 의미한다. 개인에게는 함부로 침해할 수 없는 권리가 있다는 의미도 있다.

'개인은 민주주의의 기초'라거나, '근대적 개인은 르네상스의 산물'이라는 식의 개인과 개인 컴퓨터에서의 개인은 결이 다르다. 민주주의 기초로서의 개인(individual)은 사회적인 개체성, 객관적인 개체성이라는 의미를 새길 수 있다.

그에 반해서 개인용 컴퓨터에서의 개인(personal)은 프라이버시, 사적인 개인성이 강조된다. 이런 차이로 individual은 사람만이 아니라 물체도 지칭하고 쓰이지만, personal은 사람만을 지칭한다.

개별적인 인간이라는 생물학적 관점에서 본다면, 인류가 탄생했을 때부터 개인은 개인이었을 것이다. 사회는 개인들로 구성되어 있다. 인간이 인간인 이래로 그들은 서로 알아보고 자신을 스스로 상대와 구별했다. 그러나 이런 단순한 차이를 놓고 우리는 개인이라고 부르지 않는다. 특정 역사와 사회 속에서 각자가 자신에게 고유한 성격을 부여하고 각기 자신의 정체성을 확보할 때, 즉 자신을 개인으로 간주하고 개인으로서 행동할 때, 그 개체적 인간을 우리는 개인이라 한다.

개인화

(1) 개인이 먼 옛날부터 언제나 가치를 부여받거나 재현되지는 않았다. 선사시대의 암벽화나 이집트 고분 벽화 등에서 등장하는 인간은 한 개인

이라기보다는 추상적이고 단순한 실루엣으로 표현되었다. 로마 시대에 이르러서야 우리가 사용하는 의미의 개인이 재현된다.[1]

그러나 그렇게 드러난 개인은 중세 시대에 사라진다. 신의 이름으로 개인이 묻혔기 때문이다. 물론 당시 그리스도교는 '인간은 누구나 직접 신의 메시지를 받을 수 있는 존재'라는 이유로 개인을 강조하기도 했지만, 그 개인은 오직 신과의 관계 속에서만 중요했다.

르네상스는 개인이 탄생한 시대라고 말한다. 르네상스 시대에 부흥된 인문주의는 특정 종교나 이념에 얽매이지 않고, 있는 그대로의 인간에 관심을 가졌기 때문이다. 그러나 여전히 그리스도교 교리의 테두리를 벗어나지는 못했다. 따라서 르네상스 인본주의를 개인주의라고 말하기는 조심스럽다.

(2) 근대 이전 사람들의 사회적 위치는 근원적으로 태생이 정해졌다. 노비는 노비로, 귀족은 귀족으로 태어났다. 누구나 자신이 속한 집단의 기준에 맞게 처신하고, 자신의 계급에 따라 행동해야 했다. 그리고 그 틀을 자연스럽게 받아들였다. 그런 점에서 근대 이전의 사회는 계급사회였고, 위계 사회였다. 본질에서 개인이란 '특수한' 개인이었다. 개별적인 개인이 아니라 특수한 집단에 속한 존재로서 개인이었다. 계급사회 당시 사회 구성원들은 모든 사람이 각자 자기 계급의 일원인 특수한 개인이었다. 개인적 개인이란 없었다.

한 사회가 위계 사회로 될 수 있는 것은 그 사회의 사람들이 계급적 질서를 자연스러운 질서로 받아들이기 때문이다. 하나의 질서가 자연스러운 것으로 보일 때 그것은 동시에 규범이 된다.

---

1 베수비오 화산 폭발로 보존된 제빵업자 테렌티우스 네오 부부의 초상화가 그것이다. 이 초상화는 그들 자신을 위해 또는 그들 가까운 사람들을 위해 그려진 것이다. 개인이 본격적으로 개화되기 시작한 것은 이 초상화부터라고 할 수 있다(츠베탕 토도로프, 2006).

위계질서가 한 사회의 원칙일 때 그곳에서는 어떤 인간적 권위도, 어떤 인간적 권력도 법의 근원으로 인식되지 않는다. 권력은 더 높은 곳에서 오는 것으로 인식되고, 그때부터 인간의 모든 권력은 초인간적, 초자연적, 신적 권력의 발현으로 간주한다. 그러한 권위는 또한 신성한 것과 관련되어 있음을 암시해 주어야만 정당성을 얻었다. 절대왕권은 신에 기대어 권력을 휘둘렀으며, 가장 낮은 사회적 지위에 있는 사람들은 그 권력에 대해 때에 따라서는 오로지 육체만을 지닌 존재가 되어 버린다.

(3) 전근대의 어떤 사회도 인간이 인간인 한 자유롭다는 평등의 원칙을 말만 했지 느끼지 못했다. 위계적 기반을 두고 있던 그 사회에서는 타율성의 원칙, 태생적인 불평등의 원칙이 자리 잡고 있었다.

개인은 태어나면서부터 본성적으로 자신의 운명을 결정할 권리를 지녔다는 것, 개인의 권리는 모든 인간 존재에게 천부적으로 주어져 있다는 것, 혹은 인간은 인간으로서 자유롭다는 사상은 근대에 와서야 널리 퍼졌다.

어느 순간 너무나 자연스러운 것으로 여겨졌던 신분의 위계질서, 권위, 개인의 소속 관계에 대한 집단적 반발이 일어났다. 서로를 평등한 존재, 자율적인 존재로 간주하게 되었다. 이때부터 인간들은 진정한 개인이 되었다. 근대적인 개인은 이렇게 탄생했다. 근대의 산물인 개인은 마냥 긍정적이거나 밝은 것만은 아니다. 푸코(Paul-Michel Foucault)는 근대의 개인화를 부정적으로 본다. 학교에서 학생들 시험 보는 거나 병원에서 의사가 환자를 진단하는 것이 모두 개인화된 데이터로 기록되어 평생 한 개인을 따라 다니는데, 그것이 사람을 통제하는 권력의 가장 유효한 수단이라 했다. 그가 지식에 기반을 둔 근대의 규율 권력을 논하면서 이름 붙였던 소위 앎-권력의 핵심적인 수단이 바로 개인화이다.

근대적 의미의 개인은 본질에서 개별적인 존재, 즉 다른 아무 소속 관계없이 오로지 인간인 한에 있어서만 인간인 그러한 개인이다.

이 새로운 개인이 바로 민주주의의 바탕이 된다. 물론 고대 그리스의 도시국가에서도 민주주의는 있었다. 자율성 원칙이 지배했었고, 시민들은 모두 평등했으며, 각자가 다른 시민으로부터 원칙적으로 독립해 있었다. 그러나 고대 도시의 시민들이 자신을 평등한 존재로, 또는 자율적이고 독립적인 개인으로 간주한 것은 '시민'으로서의 관계이지 '인간'으로서의 관계가 아니었다. 또 시민이 아닌 노예와 이방인은 그 틀에서 제외되어 있었다. 이것이 고대와 근대의 다른 점이다. 그러므로 개인은 근대의 산물이다.

(4) 문제는 현대의 개인이다. 오늘날 개인 삶은 모든 차원에서 종속되어 있다. 근대 이전의 환경에서는 찾아볼 수 없던 새로운 외적 통제를 불러왔다. 예를 들어 소비 형태는 시장이 정해준다. 정치적 견해는 미디어가 정해준다. 대량생산의 일상용품들을 소비하면서 사람의 습관, 태도, 생활양식이 모두 표준화되었다. 가족도, 가족 내에서조차 모든 구성원은 서로 격리된 개인들이다. 문자로 소통하지, 말로 이야기하지 않는다. 이들 각각의 개인은 같은 모습의 거대한 대중을 형성한다. 하나가 여럿이 된다. 고대, 중세, 근대의 개인과는 또 다른 모습이다. 이러한 현대의 개인은 대중적 은자(隱者)라고도 한다.

현대인들은 자율적인 개인일까. 내가 "어떤 브랜드를 소유하느냐?"가 내가 누구인지 알려준다. 뉴스 소비 형태도 달라졌다. 편리하고 확실한 방법이라고 하지만 이런 결정 방식에서 자신의 주체성은 사라지게 된다. 뉴스에 관한 판단도, 자신의 취향에 따른 결정도 모두 남에게 맡겨졌다. 거기에는 최소한의 반성하는 사고도 개입할 여지가 없다. 스스로 근대의 개인을 포기하고 현대인은 도로 중세의 특수한 개인으로 되돌아간 꼴이다.

(5) 원시시대의 미분화 상태에서 고대, 중세, 르네상스, 근대를 거치면서 개인이 드러났지만, 산업화된 20세기에서 개인은 익명의 대중에 숨었

었다. 지금은 디지털 시대의 개인이다.

디지털 시대 개인은 타인에 끌려가는 개인이다. 구글 검색에서나, 개인은 타인에 그대로 드러나는 개인이다. 자기 취향이 무엇인지 모를 개인이다.

개인인 나는 상황에 따라 다르게 행동할 것 같지만 실은 규칙성 있는 행동을 한다. 누구에게나 일정한 패턴이 있다. 그러므로 한 사람에 대한 꼼꼼한 데이터만 있으면 그 사람의 행동은 어느 수준 이상 예측이 가능하다. 데이터는 새로운 권력이다.

지능형 검색 엔진은 사람들이 선호하는 뉴스만 우선하여 골라서 보여준다. 자기 취향의 정보만 듣다 보면 온 세상이 자기 생각과 똑같은 줄 안다. 이런 정보 편식은 자기 생각만 강화해주어 다른 생각이나 다른 문화를 통찰할 기회를 막는다. 인터넷은 과거의 전통적 언론보다 더 민주적인 매체인 것 같지만 실은 심하게 걸러진 편협된 세상 보기의 수단이다. 여론 조작은 기본이고, 새로운 형태의 권력 집중이며, 공공의 문제를 감성적으로 접근하게 만드는 역기능이 있다.

나에 관한 생각

개인인 나(我)는 인간이라는 일반 개념으로 규정할 수 있다. 또한 개인인 나는 고유한 측면에서의 나를 끄집어낼 수 있다. 독립된 어떤 개체, 독립된 나의 주체성을 생각할 수 있다. 문제는 독립된 어떤 개체, 독립된 나의 주체성이 환상일 수 있다.

찰리 채플린의 영화 〈모던타임즈〉에서 거지인 주인공이 길을 걷고 있다. 길에 빨간 깃발을 단 작은 막대기가 떨어져 있다. 주인공이 그것을 주워서 "이게 뭐지?" 하고 장난으로 흔들어 봤다. 그런데 그 뒤쪽에서 시위대가 몰려온다. 어떻게 되었을까? 주인공 '나'는 졸지에 시위대의 선봉에 선 혁명의 주체가 되어버린다. '나'는 관계 속에서 어떤 특정한 존재가 되었다.

안톤 체호프의 소설 《귀여운 여인》에서 주인공 올렌카는 여러 번 결혼한다. 결혼할 때마다 주인공은 배우자에 동일화된다. 배우자와 같아져 버린다. 예컨대, 선생과 결혼하면 아주 얌전한 여인이 되었다가 사업가와 결혼하면 아주 정열적인 여인으로 둔갑한다. 이 여인에게는 '나'라는 주체성이 거의 없다고 할 수 있는가? 없다고 할 경우, '나'라는 의미는 없어질 것이다.

채플린의 영화나 체호프의 소설에서 볼 수 있듯이, 인간이 관계 속에서 변해 가는 존재라 해도 '나'라는 것이 그렇게 쉽게 변해서 흘러갈까?

관계를 통해서 '나'를 만들어간다. 타인과의 관계를 통해서 나를 성숙시켜 나갈 수 있다. 그런데 사회는 대부분 정형화된 관계로 되어 있고, 사회는 그런 관계를 강요한다. 하지만 우리는 우리 내부의 '나', 그 무엇으로도 환원되지 않는 나의 주체성을 통해서 창조적인 관계들을 맺어나갈 때 진정한 나를 만들어갈 수 있다. 바로 이때에만 개별적 존재로서의 '나'와 타인과의 관계를 통해서 성립하는 '나'가 같이할 수 있다.

2. 인권의 주체

헌법의 많은 조항이 '모든 국민은'이라는 주어로 시작한다. 이는 곧 권력의 주체는 국민이고, 바로 이 국민주권에 근거하여 모든 정치적·법적 질서의 정당성을 설명하는 것으로 이해할 수 있다.

사전적 의미로 국민(國民)은 국가의 인적 요소, 항구적 소속원으로서 국가의 통치권에 복종하는 개개인, 또는 국가에 소속하는 자연인이라고 설명한다. 국민은 국가 질서를 전제로 한 법적 개념으로서 국가의 구성원이라는 점에서, 사회적 개념으로서 사회의 구성원을 의미하는 인민과 구별된다. 또한, 국민은 혈연을 기초로 한 자연적·문화적 개념인 민족(民族)과 다르다.

국민과 인민

(1) 국(國)은 신분제를 근간으로 하는 정치공동체라는 의미가 담겨있다. 따라서 그 공동체의 구성원을 의미하는 국민은 신분에 따른 예속적인 집합체라고 할 수 있다. 우리 역사에서 쓰였던 국민, 백성, 국인(國人)이라는 어휘가 모두 일정한 범주를 지칭하는 개념이지만 정치·사회적으로 권리의식이나 평등한 주체라는 성격을 가진 것은 아니다.

국민 개념이 우리 사회에 본격적으로 등장한 것은 독립신문을 통해서다. 일제강점기 국민 개념은 애국 운동 단체들도 사용했지만 주로 일진회 등 친일단체들이 사용했다. 국민 개념은 친일과 더불어 강제동원의 논리로도 작용했다. 당시 일본은 조선인을 전쟁터로 동원하기 위해 내선일체 등 황국신민화에 한층 열을 올리며 국민개병제, 국민개혁 등의 기치를 내걸었다. 일제강점기 때 국민이 강조된 것은 조선인도 일본 국민이라는 것을 알리기 위한 것이었으며, 조선인도 일본을 위해 목숨을 바치도록 세뇌하기 위한 것이었다.

해방 후에도 국가 권력에 의해 국민이 강조되었다. 이것은 진정한 비판과 정치 참여를 유도하기 위한 것이 아니었다. 일제와 같이 동원을 위한 것이었다. 이처럼 국민 개념들은 친일과 동원의 이데올로기로 작용한 측면을 간과할 수 없다.

(2) 인민은 국민보다는 넓은 개념이다. 국민은 국적과 관련되어 쓰이지만, 인민은 국적과 관계없이 한 사회의 구성원을 의미한다. 한 국가 권력 아래서 생활하는 인민을 의미한다. 법제사적 의미로 인민은 공화국의 구성원을 의미한다.

대한민국 정부가 수립되면서 제정된 헌법은 국민이라는 존재를 정치적으로 중요한 범주로 강조하여, 정치공동체의 법적 주체로 등장한다. 그러나 국민 개념의 채택과정이 복잡했다. 인민이라는 개념이 부정되고 국민 개념이 채택되었다.

헌법의 거의 모든 조문에 걸쳐 국민이라는 용어를 사용하고 있지만, 제정 당시 초안에서는 인민이라 했다. "국민이라는 용어는 국가의 구성원이라는 의미가 강하여 국가 우월적 느낌을 준다. 반면에 인민(people, person)은 국가라도 함부로 침범할 수 없는 자유와 권리의 주체로서의 인간을 뜻한다. 그러니 국가를 구성하는 자유인으로서의 개인을 표시하는 데 인민이 적절하다"라는 것이 그 이유였다(유진오 초안). 하지만 초안의 인민은 국회 헌법 기초위원회 심의 과정에서 국민으로 바뀌었다. 그 까닭으로는 남북의 이념 대치 결과가 용어 선택에 영향을 미친 것이다.

헌법 전문(前文)은 평등과 균등을 이야기하고 있다. 국민은 주종적 지배 관계, 종속적 예속 관계가 존재하지 않을 때만 국민은 국가 공동체의 구성원으로서 주인으로서 행세할 수 있다. 헌법 전문에서 밝히고 있듯이 자유와 기본적 권리를 누리기 위해서는 주체적 의미를 새길 수 있는 용어로 우리를 나타내야 한다.

시민

시민은 시(市)에 사는 사람, 또는 공민이라 한다. 여기서 공민(公民)은 정치적으로 주권을 행사하는 주체로서의 의미를 담고 있다. 근대의 출발로 여겨지는 프랑스 대혁명은 시민혁명이라고도 불리듯, '시민'은 근대 사회의 주요 특징의 하나로 꼽는다.

서구에서 시민이란 용어는 고대 도시국가를 배경으로 등장했다. 도시국가의 구성원을 지칭하는 치비스(civis)가 시민 개념의 기원을 이루고, 이 개념에는 도시공동체의 구성원이면서 또한 경제적인 노동으로부터 자유롭고 정치적인 일에 참여할 수 있는 자유인이라는 의미를 내포하고 있다.

중세 시대에는 새로운 유형의 공동체 출현으로 시민의 모양이 변한다.

도시국가의 시민과는 달리 주로 상인과 수공업자 중심으로 생겨난 도시공동체가 그들만의 새로운 지위와 자유를 획득해 갔다. 이들은 나름의 고유한 지위와 정치적 신분을 인정받고 새로운 신분층으로 부상하였다. 18세기 이후 이들 계층 내부의 평등화가 진행되면서 시민 개념은 확대되고 국가의 모든 구성원을 시민으로 지칭하는 경향이 나타났다.

"법은 일반의지의 표현이다. 모든 사람은 직접, 또는 그들의 대표를 통하여 그것의 형성에 협력할 권리를 갖는다. 법은 보호해 줄 때도, 처벌을 가할 때도 만인에게 동등하여야 한다. 모든 시민은 법 앞에 평등하므로, 그들의 능력에 따라서 또 그들의 덕성과 재능 이외에는 어떠한 차별도 없이 평등하게 모든 공적인 위계, 지위, 직무에 오를 수 있다." 프랑스 인권선언 제6조의 내용이다. 여기서는 일반의사로 법률을 제정할 주체로서, 또 원천적으로 평등한 존재로서의 시민을 이야기하고 있다.

3. 개인과 인권

개인은 고유한 자기 동일성의 문제와 관련된다. 결국, 주체의 문제에 관한 것이다. 인간에 대한 물음이다.

인권은 개인의 권리다

(1) 소수자 인권이란 말을 자주 사용한다. 그러면 다수자 인권의 지킴이(창세기 4:9 참조)는 누구인가? 여성 인권이라 하면, 남성 인권은 누가 지켜주는가? 학생의 인권이라 하면, 교사의 인권은 누가 지켜주는가?

분명히 알아야 할 것이 있다. 다수자, 힘 있는 자는 굳이 인권을 끌고 나올 필요가 적다. 사회 제도, 관습이, 즉 다수자나 힘 있는 자들이 원하는 모습으로 이미 짜여 있기 때문이다. 약자는 그렇지 않다. 힘없는

(powerless), 목소리 없는(voiceless), 투명한(invisible) 존재들은 "나도 너와 똑같은 인간이고, 인간의 존엄과 가치를 누릴 자격이 있다"라고 소리쳐야 한다. 그래야 관심을 받고, 주목을 받을 수 있다.

(2) 그렇다고 인권이 소수자, 약자의 것도 아니다. 인권은 개인의 것이다. 인권의 기본 단위는 개인이다. '더는 쪼갤 수 없는 존재'(in‒dividua)이다. 솔로몬은 자신의 자식이라고 주장하는 두 여성에게 아이를 반으로 쪼개라고 했다. 사람을 둘로 쪼갤 수 없다. 쇠고기 한 근은 반으로 나눠 가져 갈 수 있다. 사람을 둘로 쪼개면 사이좋게 나눠 갖는 것이 아니라, 그냥 죽이는 것이다.

인간의 가치는 나눌 수 있는 것이 아니다. 쪼갤 수 있는 것이 아니다. 어떤 인간이든, 다른 인간과 마찬가지로, 일대일로 존재한다. 그래서 다수자의 인권은 굳이 챙길 이유가 없다. 소수자의 인권도 그런 열악한 처지에 있는 개개인들의 자유, 평등, 존엄의 향유에 더 초점을 두어야 한다는 것이지, 소수집단 자체가 인권의 주체여야 한다는 것은 아니다.

(3) 인권은 개인의 존엄성에 기초한다. 개인의 존엄성에 기초해야 다수의 횡포는 물론이고, 소수의 횡포에도 맞설 수 있다.

헌법 제10조는 "모든 국민은 인간으로서의 존엄과 가치를 가지며, 행복을 추구할 권리를 가진다. 국가는 개인이 가지는 불가침의 기본적 인권을 확인하고 이를 보장할 의무를 진다."라고 규정하고 있다. 국가는 개인이 가지는 불가침의 기본적 인권을 확인하고 이를 보장할 의무를 진다는 내용이다. 여기서 불가침의 기본권은 '개인'이 가지는 것이라고 명기하고 있다. 그래서 인권을 이야기할 때에 그 기본 단위로 개인을 살펴보는 것은 분명 의미가 있다.

인권은 개인의 자격을 따지지 않는다

인권은 인간이라는 단 하나의 이유만으로 누구나 차별 없이 누려야 한다. 인권은 자격을 논하지 않는다. 인권을 누릴 자격이 있는지를 따진다면, 누가 그 자격을 평가할 수 있는가? 존중받을 자격을 갖춘 사람이 인권 주체의 자격을 따진다는 것인가? 그렇다면 과연 그들은 얼마나 될까?

성별, 성 정체성, 성 지향성, 장애, 외모, 나이, 인종, 피부색, 언어, 출신 지역, 혼인 여부, 임신과 출산, 가족 형태와 가족 상황, 종교, 사상이나 정치적 의견, 범죄 전력, 학력, 사회적 신분 등을 이유로 한 정치적·경제적·사회적·문화적 생활의 모든 영역에서 합리적인 이유 없는 차별을 금지한다. 세계인권선언을 중심으로 하는 국제인권법의 상당한 내용은 이미 국제관습법을 형성하고 있다. 아울러 인권 중 절대적 권리는 국제사회에서 법의 일반원칙이고 강행 법규화되었다.

법적으로 보호받는 명백한 기본권은 수천 년 동안 축적된 인간의 사회적 생존 체험에 근거한 것으로 도덕적이며 경험적인 발견이며 축적된 결과이다. 여기서 경계해야 하는 것은 보편성이 빠질 수 있는 흔한 함정인 무오류성의 신화다. 우리가 평가하고, 판단하는 윤리적이며 지적 판단이 틀릴 가능성이 있다는 것을 알아야 한다. 그래서 그러한 한계를 수용하고, 계속해서 수정 보완해야 진실과 진리에 가까이 있을 수 있다.

개인은 누구나 평등하다

인권은 모든 사람에게 인종, 민족, 성, 언어, 종교, 사상, 출신, 재산 등과 관계없이 평등하게 배분되고 보장되어야 한다.

사회정의란 사회문제에 관한 옳고 그름을 판별하는 기준이라고 할 수 있다. 사회정의에 관한 거의 모든 다른 명제들은 그 자체로 자명하다고 보기 힘들고, 그것이 옳음을 증명하기 위해 논리적 근거를 필요로 하며, 논쟁의 여지도 있다. 예를 들어 최대 다수의 최대 행복, 차등의 원칙 등이 그러하다. 반면에 평등은 사회정의와 관련된 명제 중에서 논란의 여지가 없는 명제라 하겠다. 평등은 모든 사람은 동등하며, 또한 그 누구도 침범할 수 없는 동등한 기본권을 가지고 있다는 점에서 완전히 평등하다는 말이다. 그래서 본원적 평등이라고 하며, 사회정의에 관한 으뜸 공리이다.

남들보다 특별한 조건에서 출발하는 특권을 누리는 것이나 경쟁 과정에서 다른 사람에게 해를 가하는 것 등은 대표적인 불공정 사회 현상이다. 사회 평등은 본원적 평등이 현실 사회에서 실현된 것을 말한다.

평등은 두 가지 형태로 나눌 수 있다. 하나는 법으로 규정된 사회 평등이다. 행복추구, 법 앞의 평등과 차별금지를 규정한 헌법 제10조, 제11조 제1항 등이 그 보기이다. 다른 하나는 만인의 평등의식이다.

모든 사람은 평등하므로 차별해서는 안 된다는 것을 우리는 모두 잘 알고 있다. 이러한 의식 덕분에 우리는 사람을 차별하는 행동을 스스로 삼간다. 법은 강제로 만인 평등을 실현하고, 의식은 법이 없는 곳에서도 자발적으로 만인 평등을 실현한다.

경제 평등은 부와 소득의 평등한 분배를 말한다. 여기에는 기회균등과 결과로서의 분배 평등이 포함된다. 기회균등이란 부와 소득을 얻을 수 있는 경제 활동의 출발선상에서의 평등을 말한다. 결과로서의 분배 평등은 경제 활동의 결과로 얻어진 부와 소득의 평등분배를 말한다.

개개의 인권은 상대적이다

시간과 공간을 초월하는 절대적·보편적인 진리의 존재를 거부하고, 모든 것은 특정 상황이나 상호 간의 관계에 따라 그 옳고 그름, 또는 가치가 결정된다고 이해하는 태도를 상대주의라 한다. 예컨대 '1+1=2'라는 명제는 모든 상황에서 옳은 것이 아니다. 수학적 연산 법칙에 따라 계산할 때에만 옳다.

이렇듯 상대주의는 옳고 그름이나 선과 악을 판가름하는 절대적 기준이 없고, 각각의 판단은 오직 다른 것과 관련하여 상대적으로 결정된다는 태도다. 그리스 철학자 헤라클레이토스는 "같은 물에 다시 발을 담글 수 없다"라는 은유적 표현으로 어떠한 것도 항상 같게 머무를 수 없다는 것을 지적하였다.

국가는 개인이 가지는 불가침의 기본적 인권을 확인하고 이를 보장할 의무를 진다(헌법 제10조 참조). 그러나 이러한 자유와 권리의 보장은 동시에 공공복리의 원칙과도 맞아야 한다. 예를 들어 재산권은 개인주의에 따르면 침범할 수 없지만, 사회정의를 꾀하는 오늘날에는 상대적이다. 따라서 재산권의 행사는 공공복리에 적합하도록 하여야 한다(헌법 제23조 제2항). 권리의 행사와 의무의 이행은 신의에 따라 성실히 하여야 한다. 권리는 남용하지 못한다(민법 제2조). 이는 공동체의 삶을 영위하기 위해서는 나와 다른 사람이 더불어 사는 것이 필요하기 때문이다.

세계체제의 관점에 따라 인권이 달리 이해되기도 한다. 제1세계(서구 사회)는 시민·정치적 권리와 사유재산권을 강조하고, 제2세계(사회주의 사회)는 경제적·사회적 권리를 강조하며, 제3세계는 자결권과 경제개발을 강조한다. 사회주의 접근법과 제3세계 접근법은 서구 접근법의 근본적인 개인주의와 대조적으로 집단주의의 성향을 보인다. 물론 이러한 주장은 어느 것도 완전하게 입증된 것이 없다.

서구의 접근이라고 할 수 있는 제1세계로 분류되는 유럽 국가 대부분은 인권의 상호의존성과 불가침성을 적극적으로 인정하며 복지국가를 지향하고 있다. 구소련을 중심으로 한 사회주의 국가들도 서유럽 못지않게 시민적·정치적 권리가 피상적인 부르주아적 사치가 아니라 삶의 본질적인 것으로 생각하고 민주화의 길을 꾀한다. 마찬가지로 제3세계 인권도 자유화와 민주화의 물결에 비추어 요구된다.

인권운동에서 보편주의를 믿는 사람들은 법 앞에서의 평등, 신체의 자유, 언론의 자유, 종교 및 집회결사의 자유와 같은 권리는 나라와 문화의 차이를 막론하고 똑같이 보장되어야 한다고 주장한다. 이에 반해 문화적 상대주의를 옹호하는 사람들은 문화의 다양성과 차이를 중시하면서 무엇이 옳은지 그른지는 그것이 처해 있는 문화적 배경에 따라 달라질 수 있으므로 여러 권리도 그러한 상이한 배경에 따라 달라질 수 있다고 한다.

상대주의를 중시하자면 어떠한 문화도 자신의 문화를 다른 문화권 속에 있는 사람들에게 강요할 수 없다고 주장할 수 있다. 이렇다면 보편적 관점에서의 인권운동과 상대주의는 결정적으로 배치된다. 국제인권의 장전이랄 수 있는 세계인권선언에서 표현하는 인권은 지역과 인종, 종교, 정치적·문화적 배경에 관계없이 보편적으로 적용될 것을 전제로 하고 있다.

참고문헌 ─────────────

김성보, "남북국가 수립기 인민과 국민 개념의 분화", 69 – 95쪽, 한국사연구 제144호, 한국사연구회 펴냄, 2009.

래리 시덴톱/정명진 옮김, 개인의 탄생: 양심과 자유, 책임은 어떻게 발명되었는가?, 588쪽, 부글북스 펴냄, 2016.

박명규, 국민·인민·시민: 개념사로 본 한국의 정치주체, 288쪽, 소화 펴냄, 2009.

박정자, 이것은 Apple이 아니다: 인문학을 통해 바라본 애플 애플을 통해 바라본 인문학, 222쪽, 기파랑 펴냄, 2012.

신진욱, 시민 (비타 악티바 3), 154쪽, 책세상 펴냄, 2008.

안톤 체호프/장한 옮김, 귀여운 여인 (체호프 단편선 2), 더클래식 펴냄, 2017.

우리사상연구소, 우리말 철학사전 3: 감각·근대·개인, 376쪽, 지식산업사 펴냄, 2003.

유진오, 헌법기초회고록, 260쪽, 일조각 펴냄, 1989.

이나미, 한국 자유주의의 기원 (책세상문고 우리시대 53), 184쪽, 책세상 펴냄, 2001.

이매뉴얼 월러스틴/이광근 옮김, 월러스틴의 세계체제분석, 263쪽, 당대 펴냄, 2005.

이정우, 주체란 무엇인가: 무위인에 관하여, 112쪽, 그린비 펴냄, 2009.

이정우, "공부를 통해 나를 어떻게 만들어 갈 것인가", 르몽드 디플로마티크 제80호, 2015.

이종은, 사회정의란 무엇인가: 현대 정의 이론과 공동선 탐구, 849쪽, 책세상 펴냄, 2015.

최장집, 민중에서 시민으로: 한국만주주의를 이해하는 하나의 방법, 306쪽, 돌베개 펴냄, 2009.

츠베탕 토도로프/전성자 옮김, 개인의 탄생: 서양예술의 이해, 197쪽, 기파랑 펴냄, 2006.

필립 아리에스·조르주 뒤비/주명철·전수연 옮김, 사생활의 역사 1: 로마 제국부터 천년까지, 896쪽, 새물결 펴냄, 2002.

하영선·최정운·신욱희·김영호·장인성, 근대한국의 사회과학 개념 형성사, 416쪽, 창비 펴냄, 2009.

제3장
인권의 기초

    창조주인 신(神)이 존재한다면, 인간은 신에게 복종해야 한다는 엄숙한 명령에 저항하기는 쉽지 않다. 절대왕권의 근거였던 왕권신수설에는 신이 뒤에서 존재한다. 신이 물려준 자리라는 이유로 모든 권력을 군주가 독차지했다. 그러나 그 근거는 찾기 어려웠다. 생각해보자. 언제 신이 군주에게 그 자리를 줬을까? 또 한 걸음 더 들어가 생각해보자. 왜 같은 인간인 군주에게까지 절대적으로 복종해야 하는가?

    이상향(理想鄕)이란 인간이 생각할 수 있는 최선의 상태를 갖춘 완전한 사회를 가르친다. 세상에 존재하지 않는 곳을 유토피아라 한다. '그 어디에도 없기에' 유토피아라 했고, 꿈의 나라 이상향이라 했다. 동양에서는 요순시대가 이상향처럼 그려진다. 서양에서는 로마공화정 당시가 동경의 대상이다. 왜 그럴까?

1. 이상향

(1) 중국 역사에서 가장 어진 임금이 다스렸던 평화로운 시대를 요천순일(堯天舜日)이라 한다. 요임금과 순임금이 덕으로 천하를 다스리던 태평한 시대로, 오늘날 사람들은 그 시대를 치세의 모범으로 삼는다. 요순시대엔 인품과 능력을 인정받은 사람을 지도자로 골랐다. 왕의 자리를 자기 자식에게 물려주지 않고, 어질고 총명한 사람에게 군주의 자리를 물려주는 선양(禪讓)이 이루어졌다. 선은 물려준다는 것이고, 양은 양보한다는 것이다. 자기 핏줄에게만 물려주고, 그로 인하여 많은 죽임과 배척이 있었던 선위(禪位)와는 분명히 다르다.

천하는 한 사람의 것이 아니라 모두의 것이다. 선양은 공천하(公天下) 이념을 바탕으로 하여 권력의 자리를 넘겨주는 것이고, 군주의 자리를 사유재산으로 여기지 않고 인품과 능력을 인정받은 사람에게 계승하도록 하는 것이다. 천하비일인지천하야(天下非一人之天下也), 천하지천하야(天下之天下也)라고 했다. 천하는 한 사람의 것이 아니라 하늘 아래 사는 모든 사람의 것이라는 뜻이다.

우리는 살아가면서 개인 이익이 아닌 공동 이익을 위해서 목소리를 내고 뭔가 일을 하려면 되도록 많은 사람이 모여야 한다는 것을 안다.

고대 그리스나 로마공화정 때도 하늘 아래 모든 시민이 자발적으로 정치에 참여했다. 그 시대 사람들은 한곳에 모여서 공적인 일을 의논했다. 영어 소사이어티(society), 프랑스어 소시에테(société)에 해당하는 라틴어 소키에타스(societas)라는 용어는 시민결사체라는 의미를 담고 있다. 로마공화정 시대에는 시민들이 정치에 자발적으로 협력하면서 발전을 꾀했다.

로마공화정은 고대 그리스와 더불어 서양 문명의 근원으로 여겨지며, 동양에서 요순시대를 이상향으로 꿈꾸듯이 서양 지식인들에게는 동경의 대상이라고 한다.

요순시대를 지나 우왕과 탕왕의 시절을 겪으면서 세상은 커지고 어지러워졌다. 로마공화정도 정복 전쟁에 나서면서 공화정 체제는 점점 무너지고 황제가 통치하는 로마 제국이 된다. 몸이 커진 로마 제국은 온갖 정치적·경제적 불안에 시달리며 몰락의 길을 걷는다. 결국, 로마 제국은 망하고 그 자리를 메운 크고 작은 나라들에서 신에게 권력을 물려받았다고 주장하는 왕들이 나타나 절대 권력을 휘두르기 시작했다.

이로써 사람들이 다시 이상향을 떠올리며 스스로 정치에 참여하기까지는 오랜 세월을 기다려야만 했다. 특히 중세 시대와 같이 종교와 군주가 다스리는 시대에는 사회가 끼어들 자리가 없었다. 그러나 훗날 많은 사람이 왕 한 사람에게 쏠려 있는 절대 권력을 의심하기 시작하면서 사회가 다시 주목받게 되고 이상향을 떠올린다.

(2) 우리는 사회라는 용어를 언제부터 썼을까? 조선 시대 사람들은 사회라는 의미를 알았을까? 임금이라는 단어도 알고 백성이라는 단어도 알았겠지만, 사회라는 단어는 알지 못했을 것이다. 오늘날 우리가 인식하고 있는 사회라고 부르는 것과 비슷한 어떤 것이 조선 시대에도 존재했을지 모르지만, 사회라는 단어는 존재하지 않았다. 적어도 1895년 이전에는 사회라는 단어는 없었다.[2] 그러나 전혀 없던 것이 어느 날 갑자기 생겨난 것은 없다. 완전히 새로운 어떤 것이 등장하여 그에 걸맞은 새로운 단어가 필요했던 것이 아니라, 단지 새로운 표현, 좀 더 구체적으로 특정 부분을 꼬집어 가리키는 용어들이 어느 시점에 처음 등장했을 뿐이다.

흔히들 인간은 사회적 동물이라고 한다. 아리스토텔레스의 말이다. 그런데 사실 그는 《정치학》(Politica)에서 폴리스적인 인간을 이야기했다. 도

---

2 1895년 갑오개혁 이후 대한제국 정부는 국비유학생을 일본에 보냈고, 이들이 모여 친목회 회보를 발간하였다. 그 회보에 사회라는 말이 등장하면서 조금씩 사람들의 관심을 끌기 시작했다(김성은·신동민, 2009).

시국가라는 의미의 폴리스는 작은 공동체였다. 작은 공동체에 거주하는 시민들은 폴리스 전체의 이익을 위해 토론하고 투표권을 행사하였다. 폴리스라는 단어는 오늘날 사회와 국가라는 말의 기원이다.

2. 인권 사상의 계보

자연상태

절대왕권 시절에 사람들은 강력한 왕권에 대한 의문을 풀기 위해, 우선 왕도 없고 종교도 없던 까마득한 옛날을 상상했다. 정치 권력이 생겨나기 이전의 자연상태(state of nature)를 그려보는 것이 무엇보다도 간절했다.

자연상태에서 '자연'이란 말은 상반되는 두 가지 이미지를 떠올리게 한다. 하나는 때 묻지 않은 순수함, 꿈꾸는 이상향의 이미지다. 여기서 원시 또는 자연의 의미는 전(前) 문명 상태에 대한 단순한 향수만이 아니라, 반(反) 문명의 대안으로도 이야기된다. 그러나 다른 한편 원시 또는 자연상태라는 말에는 야만과 비합리, 살벌한 삶이 그려진다. 예를 들어 다큐멘터리 프로그램 〈동물의 왕국〉은 적자생존의 살벌한 논리가 지배하는 거친 삶의 현장, 문명의 혜택을 누리지 못하고 있는 미개척지의 이미지를 떠오르게 한다.

또한, 자연은 사물이 처음으로 생성하는 기원(起源) 또는 시원(始原)이라는 이미지가 있다. 그런 까닭에 자연은 시초에 존재하며 모든 존재의 바탕이다. 자연은 모든 존재의 고유 본질이며, 동시에 각 개인의 개별적 본질이다. 이런 의미에서 인권은 자연스러운 것이다.

인류 역사에서 언제부터 언제까지 자연상태였다고 꼬집어 말하기는 어렵다. 자연상태라는 것이 실제로 존재했다는 증거도, 기록도 없다. 다만 상상할 뿐이다. 이러한 상상은 당대의 현실을 판단하고 논의하는 기준이 되었다.

만약 자연상태가 지금보다 낫다고 생각한다면 현재의 절대 권력과 불평등에 대해 상당히 비판적인 태도의 근거가 될 것이다. 반대로 상상하는 자연상태보다 지금의 현실이 더 진화되어 좋다고 생각한다면 절대 권력과 신을 팔아 옥죄는 종교가 든든한 버팀목이 되는 현실이 고마울 것이다.

사회계약

(1) 인간의 본성을 보는 관점에 대표적으로 성선설과 성악설이 있다. 성선설은 사람은 선한 본성을 갖고 태어난다는 태도다. 맹자는 모든 물이 위에서 아래로 흐르듯이 사람의 본성은 예외 없이 선하다는 말로 성선설을 주장했다. 인간이 악행을 저지르는 까닭은 본성이 악하기 때문이 아니며, 그렇게 행동할 수밖에 없는 환경에 원인이 있다고 보았다. 한편 순자의 경우 인간은 감정과 욕망을 타고나는데 이것은 선하지 않다고 보았다.

(2) 인간의 본성에 관한 논의는 서구사회에서도 있었다. 모든 사람이 각자 욕망을 채우려고 하다 보면 갈등은 일어난다. 더구나 한정된 양을 그보다 많은 사람이 원할 때, 서로 먼저, 더 많이 차지하려고 거칠게 다투고 싸울 것이다. 이때 인간은 인간에 대해 늑대가 된다(homo homini lupus est).

홉스(Thomas Hobbes)는 자연상태에 비판적이었다. 인간은 이기적인 존재라 생각했다. 법도 없고 국가도 없던 자연상태에서 인간은 늑대와 다름없이 서로 못 잡아먹어 안달이었을 것으로 생각했다. 그래서 그가 말하는 자연상태는 만인의 만인에 대한 투쟁의 상태였으며, 누구도 생존을 보장할 수 없는 끔찍한 상황이었다. 그러한 자연상태를 극복하기 위해 사람들은 사회를 형성하고 국가를 만들어 국가 권력에 복종하기로 약속했다는 것이다.

강력한 국가 권력만이 사람들 사이의 혼란을 막을 수 있다고 생각했고,

똑똑한 지도자 하나가 절대적 지배권을 행사하는 것이 바람직하다고 주장했다. 절대군주제를 인정하지만, 홉스는 사람들이 자발적인 계약을 통해 사회를 만들었다는 이론에 토대를 두고 있다. 군주가 신의 권한을 물려받아 통치한다는 식이 아니라 군주의 권력은 사람들이 자신들의 행복을 위해 동의해줬기 때문에 생겨난 것이라는 생각이다.

자연상태에서 제멋대로 살던 인간이 자발적으로 계약을 통해 사회를 만들었다는 것이 곧 사회계약론(social contract theory)이다. 홉스는 국가를 군주의 소유물처럼 여기는 시각을 비판하고, 사회든 국가든 개인들이 계약을 통해 만들었다는 사회계약 개념을 제시했으나 군주의 절대 권력을 부인하지는 않았다.

(3) 로크(John Locke)의 자연상태에 관한 생각은 홉스와 반대다. 그는 인간은 본시 착하며 자연상태에서도 자유를 누리며 행복하게 살았다고 상상했다. 그렇다면 왜 살기 좋은 자연상태를 벗어나 사회상태를 이루었을까? 그것은 불안정하기 때문이다.

홉스의 말대로 인간에 대해 늑대인 아귀다툼은 벌어지지는 않겠지만, 마찰이 생겼을 때 그 상황을 수습하고 조정해줄 사람이 없다는 것이 문제였다. 겉보기에는 평화롭지만, 잠재적인 위험이 남아 있는 것이다.

그렇다고 잠재적인 위험이 남아 있다고 해서 군주가 권력을 독차지하는 것이 정당화되는 것은 아니다. 국가가 폭력을 행사한다면 위험이 잠재해 있는 자연상태만도 못하기 때문이다. 그러한 까닭에 로크는 정치체제로 절대군주제 대신 의회 민주제를 지지한다. 로크의 시대 영국은 명예혁명으로 의회민주주의의 틀이 마련되어, 국왕이 아닌 새롭게 등장한 부르주아(bourgeois)3 세력의 편에 서서 의회를 지지하는 데 거리감이 없었다.

---

3 프랑스어 Bourg는 성(城)을 의미한다. 따라서 부르주아는 '성안에 거주하는 (부유한) 자'들이란 의미를 담고 있

로크의 사상은 미국 독립선언에 영향을 미친다. 독립선언서의 내용 중 사람들의 권리를 보장하기 위해 정부를 구성한다는 것, 정부의 권력은 사람들의 동의에서 비롯된다는 것, 어떠한 형태의 정부든 이러한 목적을 해치려 할 때는 언제든지 변혁하거나 폐지하여 사람들에게 안전과 행복을 가져올 수 있도록 해야 한다는 것 등이 로크의 생각에서 나온 것이다.

로크의 사상이 모두 옳다고는 할 수 없다. 예를 들어 소유권을 자연권의 핵심으로 주장한 것이 이에 해당한다. 소유권을 자연권으로 보고 국가에 의해 보호받아야 한다는 주장을 고집한다면, 국가는 개인 소유권을 제한하는 정책을 펼 수 없을 것이다. 그렇게 되면 국가는 국방이나 외교, 치안을 유지하는 정도로 최소한의 역할만 담당해야 한다. 이러한 국가를 야경국가라고 한다. 밤에 범죄를 방지하는 정도의 역할만이 강조되기 때문이다.

그러나 오늘날 국가는 공동체를 유지하기 위해서 세금으로 개인의 소득이나 재산 일부를 빼앗아 재분배를 통해 평등을 꾀하는 역할도 중요하다. 따라서 소유권을 절대적으로 보는 것은 위험할 수 있다. 그러나 이러한 문제에도 불구하고 로크의 사상은 인권사에서 중요한 기초가 되고 있다. 영국의 명예혁명을 뒷받침하는 논리적 토대를 제공했고, 미국 독립선언서의 바탕이 되었으며, 프랑스 대혁명에까지 그의 주장은 이어졌다.

(4) 루소는 국가의 모든 기구와 제도가 계약을 바탕으로 하고 있다는 것을 밝히면서 홉스와 로크보다 사회계약의 힘을 중시한다.

"누구도 태어나면서부터 다른 사람을 지배할 권리를 갖지 않는다. 폭력이 어떠한 권리를 만들 수는 없으므로, 인간 상호 간의 정당한 권위를

———

다. 생산수단을 갖지 못한 무산계급(proletariat)에 대응하여 자의식을 가진 유산 계급이라 하는 부르주아는 무산계급의 값싼 노동력을 활용하여 이익을 극대화하는 계층이다. 중세의 신흥 부르주아 계급엔 자영 농민층, 직인(職人), 도제(徒弟), 상인자본가 등이 포함된다(리오 휴버먼, 2000 참조).

만드는 기초는 오직 계약에 의한다." 루소의 《사회계약론》에 나오는 문구다.

개인은 평등한 정치 참여를 위하여 자신의 모든 권리와 힘을 사회에 양도하는 대신 시민으로서의 자유를 보장받는다. 결과적으로 개인은 사회계약 이후에도 자연상태에서와 마찬가지로 자유로우며 또한 더 높은 수준의 인간으로 도약하게 된다. 이렇듯 루소는 사람들이 스스로 모여서 만든 사회 안에서 비로소 개인의 잠재력을 최대한 발휘할 수 있다고 생각했다.

루소는 인간 불평등의 기원을 배타적 소유권에 기반한 사유 재산에서 찾는다. 소유권을 사회적으로 제한하는 것이 가능하다고 주장했다. 즉, 개인이 소유권을 갖더라도 타인의 소유권과 공동체 전체의 욕구와 균형을 맞춰야 한다는 것이다.

한편 루소는 평등권을 강조한다. 모든 사람이 자기가 속한 공동체의 입법 과정에 평등하게 직접 참여하여 법을 만들 수 있어야 한다고 주장한다.

또한, 루소는 일반의지를 강조한다. 국가는 사회계약으로 형성된 인위적인 인격체가 된다. 인격체라면 의지라는 것도 있어야 하기에 그는 일반의지라는 개념을 제시한다. 일반의지란 보통 사람들의 사익이 배제된 도덕적 의사, 즉 자신의 이해관계를 벗어나서 도덕적으로 행하고자 하는 의지를 말한다. 공동체의 공통된 이익을 추구하자는 의지가 곧 일반의지다. 사회계약에 참여한 사람들의 총체인 인민의 의지와 뜻이 일반의지이다.

인민이 일반의지를 행사해서 법을 만들기 때문에, 루소에 따르면 법은 사회계약으로 성립된 국가가 가지는 일반의지의 산물이다. 인민의 일반의지는 인민이 직접 참여하여 표현해야 하므로, 루소는 모든 사람이 똑같이 참여하는 직접민주주의를 구상한 것이다. 이러한 이유에서 루소는 군주제를 인정하지 않는다. 군주제는 일반의지가 아니라 사적 의지로 움직일 가능성이 크기 때문이다. 권력을 군주에게 양도할 이유도 없고, 다만 합의에 따라서 정부를 구성하는 것이다. 당연히 군주는 필요 없는 존재라는 것이

루소의 결론이다. 그의 사상은 인간의 자연권을 확보하는 자유주의 사상의 원천이 된다.

(5) 인간이 자연상태에서 사회상태로 넘어가는 과정을 이야기하는 사회계약론은 프랑스 혁명 등에 많은 영향을 미치며 민주주의와 인권 개념의 정립에 나름의 공헌이 인정된다. 그러나 오늘날 사회계약론은 시대에 뒤떨어진 낡은 이론으로 취급한다.

무엇보다도 사회계약론은 사람이 그려낸 상상에 불과하다. 그리고 사회계약론은 사회보다 자연상태의 개인이 먼저 존재했다는 가정에서 출발한다.

사회계약론은 "자연상태에서 뿔뿔이 흩어져 제각기 살던 개인들이 어떻게 모여서 사회를 만들었을까?"라는 의문을 제기하고, 그에 대한 답으로 사회계약론을 내놓은 것이다. 그런데 과연 사람들이 자연상태에서 고립된 개인으로 떨어져 살았을까?

아담이 혼자 있을 때는 사회가 아니었지만, 이브와 둘이 함께 있게 된 순간부터 이미 사회는 존재했다고 이야기할 수 있다. 그러므로 홀로 제각기 살던 개인들이 어느 날 갑자기 모여서 사회를 형성했다는 사회계약론에 의심의 눈길을 보내는 사람이 점점 늘어났다. 어쩌면 인간은 인류가 등장할 때부터 공동체의 일원으로 존재했는지도 모른다.

그러나 사회계약론이 인류 역사에 미친 영향은 무시할 수 없다. 태어나면서부터 누군가의 노예로 정해진 사람은 없으며, 사람들은 결코 어느 한 사람이 왕 노릇 하기 좋아하라고 모여서 사는 것이 아니라는 점을 분명히 밝혔기 때문이다. 사회계약론은 급격히 힘을 잃었지만, 사회는 동등한 권리를 가진 사람들이 공동의 이익을 위해 자발적으로 모인 것이라는 아주 단순한 사실을 오늘날 우리에게 전해주었다.

자연권과 인권

(1) 에덴동산에서 아담은 다른 생명체와 함께 하나님 품 안에서 그의 뜻에 순종하며 살아간다. 그러나 선악과를 따먹는다. 선악과를 따먹은 사건에 대해 많은 이들이 여러 의미를 부여한다. 그러한 의미 중의 하나로, 하나님의 처지에서 볼 때 선악과를 따먹은 인간의 행위는 자신의 명령을 어긴 행위이기에 죄이다. 선 자체인 하나님에 반하는 악이기 때문이다. 결국, 인간 아담은 에덴동산에서 쫓겨난다. 선악과를 따먹으라는 유혹은 뱀이 했지만, 선악과를 따먹는 결정은 인간인 아담이 했다. 그러나 그때부터 인간의 세계가 펼쳐진다. 인간의 관점에서 보면 그것은 인류 역사상 첫 번째로 꼽을 수 있는 자유의지의 실현이다. 역설적으로 선악과 사건이 없었다면 인간은 하나님의 에덴동산에서 여전히 뛰어놀고 있었을 것이고, 인간의 문화는 없었을 것이다. 에덴동산에서 쫓겨나면서, 비로소 인간이기에 누릴 그 무엇, 권리를 찾게 되었다.

(2) 신과 종교의 시대에는 인간의 존엄성이나 가치도 신의 울타리 안에서 논의되었다. 오만하게도 인간이 다른 동물과 구별되는 특별한 권리를 가지는 것은, 인간만이 신의 형상대로 창조되었기 때문이란 믿음이 있었다. 이는 천부인권설의 근거가 되기도 한다.

그러나 어떠한 상황에서도 절대로 변하지 않는 진리인 듯 믿고 따르는 그러한 교조적 사고는 인간의 존재를 중요시하고 인간의 능력과 성품, 그리고 인간의 소망과 행복을 무엇보다도 귀중하게 생각하는 인문주의(humanism)가 태동하면서 바뀌기 시작했다.

인간의 존엄과 가치는 신이 부여한 것이 아니라 인간의 이성에 근거한다고 생각하기 시작했다. 여기서 인권은 인간의 기본적 권리라는 생각이 싹튼다. 그러나 많은 권리 중에 무엇이 기본적인지를 가려내는 것은 어렵다. 이런 문제를 해결하기 위해 인권에는 보통의 권리와 구별하여 특별한 성격을 부여한다. 천부인권성, 자연권성, 불가양성, 절대성과 보편성 등이 그것이다.

천부인권성이란 인권이 인간의 선천적인 권리라는 것이다. 누가 그것을 일컬어 권리라고 말하기 이전에 이미 존재하는 것, 그것이 곧 인권이라는 것이다. 인권은 자연권적인 성격의 권리라는 것이다. 자연권의 성격이라고 생각하기 때문에 타인에게 양도하거나 함부로 포기할 수도 없다는 의미에서 불가양성의 권리라고 이야기한다.

라틴어 jus, 프랑스어 droit, 독일어 recht, 그리고 영어 right는 인권을 뜻한다. 그러나 이 용어는 또한 법과 권리를 의미하기도 한다. 아울러 정의(justice)를 나타낸다. 이는 인권은 법과 밀접하며, 인권은 자연법사상에 토대를 두고 있다는 것을 보여주는 것이다.

옛날의 자연법사상은 구체적 권리 개념으로까지 나아가지는 못했다. 천부인권설이니 자연권설이니 하는 용어들은 마치 인류 문명과 인권 사상이 함께 존재했던 것인양 생각할 수 있지만, 고대 사회에서 인간의 권리란 오늘처럼 내가 누군가로부터 얻어내야 하는 무엇이 아니라, 내가 누구에겐가 바쳐야 하는 의무인양 생각했다. 인간의 권리가 정치 참여나 표현의 자유, 혹은 요즘 들어 확대되기 시작한 사회권을 가리키기 시작한 것은 그렇게 오래된 일이 아니다.

(3) 사람들은 자연적으로 옳은 것이 무엇인지, 인간의 공동생활에서 유효한 보편 질서가 있는 것인지, 있다면 그 보편 질서가 무엇인지 궁금해한다.

"사람을 죽여서는 안 된다." "남의 물건을 훔쳐서는 안 된다." "간음해서는 안 된다." 등과 같이 동서고금을 통해, 따로 배우지 않아도 마치 선험적으로 알고 있는 일정한 규범이 존재한다. 이 금지의 내용은 성경에서도, 고조선의 8조금법에서도 나온다. 시대와 장소를 초월하여 존재한다.

"좌측통행을 하여야 한다." 또는 "우측통행을 하여야 한다."라는 것은 법으로 그렇게 정했기 때문에 이를 어기면 처벌받는다. 처벌의 근거는 바로 그렇게 정한 실정법이다. 그러나 사람을 죽이지 말라는 금지는 법으로도 규정하고 있지만, 그 전에 누구나 그래서는 안 된다는 것을 알고 있다. 이렇듯 자연법은 시간과 공간 안에 나타나는 여러 형태의 법을 이성의 결과로써 정의하며, 사물의 본성을 가리킨다. 자연법은 삶 자체, 질서로서의 인생 문제이며 실정법의 토대이다. 자연법은 법이 존재하는 기본 요소이며 법의 본질을 구성하는 토대이다. 자연법은 모든 권한에 대한 기초와 한계의 총체, 초법적 규범이다. 자연법에서 말하는 자연이란 성격상 우주 전체를 의미하며, 그 결과 자연법은 인간 실존의 피할 수 없는 필연성을 구성하는 보편법을 의미한다. 자연법은 윤리적·정신적 판단, 법적 의무와 요구이다.

(4) 자연법사상은 일반적으로 고대 그리스 스토아학파에서부터 찾는다. 스토아학파가 말하는 자연은 신이요, 우주요, 섭리이다. 여기서 말하는 자연은 인간 이성이며, 사회적 존재로서 인간의 공동생활을 규율하는 것이다. 자연이라는 인간 이성은 민족이나 신분의 귀천과 관계없이 만인이 한결같이 공유하고 있다. 그런 의미에서 스토아학파의 자연법사상은 만민평등의 원칙과 인류애의 사회 도덕을 주장한다.

키케로와 세네카로 대표되는 로마 법사상은 그리스 스토아학파를 이어받았으며, 보다 상세화되고 현실적으로 정치와 조화를 꾀했다. 여자에게는 재산 처분권이 인정되지 않았으나, 양육자가 있는 때는 부인의 재산 처분 행위를 허용했다. 노예에 대한 비인간적인 학대를 불허하기도 했다. 오늘의 관점에서 이런 변화는 부분적이지만, 인권의 실현이라고 평가할 수 있다.

고대 자연법사상은 지금의 인권 개념과는 차이가 있지만, 자연법사상에서 인권 개념의 근원을 확인할 수 있는 것은 분명하다. 다만 오늘날의 인권은 권리 개념이지만, 고대의 자연법사상은 구체적인 권리 개념화에까지는 이르지 못했다. 당시 자연법사상은 권리라기보다는 의무에 더 가까웠다. 자연법의 원리라는 것은 개인의 삶의 지침이자 나아가 사회 구성원으로서 개인의 사회적 또는 공법적 의무였다.

자연법사상은 13세기 아퀴나스(Thomas Aquinas)와 16세기 수아레스(Francisco Suarez)를 거치면서 서서히 자연권 개념으로 바뀌었다. 자연법사상은 개인의 사회적 삶을 지배하는 원칙에서 어느새 처분하거나 통제할 수 있는 개인의 능력을 의미하는 형태로 그 개념이 변화하기 시작했고, 흐로티우스(Hugo Grotius)와 홉스에 이르러서는 자연법을 자연권으로 이해하게 되었다. 자연권사상은 홉스에 이어 로크, 루소, 몽테스키외 등을 거치면서, 사회계약설에 흡수되어 자유주의와 결합하여 근대 국가 형성에 이바지했다. 구체적으로는, 독립 전쟁이나 시민 혁명 등으로 자연권 사상에 근거한 인권선언을 하게 되고, 그것이 근대 입헌국가의 헌법에 기본권으로 반영되었다.

3. 흔들리는 인간의 가치와 인권

(1) 인권은 인간에게 가해지는 모든 억압과 차별, 부당한 고통을 거부하는 윤리적이며 정치적인 태도와 결부된 이념이다. 인권은 궁극적으로 인간의 존엄성을 최상의 가치로 삼는다.

근본적으로 인간의 존엄성은 인간의 생존을 전제한다. 인간의 생존을 위협하는 상황이야말로 가장 반인권적인 것으로 치부된다. 생명의 가치를 무시하는 인권 사상이란 있을 수 없다.

그런데 인권에서 말하는 인간은 도대체 어떤 인간을 말하는가. 니체

(Friedrich Wilhelm Nietzsche)는 '최후의 인간'(der letzte Mensch)을 말한다. '비천하기 짝이 없는 인간'[4]이란 새로운 가치 창조에 따르기 마련인 역경과 고난을 도저히 무릅쓰지 못하는 자, 그저 자신의 안락함이나 편리만을 꾀하는 자, 자신의 극복과 변화를 위한 고통스러운 훈련과 투쟁을 견딜 수 없는 자들이다. 아무런 꿈과 이상과 동경도 갖지 않고 오직 일상의 행복만을 추구하는 인간이 최후의 인간, 비천하기 짝이 없는 인간이다. 타인의 무기력함이나 자신의 무기력함을 정당화하는 위안거리로 삼고, 새로운 가치 추구를 피곤해하는, 그저 개인의 목숨을 안락하게 이어가는 것을 인생 최대의 행복으로 여기는 자들이다. 인권이 인간의 생명과 동일시되고 인간의 생존을 절대적 가치로 삼게 되는 순간 인권에서 전제되는 인간은 비천하기 짝이 없는 인간, 직역하자면 최후의 인간도 포함하여야 한다.

아렌트(Hannah Arendt)에 의하면 국가로부터 추방된 인간은 자신의 사회적 삶에 의미를 부여하는 고향을 상실한 것이라 하였다. 그녀는 인간의 삶을 단지 생물학적 삶에 대한 동물적 집착으로부터 구별해주는 것이 행위에 있다고 보았다. 즉, 인간이란 동물이 다른 동물과 다른 것을 행위에서 찾는다. 아렌트에게 행위란 무엇보다도 타인과 공존하는 세계 안에서 타인과는 다른 자신의 독특성을 말로써 타인에게 증명하는 정치적 활동을 의미한다. 이와 같은 정치적 활동의 공간이 바로 고대 그리스인들이 폴리스(police)라고 불렀던 영역이며 아렌트가 강조하는 공론의 영역이다. 공론의 영역에 참여함으로써, 그리하여 타인과 말을 주고받으며 함께 공동체의 의사를 결정하는 과정을 통해 인간은 비로소 자신의 실재성을 획득하게 된다. 따라서 국적이 없는 자들은 국적 있는 범죄자보다도 더 권리가

---

4 정동호 옮김의 《차라투스트라는 이렇게 말했다》에서는 der letzte Mensch(최후의 인간)이란 용어를 '비천하기 짝이 없는 인간'이라고 의역을 했다(프리드리히 니체/정동호 옮김, 2000).

없는 존재이다. 국적이 있는 범죄자는 권리를 제한당하지만, 국적이 없는 자들에게는 권리 자체가 존재하지 않기 때문이다. 결국, 국가를 초월한 보편적 자연권으로서 인권이란 근대 국민국가 체계에서는 무의미한 것이 되어 버렸다.

이러한 생각은 아감벤(Giorgio Agamben)에서도 읽을 수 있다. 호모 사케르(homo sacer)는 그대로 번역하면 신성한 인간이지만, '신성한'이란 일반적 의미와는 달리 저주받은 인간을 뜻한다. 신의 보호로부터 배제된 인간을 말한다. 인간으로서는 살아있으나 사회 공동체 구성원으로 간주하지 않는 사람이다. 이들은 신의 보호를 받지 못하기 때문에 누군가 그를 죽여도 죄가 되지 않으며, 시민권 등 권리를 보장받지 못하므로 존재하지 않는 사람들이다. 아감벤은 인권 개념에 대해서 근본적인 의문을 제기한다. 인권이란 사실상 정치적 권리를 박탈당한 존재들의 공허한 권리에 불과하다는 것이다. 아감벤은 아렌트의 논의를 이어받으면서 인권이란 어떠한 정치적 권리도 가지지 못한 자들을 위한 권리에 지나지 않을 뿐이라고 비판한다. 그래서 인권이란 벌거벗은 삶의 권리인 것이다.

오늘날 인권은 무엇보다 국가에 의한 시민의 권리 침해 혹은 박탈의 폭력에 대항하기 위한 근거로서도 논의된다. 인간은 국적, 성별, 나이, 종교, 신념에 상관없이 그 자체로 존엄하며 그 존엄성은 결코 침범될 수 없다는 것이 인권에 대한 일반적 이해이다. 그래서 인권을 강조하는 자들은 배제의 폭력, 왕따의 폭력에 맞서 인권을 보장하여야 한다.

(2) 인간의 권리가 여전히 뜨거운 주제인 이유는 무엇일까? 그것은 아직도 세상에 인간으로 인정받지 못하는 인간, 차별로 고통받는 인간이 수없이 많기 때문이다.

자연적으로 모든 인간은 자유, 생명, 소유의 권리를 가지고 있지만, 정치공동체에 참가할 권리는 시민이라는 지위에만 부여된다. 한 정치공동체의 주권은 인간 일반이 아니라 그 공동체의 시민에 있다. 아렌트의 국가로부터 추방된 인간은 정치공동체에서 배제된 인간이다. 즉 시민이라는 지위를 부여받지 못한, 또는 박탈당한 경우이다. 시민이 되기 위해서는 자격을 갖춰야만 한다. 국적이라는 것이 그것이다. 시민이란 국적을 가진 사람이며 그들만이 국가의 정치에 참여할 수 있는 주체로 인정하고 있다. 따라서 인간의 권리가 국적을 가진 시민에게만 보장되는 문제가 발생할 수밖에 없다. 이것이 난민이나 이주민 문제가 계속 악화하는 이유이다. 이주민과 난민의 발생은 우연적 사건이 아니라 시민성에 기초한 정치공동체의 내재적 한계를 드러내는 것이다. 인간의 권리와 시민의 권리는 이렇듯 뜨거운 쟁점이다.

니체의 비천한 인간도, 아렌트의 벌거벗은 인간도, 아감벤의 호모 사케르도 언제 어디서나 모든 이에게 동등하게 권리가 주장되어야 하고, 누려야 하며, 지켜져야 한다. 그렇지 않다면 인권이 아니다.

참고문헌 ────────────────────

김성은·신동민, 사회란 무엇인가: 새로운 세대를 위한 질문, 180쪽, 책세상 펴냄, 2009.

리오 휴버먼/장상환 옮김, 자본주의 역사 바로 알기, 398쪽, 책벌레 펴냄, 2000.

린 헌트/전진성 옮김, 인권의 발명, 320쪽, 돌베개 펴냄, 2009.

문지영, 홉스 & 로크: 국가를 계약하라, 260쪽, 김영사 펴냄, 2007.

아리스토텔레스/천병희 옮김, 정치학, 470쪽, 숲 펴냄, 2009.

에드먼드 버크/이태숙 옮김, 프랑스혁명에 관한 성찰, 400쪽, 한길사 펴냄, 2008.

이진우, 니체: 알프스에서 만난 차라투스트라, 352쪽, 아르테 펴냄, 2018.

장 자크 루소/김중현 옮김, 사회계약론, 210쪽, 펭귄클래식코리아 펴냄, 2010.

정정훈, 인권과 인권들: 정치의 원점과 인권의 영속혁명, 311쪽, 그린비 펴냄, 2014.

조르조 아감벤/박진우 옮김, 호모 사케르: 주권 권력과 벌거벗은 생명, 368쪽, 새물결 펴냄, 2008.

차병직, 인권 (살림지식총서 237), 95쪽, 살림 펴냄, 2006.

최현, 인권, 138쪽, 책세상 펴냄, 2008.

토마스 제퍼슨·마이클 하트/차태서 옮김, 토머스 제퍼슨: 독립선언문, 184쪽, 프레시 안북스 펴냄, 2010.

프리드리히 니체/정동호 옮김, 차라투스트라는 이렇게 말했다 (니체전집 13), 560쪽, 책세상 펴냄, 2000.

하승수, 세계인권사, 280쪽, 두리미디어 펴냄, 2012.

한나 아렌트/이진우·박미애 옮김, 전체주의의 기원 1 (한길그레이트북스 83), 550쪽, 한길사 펴냄, 2006.

한동일, 법으로 읽는 유럽사: 세계의 기원, 서양 법의 근저에는 무엇이 있는가, 424쪽, 글항아리 펴냄, 2018.

제4장
인권 선언

인간이 인권을 인식하면서, 발전시켜온 과정에는 굴곡이 있었고, "이것이 옳다!"거나 "이래야 한다!"라며 말도 많고 탈도 많았다. '조약'이니 '헌장'이니 '장전'이란 이름으로 문서에 담았다. 그러한 인권의 내용은 어느 한쪽만 만족시키는 경우가 많았다.

그러나 인권 문서의 내용은 결국 필요한 때 올바른 소리를 내어 오늘에 이르렀다. 따라서 그 역사적 사건들과 부딪치면서 나온 인권 관련 조약들을 살펴보는 것이 중요하다. 영국의 마그나 카르타, 권리청원, 권리장전, 미국의 독립선언서나 프랑스의 인간과 시민의 권리 선언 등이 그것이다.

1. 죄형법정주의

(1) 함무라비 법전은 기원전 1792년에서 1750년에 바빌론을 통치한 함무라비 왕이 반포한 법으로 현무암 돌기둥에 법조문을 새겨 많은 사람이 볼 수 있도록 했다. 돌기둥의 윗부분에는 함무라비 왕이 태양신으로부터

법전을 받는 모습이 조각되어 있고 아랫부분에는 설형 문자가 촘촘하게 새겨져 있었는데, 토지 제도, 재산, 결혼, 상속, 범죄에 대한 형벌 등의 규정을 담았다.

군주에게 큰일은 법과 술이다. 법은 먼저 문서로 엮어 관청에 비치해 두었다가 백성에게 널리 알리는 것을 말한다. 술(術)은 오직 군주의 마음속에 간직해 두고 여러 증거와 대조해 가며 은밀히 신하들을 통제하는 것을 말한다. 법은 명확히 드러날수록 좋고, 술은 겉으로 드러나지 않을수록 좋다. 명군은 법을 포고할 때 나라 안에서 비천한 노복까지 모두 들어 모르는 자가 없게 한다(《한비자》 난삼편).

(2) 죄형법정주의는 죄(罪)와 형(刑)은 법(法)으로 정(定)한다는 원칙(主義)이다. 여기에서 말하는 법률은 제정법(制定法)을 말한다. 아무리 사회적으로 비난받는 행위라도 법조문으로 규정하지 않으면 처벌할 수 없다는 것이다. 또한 범죄에 관하여 법률이 정한 형벌 이외의 처벌을 과할 수 없다는 것이다.

죄형법정주의는 중세와 근세 초기의 죄형전단주의에 대한 투쟁의 산물이며, 봉건세력과 절대적 국가권력이 행하는 자의적 지배를 벗어나 기본적 인권을 보장하기 위한 수단이었다.

자의적인 형벌권 행사는 일반 시민에게 엄청난 피해를 줄 수 있다. 그런 형벌권을 제한하려는 시도는 늘 있었다. 죄형법정주의는 오늘날 대다수 문명국가에서, 특히 형법의 제정과 해석, 그리고 적용에 있어서 최고 원리로 자리 잡고 있다.

법이론에서 죄형법정주의는 권력분립론과 심리강제설에 바탕을 두고 있다. 권력분립 원리는 입법부에서 제정한 법률에 따라 재판하도록 하여 법관의 횡포로부터 개인을 보호하려는 주장이다. 심리강제설은 본래 인간이란 쾌락을 추구하기 때문에 범죄의 쾌감이 형벌의 불쾌감에 의하여 억제될 수 있으려면 미리 법률로써 범죄와 형벌을 명확히 규정하여야 한다는 주장이다. 권력분립론은 개인의 자유를 보장한다는 데 장점이 있지만, 사회적 이익 보호를 간과하였고, 심리강제설은 인간이 항상 이성으로 행동하는 것만은 아니라는 사실을 간과하였다. 이러한 약점에도 죄형법정주의가 형법의 지도 원리로 그 생명을 지속하고 있는 것은 그것이 인간의 자유, 기본적 인권 사상에 터 잡고 있기 때문이다.

(3) 역사 이래, 어쩌면 인간이 기록할 수 있던 때부터 법이 존재했고, 가능한 누구나 알 수 있도록 그 내용을 공포했다. 그런데 왜 남기고 알리려 했는가? 함무라비 법전과 한비의 이야기는 법은 널리 알려야 한다는 것이고, 법은 명확해야 한다는 것을 읽을 수 있다.

글로써, 문자로 권리가 무엇인지를 규정한 나라도, 그렇지 않은 나라도, 있을 것이다. 선언적 의미라지만 그 규정 여부의 차이는 분명하다. 생각과 다짐은 구체적이어야 한다. 무리지어 사는 사회에서는 특히 그러하다. 따라서 역사적으로 인권이 발전하는 과정에서는 이를 명시하는 중요한 조약들이 문서로 작성되었다.

2. 영국에서의 인권보장

마그나 카르타

(1) 마그나 카르타(Magna Carta, 대헌장)는 1215년 문서 형태로 만든 최초의 권리장전이다.

영국은 리처드 1세의 지나친 욕심으로 백성들의 생활이 어려웠다. 지방 영주와의 전쟁 중에 리처드 1세가 사망하자, 존(John, King of England)이 왕위를 잇는다. 존은 탐욕스러웠고 권모술수에 능했으며, 즉위할 때부터 조카를 살해했다는 의심을 받고 있었다. 당시 영국은 프랑스로부터 봉토를 받는 형태였다. 따라서 프랑스 왕은 조카 살해 사건을 프랑스 법정에서 다루기로 하고 존에게 출석요구서를 보냈다. 존이 불응하자, 프랑스 왕은 그를 중죄인으로 간주하고 프랑스 내의 모든 영지를 몰수한다고 공표했다. 결국, 전쟁이 벌어져, 프랑스 내의 영국 영토를 모조리 잃게 되었다.

존은 선대 왕들이 소유해왔던 프랑스 내 영토를 모두 빼앗긴 실패한 왕이 되고 말았다. 그뿐만 아니라 교황에게도 굴복하여 귀족들의 불만이 팽배했다.

귀족들은 왕에 대한 충성 포기 선언을 하기에 이르렀다. 정부 행정은 거의 마비 상태에 빠졌다. 다급해진 존은 귀족 대표들을 만나 원하는 대로 따르겠다고 약속했다. 그리하여 귀족들의 요구를 문서로 만든 것이 마그나 카르타다.

(2) 마그나 카르타는 봉건제의 특수한 관계와 지위를 모르고서는 그 상세한 내용을 이해하기도 어렵지만, 분명한 것은 귀족 세력의 이해관계가 반영되었다는 사실이다. 왕의 전제적 권력 행사를 제한하고 귀족의 권리를 보장한 것이다. 제1조에 자유의 불가침성을 확인하고 '모든 자유민'이 그것을 누릴 수 있다고 선언하고 있지만, 그 자유는 모든 자유민이 아닌 귀족의 자유였다. 국왕이 봉건 계약상 결정되지 않은 세금을 징수하려면 반드시 귀족으로 구성된 자문회의의 동의를 얻어야 한다는 조항도 일반 자유민과는 전혀 무관하다.

마그나 카르타에서 인권선언의 의미를 부여할 만한 것으로는 제39조 정도다. "자유민은 같은 신분의 사람들에 의한 적법한 판결이나 정당한 절차에 의하지 않고서는 체포되거나 구금되지 아니하며, 재산과 법익을 박탈당하지 아니하고, 추방되지 아니하며, 또한 기타 방법으로 침해당하지 아니한다."라고 되어 있다. 그러나 따지고 보면 이 조항도 자유민의 권리를 위한 것이 아닌, 왕권 제한을 통한 귀족 세력의 확대를 위한 것이다.

(3) 마그나 카르타는 인간이면 누구에게나 귀속되는 인권에 관한 것이 아니라, 왕과의 투쟁 과정에서 쟁취한 귀족의 권리와 자유에 관한 것이었다는 점에서 오늘날 인권의 의미와는 차이가 있다.

마그나 카르타는 모든 자유민을 주체로 한 권리 선언은 아니지만, 그 이전의 시기를 고려할 때 자유의 상징으로 새길만 한 이유는 분명히 있다. 그것은 전제군주제의 종말을 알린 것이다. 이 상징적 가치를 결코 가볍게 평가할 수 없다. 마그나 카르타에 근거하여 훗날 자유와 권리의 내용이 확장되고, 그 대상이 국가의 모든 구성원에게까지 확대되었다.

권리청원

(1) 마그나 카르타 성립 이후에도 영국은 여전히 전쟁과 내란의 시기였다. 백년전쟁과 장미전쟁 이후 영국은 봉건 체제가 무너지고 중앙집권화를 이루었다.

절대주의 시대의 왕조인 튜더 왕가는 의회나 왕권의 균형을 잘 유지했다. 그러나 엘리자베스 1세의 뒤를 이은 왕조는 그렇지 못했다. 문제는 왕실과 정부의 재정이었다. 필요한 돈을 세금으로 거둬들이려면 의회의 승인이 필요했다. 제임스 1세는 재정난 탈출을 위해 어렵게 의회를 소집했지만, 의회는 왕의 요구를 단호하게 거절하고 오히려 마그나 카르타의 준수를 요구했다. 이런 마찰로 제임스 1세는 의회를 해산시키기도 했다. 제임스 1세의 아들 찰스 1세(Charles I)는 더 독단적인 행동으로 의회의 비위를 건드렸다.

(2) 의회는 왕권을 제한하는 내용의 입법을 시도했으나, 법을 제정하려면 왕의 재가가 필요했고, 일부 귀족들도 법의 내용이 너무 과격하다고 반

대하기도 해 쉽지 않았다. 이때 왕의 굴복을 강요하는 듯한 법의 통과를 요구하기보다 왕에게 청원(請願)하는 형식으로 하자는 제안이 나왔다. 그 청원을 왕이 수용하는 방식을 취하면, 왕은 체면을 구기지 않아도 되고 의회는 본래 목적을 꾀할 수 있다는 제안이었다. 그렇게 나온 것이 1628년 권리청원(Petition of Rights)이다.

(3) 권리청원은 의회가 제정한 법은 아니지만, 왕을 굴복시키는 중요한 내용을 담고 있다. 신체 자유권의 확인, 상납금 금지, 의회 동의 없는 과세 금지, 특별재판 금지, 이유의 명시 없는 체포나 구금 금지, 군대의 강제 민박 금지 등이 그것이다. 이런 사항은 이미 마그나 카르타에서 확인된 내용이지만, 권리청원은 의회를 통해 중산층의 보편 자유권에 관한 주장이 반영되었다는 점에서 차이가 있다. 특히 국왕보다 법이 위에 있다는 원칙을 세웠다는 데 의의가 있다. 이는 소위 '왕이 곧 법이다.'(Rex Lex)가 아닌 '법이 왕이다.'(Lex Rex)라는 생각이 정치제도의 기초로 자리매김하게 하는 계기가 되었다.

인신보호법

(1) 권리청원 이후에도 찰스 1세는 왕권신수설을 지지하며 절대 권력을 추구했다. 여전히 의회와 충돌했고, 왕당파와 의회파로 나뉜 잉글랜드 내전과 최초의 시민혁명이라 할 수 있는 청교도 혁명을 겪어야 했다.

청교도 혁명을 통해 크롬웰(Oliver Cromwell)은 찰스 1세를 처형했으며, 왕당파를 물리치고, 1653년 통치장전(Instrument of Government)을 제정하여 공화정을 수립하였다.

사람들은 크롬웰에게 정치적 안정을 기대했으나, 그는 당시 공화주의의 요구를 무시하고, 호국경(Lord Protector)이란 지위에 올라 의회를 해산했다. 이로 인해 사람들은 '크롬웰은 시민혁명의 가치를 훼손한 독재자'라는 생각을 가지게 되었다. 결국, 그의 사후에 민심은 왕정복고를 불러왔다. 영국은 다시 군주정으로 전환되었다.

왕정복고와 함께 등장한 찰스 2세(Charles II)는 프랑스 루이 14세와 손잡고 전제군주를 꿈꿨다. 그러나 의회는 그러한 왕의 태도를 견제했다. 1679년 선거로 안정을 찾은 의회는 인신보호법을 제정하였다.

(2) 인신보호법(The Habeas Corpus Act)의 핵심은 영장제도이다. 어떠한 경우라도 체포나 구금된 사람은 가능한 한 빨리 법관 앞에서 체포나 구금의 이유에 관한 판단을 받을 권리를 규정하였다.

인신보호법은 법률에 따르지 아니하고는, 또 법관의 결정에 의하지 아니하고는 신체의 자유는 박탈당하지 아니한다는 원칙을 확립했다.

권리장전

(1) 찰스 2세의 뒤를 이은 제임스 2세(James II)도 의회의 기대와는 달리 왕권 강화에 주력했다. 영국 국교인 성공회를 탄압하고 가톨릭을 부활시켰으며 절대주의적 경향을 강화하였으나 1688년 명예혁명으로 프랑스로 망명하였다. 의회는 그 뒤를 이은 윌리엄 3세(William III)가 세력을 키워 전제주의로 나갈 가능성에 대비하여 왕권을 제한하고 의회 권리를 확고히 할 필요를 느꼈다. 그 목적으로 의회가 윌리엄 3세에게 요구하여 승인하도록 한 것이 1689년 권리장전(The Bill of Rights)이다.

(2) 권리장전은 신민의 권리와 자유를 선언하고 왕위 계승을 정한 법률이다. 기본 골격은 마그나 카르타나 권리청원에 열거된 것과 유사하나, 의회의 권한이나 사법절차와 관련된 보장이 주된 내용이었다. 구체적으로 국왕은 법을 지켜야 하고, 자유로운 의회 선거를 보장하여야 하며, 의회를 정기적으로 열어야 한다는 등의 규정이 그것이다.

권리장전은 의회가 요구한 사항을 성문화하여 왕권보다 우위에 둔 것으로, "왕은 군림하나 통치하지 않는다."라는 입헌군주제의 시작을 알렸다. 다시 말해서 왕의 지배가 아닌 '법의 지배'(Rule of Law)를 의미하며, 훗날 입헌국가의 헌법에 기본권 형식으로 인권이 구체화하는 실마리를 제공했다는 점에 역사적 의미가 있다.

정리: 영국에서의 인권의식의 변화

영국에서 전개된 권리의 문서화는 실질적이라기보다 상징적이다. 여러 권리 문서의 일부 내용은 오늘의 인권이나 기본권과 유사하지만, 문서에 담긴 여러 권리가 개별인으로서 개인에까지는 이르지 못했다. 다시 말하면, 모든 자유민의 권리를 이야기한 것은 아니다.

마그나 카르타를 비롯하여 권리청원 등이 귀족 계급 중심으로 이루어질 수밖에 없었던 것은 당시 봉건 사회의 구조적 특성으로 이해할 수 있다. 그러나 봉건 제도가 서서히 붕괴하면서 권리의 범위와 내용을 결정하는 주도권은 서서히 의회로 넘어갔다.

특히 권리장전은 의회가 중심이 되어 왕권을 제한함으로써 의회 민주주의를 확립하고, 일종의 그 반사적 효과로 일반 인민의 권리가 조금이나마 확보될 수 있었다.

왕권을 완전히 법의 지배 아래로 끌어내린 뒤, 이른바 입헌군주제의 헌법적 역할을 마그나 카르타 이후 각종 권리장전이 떠맡았다. 영국에서 전개된 이러한 권리 확보의 사상은 자연스럽게 미국으로 이어졌고, 그 흐름은 프랑스를 비롯한 유럽의 다른 나라에까지 영향을 미쳤다.

3. 미국의 독립과 인권의식의 성장

미국의 형성

(1) 1620년 9월 청교도(Pilgrim Fathers)들을 태운 메이플라워호가 보스턴 남쪽에 닿은 이후, 신대륙 아메리카는 자유와 기회의 땅으로 여겨졌다. 종교의 자유를 찾아, 정치적 박해를 피해, 새로운 기회를 찾아 구대륙의 많은 사람이 신대륙으로 건너갔다. 정착에 성공한 이들이 만든 사회는 영국 식민지가 되었다.

한편 영국은 늘어난 국가 부채를 충당하기 위해 식민지에서 설탕법, 인지세법 등을 제정했다 폐기하기를 거듭했다. 당연히 식민지인들의 불만이 켜졌다.

1773년 보스턴 차 사건은 새로운 국면으로 치닫는 도화선이 됐다. 영국은 파산 위기에 처한 동인도회사의 회생을 위해 미국에 대한 차 판매 독점권을 주었고, 막대한 손해를 입게 된 식민지 상인들은 불매운동을 벌였다. 이에 영국은 보스턴 항을 폐쇄하고 매사추세츠 주민들이 참기 어려운 법을 만드는 등 단호하게 대처했다.

이러한 문제를 해결하고자 각 지역 대표들이 1774년 필라델피아에 모였다. 영국은 식민지에서 일어난 이러한 사태를 반란으로 규정하고 군대를 파견하면서 전쟁이 본격화되었다. 그러나 당시 식민지 사람들은 관세와 무역 제한이 불만이지 독립이 아니었다. 전쟁하면서도 식민지 지도자들은 당시 영국의 왕 조지 3세를 받들었다.

(2) 이런 분위기를 뒤바꾼 사람이 페인(Thomas Paine)이다. 그는 영국과 식민지 사이의 전쟁이 세금 때문이냐는 의문을 제기한다. 페인은 큰 신대륙이 작은 섬나라 영국의 통치를 받는 것도 자연법 질서에 어긋나는 일이라고 주장하며, 영국 군주제는 자연법에 어긋나는 정부 형태라고 비난했

다. 마찬가지로 독립을 선포하고 필요한 법을 스스로 만들어야 한다고 외쳤다. 자연권이 바로 국가라 했다. 페인의 영향력은 엄청났다. 비로소 식민지 사람들은 독립을 꿈꾸기 시작했다. 13개 식민지는 펜실베이니아를 선두로 독립된 공화국을 세우기 시작했다.

버지니아 헌법

(1) 1776년 4월에 13개 식민지 대표로 구성된 대륙회의는 영국을 제외한 모든 국가에 항구를 개방했다. 같은 해 6월 버지니아가 헌법을 제정하여 선포했다.

버지니아주가 선포한 헌법(Virginia Declaration of Rights)은 흔히 '버지니아 권리장전' 또는 '버지니아 권리 선언'이라고도 한다. 전문과 16개의 조문으로 구성되었으며, 그 내용은 영국의 권리장전들에 비교해 구체적이고, 보편적인 사상을 담고 있다.

제1조는 "모든 사람은 태어날 때부터 자유롭고 독립적이며 천부의 권리를 가진다. 이런 권리는 인민이 사회를 조직할 때 어떠한 계약으로도 박탈할 수 없다. 그것은 재산을 얻어 소유하고 행복과 안녕을 추구하여 획득하는 수단을 비롯하여 생명과 자유를 누릴 권리이다"라고 규정하고 있다. 그 밖에도 공직의 특전과 지위의 세습 금지, 입법권과 행정권 및 사법권의 구별, 자유 선거의 보장, 형사 절차에서의 적법절차 준수, 배심제도, 언론과 출판의 자유, 종교와 양심의 자유 등을 규정하고 있다. 생명권이나 자유권보다 사유재산권을 앞세우고, 행복추구권을 내세웠다.

(2) 버지니아 헌법은 18세기 자연법적 계몽사상을 반영했다. 모든 인간은 천부적이고 불가양의 권리, 자유와 평등의 권리를 가지며, 이러한 권리는 어떠한 계약에 의해서도 폐지할 수 없다는 제1조의 내용은 계몽주의 사상을 대표하는 개념이다. 예를 들어 로크(John Locke)는 인간이 태어날

때부터 자유롭고 평등하며 독립된 자연권을 갖고 있는데 이를 확고하게 하려고 계약을 통해 국가를 만들었다는 사회계약론을, 몽테스키외(Charles De Montesquieu)는 견제와 균형을 통해 과도한 권력 집중을 막을 수 있는 삼권분립론을 주장하였다.

버지니아 헌법은 인권보장의 역사에서 처음으로 특정 신분 계급이 아닌, 인간, 즉 개인을 인권의 중심에 놓았다. 버지니아 헌법은 자연법사상에서 자연권적 개인의 권리를 이야기했다.

독립선언서와 연방헌법

(1) 1776년 7월 4일 대륙회의는 독립선언서(The Declaration of Independence)를 채택한다. 이로써 13개 영국 식민지는 13개 공화국이 되었고, 각 공화국은 차례로 헌법을 제정한다.

1781년 3월, 13개 공화국은 연합 헌장을 채택하여 하나의 합중국(The United States of America)으로 다시 탄생했다. 합중국은 1783년 파리평화회의의 승인을 통해 식민지 혁명으로 이룬 최초의 공화국이 됐다. 이때 제퍼슨(Thomas Jefferson)이 작성한 독립선언서의 두 번째 문장은 오늘날에도 인권의 절대적 명제처럼 받아들여지고 있다.

"모든 인간은 태어나면서부터 평등하고, 창조주로부터 불가양의 권리를 부여받았으며, 그 권리 중에는 생명의 자유와 행복을 추구할 권리가 포함되어 있다."

(2) 13개 공화국은 각 공화국의 주권을 그대로 지니고 있었다. 그러나 재정 상태가 악화하고 사회가 혼란스러워지자 강력한 중앙정부에 대한 요구가 커졌다. 이에 1787년 필라델피아에서 열린 제헌의회에서 연방정부 수립을 위한 헌법안을 마련했다. 연방헌법은 1789년에 필요한 비준을 얻어 효력이 발생했다. 그러나 최초의 연방헌법에는 기본권에 관한 규정이

없었다. 오직 13개 정부의 결합체에 대한 권한 배분과 통치 기구의 조직에 관한 내용만으로 구성되었다.

연방헌법이 각 지방 정부의 비준을 받는 과정에서 연방정부가 개인의 자유를 침해할 때에 대한 대비책이 전혀 없다는 점이 지적됐다. 즉시 10개 조항의 권리장전을 추가했다. 부칙처럼 헌법 조문의 끝에 추가한 조항을 수정조항(Amendment)이라 한다. 최초 10개의 수정조항은 1791년에 확정됐다. 1791년 비준된 10개 조항은 개인의 권리와 자유 등을 보장했다 해서 권리장전(Bill of Rights)이라 한다.

이후 필요할 때마다 수정조항을 덧붙이는 형태로 오늘에 이르고 있다. 예를 들어 미국의 초기 헌법은 주 사이에 견해차가 컸던 노예제에 대한 의견을 명확히 정리하지 못했다. 잠정적으로 20년간 노예제를 인정하고 노예의 수입을 허용했다. 또 자유를 찾아 도망간 노예에 대해 도움을 주지 못하도록 하는 등 반인권적 조항을 규정했다. 노예제 문제는 결국 남북전쟁을 통해 정리됐다. 1865년 수정헌법 제13조로 노예제가 폐지되었다. 흑인의 투표권은 수정헌법 제15조가 제정된 1870년 이후 인정됐다. 여성의 선거권은 1920년 수정헌법 제20조에 따라 도입됐다. 1919년에는 주류의 제조·판매·운송을 금지한 수정헌법 제18조가 규정됐다가 1933년 수정헌법 제21조에 따라 금주법을 폐지하기도 했다. 한편 프랭클린 루스벨트 대통령의 4선 이후 대통령의 임기를 제한해야 한다는 정치권의 요구에 따라 1951년 3선을 금지하는 수정헌법 제22조를 제정하였다.

4. 프랑스의 인권 선언

(1) 계몽사상과 미국의 독립으로 절대왕정의 프랑스는 흔들리기 시작했다. 영국에 대항한 미국 식민지 전쟁에 프랑스가 가담하고, 미국 독립 과

정의 생생한 경험담이 전해지고, 그에 따라 프랑스 구체제(Ancien régime)의 모순이 드러나기 시작한 것이다. 구제도의 문제는 성직자, 귀족 그리고 평민의 신분 계급과 상위 계급이 절대적으로 많은 재화를 차지하고 있는 소득 분배의 불균형으로 요약된다.

프랑스는 루이 14세가 완성한 절대주의 체제에서 국왕 친정과 신권이론(神權理論)을 받들고 국가와 인민 위에 군림하였다. 신권 왕정 밑에서는 모든 국민이 단순히 국왕의 신하에 불과하다. 그 위에 소수의 귀족과 성직자만이 별도의 특권 신분을 구성하고, 국민의 90%를 차지한 평민층에 기생하면서 보냈다.

한편 루이 16세는 미국 독립혁명을 지원한 군사비 때문에 재정 궁핍에 빠졌다. 당연히 당면 과제는 국가 재정난 타파였다. 그 방안으로 제시된 것이 제1계급 성직자와 제2계급 귀족들로부터의 세금징수였다. 과세를 실현하기 위해 왕은 1614년 이래 열리지 않았던 삼부회를 열었다. 삼부회(États Généraux)는 신분제 의회로써 1302년 필리프 4세가 특권층인 사제와 귀족, 그리고 도시의 대표를 모아놓고 노트르담 성당에서 개최한 것이 기원이다. 그 뒤 제1부 사제, 제2부 귀족, 제3부 평민의 대표들로 구성된 의회로 정형화하였다. 프랑스 삼부회가 영국 의회와 다른 점은 국왕의 의지를 제약하는 대의회가 아니고, 왕권의 주도로 국민대표에 협력을 요청하는 자문기관이라는 점이다.

(2) 1789년 베르사유 궁전에서 삼부회, 즉 의회를 열었다. 혁신을 갈망하는 자유주의 귀족과 평민의원 등 모든 대표가 한자리에 모여 앉아 어떻게 표결을 할 것인가를 놓고 팽팽히 맞섰다. 이에 평민의원은 아예 그들만으로 삼부회를 영국식 의회로 개조하자는 결의를 하고 국민의회(Assemblée Nationale)를 결성한다.

국민의회는 "대표 없이 과세 없다"라는 미국의 구호를 원용하며 저항했다. 국왕은 삼부회의 최고책임자를 파면하는 등 강하게 밀어붙였고 시민들은 국민의회를 지켜야 한다고 생각했다. 민병대를 조직하고, 탄약을 얻기 위해 바스티유 감옥을 습격했다. 민중은 비로소 자신들의 힘을 깨달았다. 무법의 질서가 혼란스럽게 전개되다 결국 구제도는 소멸하였다. 사람들은 혁명의 성공에 환호했다. 국민의회는 혁명의 이념을 널리 알릴 필요를 느끼게 됐다. 그에 따라 선포한 것이 '인간과 시민의 권리 선언'(Déclaration des droits de l'Homme et du citoyen)이다. '프랑스 인권 선언'이라고도 한다. 프랑스 혁명이 만든 인권 선언이다.

(3) '인간과 시민의 권리 선언'의 전문에서 인권에 대한 무지나 망각은 공공의 불행과 정부 부패의 원인이 된다는 경고와 함께 인권이 인간의 자연적이고 포기할 수 없는 권리라는 것을 선언했다. 17개의 조문에서 평등권, 정치적 결사권, 신체권 등의 기본권을 열거하고, 모든 주권이 인민에게 있다는 것과 소유권의 신성 불가침성을 규정하고 있다.

'인간과 시민의 권리 선언'은 표제가 보여주듯 두 가지 권리, 즉 '인간의 권리'와 '시민의 권리'를 나열하고 있다. 인간의 권리는 인간이면 누구나 누리는 자연권을, 시민의 권리는 프랑스 인민으로서 누리는 권리를 말한다. 문제는 이 선언에서 의미하는 인간은 사실상 남성만을 가리켰고, 여성은 제외된 차별이라는 한계가 있다는 점이다.

"여성은 단두대에 오를 권리가 있다. 마찬가지로 연단에 오를 권리도 가져야 한다." 1791년 구주(Olympe de Gouges)가 쓴《여성과 여성 시민의 권리 선언》에서 나오는 구절이다.

프랑스의 '인간과 시민의 권리 선언'은 "사람은 자유롭게 그리고 권리에서 평등하게 태어나며 또 그렇게 존속한다."라고 보편적 인권을 선언하고 있지만(제1조 참조), 구주는 여성은 인간이자 시민으로 여겨지지 않는 존재라는 것을 지적하면서 프랑스 인권 선언의 기만성을 꼬집었다. 구주는 노예제, 식민통치, 계급차별 등과 마찬가지로 가부장적 사회 질서는 모든 인간의 평등과 양립할 수 없다고 주장했다. 구주는 젠더, 계급, 인종차별 간의 연결성을 이미 의식했고 연대의식에서 글을 쓰고 말했다. 구주는 결국 단두대에서 처형된다. 여자가 감히 '정치를 논했다'라는 죄였지만, 그럼으로써 구주 자신이 이미 정치적 존재임을, 그것에 대한 남성들의 인정이 필요치 않음을 증명했다.

5. 독일의 기본법

프랑스 혁명은 자유와 평등, 그리고 인권보장의 정신을 유럽 전역에 전파했다. 독일도 프랑스의 영향을 받지 않을 수 없었다. 1849년 프랑크푸르트에서 통일 독일제국 헌법을 확정하여 인권보장의 규범을 갖추었으나, 정치적 통일이 뒤따르지 않아 사문화되고 말았다. 독일 헌법의 인권보장 전통은 1919년 바이마르 헌법에 계승되어 1949년 서독 기본법, 그리고 1990년 통일 독일의 기본법으로 이어진다.

프랑크푸르트 헌법

(1) 미국과 프랑스에서 자유주의 인권사상이 인권 선언을 통하여 기본권으로 수용되는 동안, 독일은 여전히 절대군주의 지배체제에 있었다. 칸트와 헤겔 등 18세기를 대표하는 계몽주의적 철학자를 배출하였음에도 인권 철학은 정치 현실에서는 반영되지 못하였다.

의미 있는 인권 규범은 독일제국을 세우는 과정에서 제정한 프랑크푸르트 헌법이다. 프랑크푸르트 헌법은 '독일국민의 기본권'의 장에서 평등권, 표현의 자유 및 언론의 자유, 종교의 자유, 집회의 자유, 재산권 보장 등 고전적인 자유권을 규정하였고, 자유권을 제한하는 가능성도 상세하게 규정하였다.

(2) 프랑크푸르트 헌법은 종래 헌법에서 보장된 기본권을 망라하였고, 더 나아가 주거의 자유, 거주이전의 자유, 직업의 자유, 결사의 자유, 사형제도 폐지, 학문의 자유 등 새로운 기본권을 수용하였다. 그러나 독일제국의 설립이 수포가 되면서, 프랑크푸르트 헌법은 시행조차 되지 못했다. 독일은 프랑크푸르트 헌법을 통하여 당시 유럽의 기본권 보장 추세와 같이 하고 싶었으나, 독일 헌법사에서 역사적인 의미만을 가지게 되었다. 이후 제정한 독일 헌법들은 인권보장에 소극적이었다.

바이마르 헌법

독일은 바이마르 헌법에서 프랑스 인권 선언과 같은 기본권 목록을 갖추게 되었다. 바이마르 헌법은 기본권 부분에서 프랑크푸르트 헌법의 기본권보장을 구체적인 표현에 이르기까지 그대로 수용하였다.

바이마르 헌법은 60개에 달하는 기본권을 규정하였다(제2편 제5장). 자유권, 평등권뿐만 아니라 사회적 기본권도 포함하였다. 시민 계급의 이익을 고려한 고전적인 자유권, 신생 노동자 계급과 사회적 약자의 이익을 고려하고 사회적·경제적 불평등을 제거하여 사회를 개선하고자 하는 사회적 기본권을 바이마르 공화국 헌법에 담았다.

그러나 포괄적인 기본권을 규정하였음에도 입법자는 기본권의 구속을 받지 않는 것으로 간주했다. 미국은 헌법의 우위를 인정하여 입법자가 헌법의 구속을 받는다는 것이 당연한 것으로 간주했다는 점과는 대조적이었다. 또한, 사회적 기본권은 법적 구속력이 없는 단순히 선언적인 규정으로 격하되었다. 그에 따라 바이마르 헌법이 보장하고 있는 기본권의 효력은 제한적이었다.

독일연방공화국 기본법

1949년의 독일 기본법은 바이마르 헌법의 기본권보장을 모델로 했다. 나치 시대의 인권유린에 대한 반성으로 제1조에서 인간 존엄성의 불가침성을 규정하였고, 모든 국가권력은 그 존엄성을 존중하고 보호하여야 한다는 의무를 규정했다. 이는 인류에 반한 나치 정권도 정당한 수권법에 따라 정권을 이어받았다는 사실을 인지하고, 그 어떤 정권도 인간의 존엄성을 존중해야 한다는 의미이다.

기본법은 개인의 자유를 경시하고 국민의 의무를 강조한 나치 정권의 불법 통치에 대한 반성에 개인의 인권 보호를 위한 헌법적 보장을 최대한으로 강화했다.

6. 대한민국 헌법과 기본권

(1) 개인의 권리를 규정한 최초의 문헌은 '대한민국 임시헌장'이다. 임시헌장(臨時憲章)은 1919년 4월 11일 공포한 대한민국 임시 정부의 첫 헌법이다. 임시헌장은 반포일로 대한민국 원년(大韓民國 元年)이라고 표기하였다. 1948년 8월 15일 대한민국 초대 대통령에 선출된 이승만은 연호를 '대한민국 30년'이라 했다. 이는 임시정부가 수립된 1919년을 대한민국 1년으로 보고, 대한민국 정부가 수립된 1948년을 대한민국 30년으로 표기한 것이다.

임시헌장은 총 10개 조로 이루어진 간략한 내용이었으나, 모든 인민은 남녀, 귀천, 빈부에 의한 차별 없이 평등하다는 선언과 함께 신교, 언론, 저작, 출판, 결사, 집회, 신서, 주소 이전, 신체와 소유의 자유를 누린다고 규정하고 있다. 이런 내용은 그해 9월 11일 제정한 대한민국 임시정부 헌법에 그대로 이어졌다.

(2) 임시헌법(臨時憲法)은 1919년 9월 11일 공포한 대한민국 임시정부의 헌법이다. 1919년 4월 11일 제정한 대한민국 임시헌장을 같은 해 9월 11일 통합 임시정부를 수립하면서 개정하여 공포한 것이다. 임시헌법은 총 8장 58개 조로 내용이 임시헌장보다 늘어났으며, 현대 국가의 헌법으로도 손색이 없는 헌법 체계와 조문을 갖췄다. 국가 형태로는 대통령제를 채택하였다.

(3) 대한민국 제헌헌법(制憲憲法)은 1948년 7월 17일 대한민국 제헌국회가 제정한 대한민국의 헌법이다. 1948년 5월 10일 대한민국 최초의 국회의원 선거가 시행되었고, 제헌국회는 198명의 의원으로 구성되었다. 제헌국회는 초대 국회의장에 이승만, 부의장에 신익희와 김동원을 선출하여 대한민국 정부 수립을 위한 활동을 개시하였다.

제헌헌법은 전문과 본문 10장 103개 조로 구성되었다. 제헌헌법은 전문에 기미 삼일운동을 통해 대한민국을 건립한 독립정신을 계승한다고 규정하고 있다. 임시헌장도 "민국 원년 3월 1일 아 대한민국에 독립을 선언함으로"라 하여, 삼일운동의 독립정신을 계승한다고 밝히고 있다. 이는 제헌헌법은 임시정부의 법통을 이어받았음을 의미한다.

현행 대한민국 헌법 역시 이러한 법통의 계승에 대해 분명히 밝히고 있다.

참고문헌

박형남, 재판으로 본 세계사: 판사의 눈으로 가려 뽑은 울림 있는 판결, 408쪽, 휴머니스트 펴냄, 2018.
백경남, 바이마르공화국: 서구 민주주의 실험의 비극, 328쪽, 종로서적 펴냄, 1985.

브누아트 그루/백선희 옮김, 올랭프 드 구주가 있었다: 최고의 혁명가 올랭프 드 구주
　　를 말하다, 192쪽, 마음산책 펴냄, 2014.

올랭프 드 구주/박재연 옮김, 여성과 여성 시민의 권리 선언, 128쪽, 꿈꾼문고 펴냄,
　　2019.

이종훈, 밀의 사상과 토론의 자유, 150쪽, 이담북스 펴냄, 2012.

정형근, "인신보호법에 관한 연구", 인권과 정의 제390호, 82－101쪽, 대한변호사협회
　　펴냄, 2009.

차병직, 인권의 역사적 맥락과 오늘의 의미, 126쪽, 지산 펴냄, 2003.

차병직, 인권 (살림지식총서 237), 95쪽, 살림 펴냄, 2006.

토머스 페인/남경태 옮김, 토머스 페인 상식, 140쪽, 효형출판 펴냄, 2012.

피터 라인보우/정남영 옮김, 마그나카르타 선언: 모두를 위한 자유권들과 커먼즈, 432
　　쪽, 갈무리 펴냄, 2012.

하승수, 세계인권사, 280쪽, 두리미디어 펴냄, 2012.

한비/신동준 옮김, 한비자 2 (올재 클래식 95), 526쪽, 올재 펴냄, 2017.

한수웅, 헌법학 (제9판), 1672쪽, 법문사 펴냄, 2019.

홍영기, "죄형법정주의의 근본적 의미", 형사법연구 제24호(2005년 겨울), 1－24쪽,
　　한국형사법학회 펴냄, 2005.

제5장
국제 인권 규범

지난 세기에 학살로 생명을 잃은 사람이 얼마나 될까? 19세기 말부터 20세기 초까지 터키에서 일어난 아르메니아인 학살, 2차 세계대전 동안의 홀로코스트, 킬링필드라고 알려진 캄보디아 폴 포트의 크메르루주가 자행한 학살, 그리고 지금은 사라진 유고슬라비아에서 일어난 민족 청소까지 이르면, 20세기는 제노사이드의 시대라는 말에 수긍하게 된다. 21세기도 마찬가지다. 시리아 내전으로 내몰린 난민들의 떼죽음, 미얀마에서 벌어진 이슬람계 소수민족 로힝야족 학살 등이 어제오늘의 뉴스거리다.

한국에서도 제노사이드의 아픔이 있다. 제주 4.3 사건, 보도 연맹원 학살 사건 등이 그것이다. 한국전쟁 중에, 또는 그 전후에 일어나 학살 사건들로, 최근에 와서야 진상이 밝혀지고 있지만, 그 대다수는 아직도 제대로 규명되지 않고 있다.

청산하지 못한 과거는 사라지지 않는다. '청산하지 못한 과거는 미래'라는 말과 같이 그 과거는 어느 날 불쑥 나타나 우리의 앞을 가로막는다. 매듭짓지 않은 과거가 현재와 미래의 발목을 붙잡는다.

어떻게 이성이, 어떻게 지성이 이러한 광기를 가져올 수 있을까? 어떻게 계몽이 이렇게 야만적일 수 있는가? 어떻게 물질의 진보와 기술의 발전이 문화적·도덕적으로 퇴보로 이끌 수 있는가? 과거 어느 때보다도 더 많은 문명의 혜택을 누리며 휴머니즘을 외치는 현대에 어떻게 그 많은 학살이 있었는가? 도대체 왜, 사람의 가죽을 벗겨 구두를, 체지방으로 비누를, 머리털로 담요를 만드는 일이 일어났던가?[5] 그러한 세상은 지옥일 뿐이다.

"여기 들어오는 자, 지금부터 모든 희망을 버릴지어다." 단테의 《신곡》에서 지옥 입구에 새겨진 경고다. 지옥은 희망이 없는 곳이다. 오늘날에도 곳곳에서 광기와 야만성을 마주한다.

이성이 흔들리는 사회에서 각자가 누릴 수 있는 자유와 권리는 답답할 정도로 불만스럽고 불안하다. 그러나 그 벽을 허무는 과정을 영국의 왕과 귀족 사이에서 보았고, 18세기 후반 미국과 프랑스가 인민을 주체로 한 권리 선언을 했으며, 이어서 인권 선언이라는 이름으로, 기본권이라는 이름으로 구체화하기 시작했다.

1. 국제인권법의 초석

지독한 비참함과 희생을 겪고 나서야 인간은 대책을 궁리한다. 2000만 명이 희생된 1차 세계대전은 국제연맹(League of Nations)을, 5000만 명이 희생된 2차 세계대전은 국제연합(United Nations)을 낳았다.

---

5 나치는 굴뚝에 검은 연기가 나기 전에는 머리카락을 잘라 카펫과 담요를 짰고, 연기가 난 다음에는 금니로 금괴를 만들어 전쟁자금을 마련했고, 또 화장 후의 쌓인 재로는 정원의 꽃밭과 작물 밭의 비료로 사용했다. 아우슈비츠 생존자 프리모 레비는 이런 짓거리를 인간(유대인)을 인간이 아니라 짐승으로 취급했기에 가능한 나치의 알뜰하기 그지없는 실용주의라 꼬집었다(프리모 레비, 2011).

국제연맹규약

제1차 세계대전 후에 국제평화기구로서 국제연맹을 창설하였다. 국제연맹은 1919년 집단안보와 국제분쟁의 중재와 무기감축, 그리고 개방외교의 원칙을 내용으로 하는 국제연맹규약을 제정하였다.[6] 그러나 여기에는 군비축소, 영토보존과 정치적 독립, 분쟁의 평화적 해결, 조약의 통제, 위임통치 및 국제협조 등 국제 정치적 이해관계의 조정과 관련된 내용만 담았지 인권에 관한 내용은 없었다.

제2차 세계대전 이전까지 인권은 국가 내부의 문제 정도로 취급했다. 당시 미국에서는 인종 차별이 만연했고, 세계 최초의 사회주의 국가였으나 지금은 해체된 소련(소비에트 사회주의 공화국 연방)은 전체주의의 비밀경찰국가였으며, 영국과 프랑스를 비롯한 유럽 국가들은 식민지를 계속 지배하고 있었고, 일본제국도 이에 한몫 거들었다. 중남미의 많은 국가는 독재로 점철되어 있었다. 국제연맹의 설립을 제안한 미국은 베르사유조약에 대한 의회의 인준 거부로 처음부터 불참하였다.

인권은 관심을 끌지 못했다. 당시에는 인권을 주권(sovereignty) 문제로 여겼다. 내정불간섭이 주권에 대한 승인 또는 예우라고 생각했다. 따라서 다른 나라의 인권문제에 관여하는 것은 내정간섭이자 주권 침해였다.

국제연맹은 제2차 세계대전의 발발과 함께 스스로 붕괴하였다. 제2차 세계대전이 종전되면서 1946년 4월 18일 개최된 총회에서 국제연맹 해체를 결의하고, 국제연맹의 구조와 형식, 목적을 이어받은 국제연합을 발족시켰다.

---

6 국제연맹규약(Covenant of the League of Nations)은 1919년 6월 28일에 서명되고 1920년 1월 10일에 발효된 국제연맹의 기초가 되는 법규를 말한다. 국제연맹의 기본법이다. 베르사유 강화조약, 제1차 대전 강화조약 등으로 제1편을 구성하며, 전문과 26개 조로 되어 있다. 일명 국제연맹의 헌법이라고도 하는데, 독립된 조약은 아니다.

국제연합헌장

(1) 제2차 세계대전의 쓰라린 경험과 나치 만행은 인간과 국가에 대한 인식을 바꾸어 놓았다. 국제사회의 평화 유지를 위해서 국제연맹보다 강력한 집단안보체제가 필요하다고 느끼게 되었다.

1945년 4월 샌프란시스코에서 51개국이 모여 국제연합과 관련한 기본 사항들을 논의하고, 같은 해 10월에 국제연합헌장(Charter of the United Nations, 유엔헌장)을 선포했다.

국제연합(이하 유엔이라 한다)은 국제평화와 안전을 유지하며, 민족들의 평등권 및 자결 원칙에 기초하여 국가 간의 우호 관계를 발전시키며, 경제적·사회적·문화적 또는 인도적 성격의 국제문제를 해결하고, 모든 사람의 인권 및 기본적 자유에 대한 존중을 촉진하기 위한 국제적 협력을 달성하며, 이러한 공동의 목적을 달성하기 위하여 각국의 활동을 조화시키는 중심이 되는 것을 목적으로 한다. 현재 회원국 수는 193개국이다.[7]

유엔과 관련해서 두 사람이 언설(言舌)을 살펴본다. 누구의 말을 수긍할 수 있을까?

"유엔 따위는 없다. 유엔본부 열 개 층이 없어진들 눈곱만큼도 문제가 없을 것이다." 한때 유엔 주재 미국 대사였던 존 볼턴의 말이다.

"운명공동체인 인류가 오늘의 난국을 헤쳐가려면 유엔을 통해 단결하는 길밖에 없다." 제7대 유엔 사무총장을 지낸 코피 아난의 말이다.

유엔의 활동은 평화유지와 안보 외에도 인권 보호, 구호와 원조 활동, 지속 가능 개발의 장려, 환경보호, 국제법 등 다양한 분야에 걸쳐 있다.

제2차 세계대전 이후 인권에 관한 큰 줄기는 유엔에서 만들어졌다. 유엔의 모든 문헌 중 가장 중요한 세계인권 선언으로부터 다양한 국제인권법 체계, 인권 기준 설정과 프로그램 등 일일이 열거하기도 어려울 정도다.

---

7 유엔 누리집(www.un.org) Growth in United Nations membership, 1945−present 참조.

(2) 유엔헌장은 인권 선언은 아니지만, 인권(human rights)이라는 용어를 본격적으로 사용한 최초의 국제조약이다.

유엔헌장은 전문(前文)에서 '기본적 인권, 인간의 존엄 및 가치, 남녀 및 대소 각국의 평등권에 대한 신념'이라고 선언하고 있다. 유엔헌장은 인종, 성별, 언어, 종교의 차이를 불문하고 모든 인권과 기본적 자유를 증진하고 촉구하기 위한 국제 협력을 목적으로 내세웠다(제1조 제3항).

문제는 인권이 중요하게 취급되면서 '인권 대 주권' 논쟁이 벌어졌다. 이에 제2조 제7항에 내정불간섭 원칙을 규정하면서 인권 대 주권의 문제는 어느 정도 봉합되었다. "이 헌장의 어떠한 규정도 본질상 어떤 국가의 국내 관할권 내의 사항에 간섭할 권한을 국제연합에 부여하지 않는다." 인권을 언급한 최초의 국제조약으로서는 모순된 규정이지만, 지금까지 이 조항만큼 '상징적'으로 무효가 돼온 조항도 드물다.

유엔 총회(General Assembly)는 경제, 사회, 문화, 교육, 보건 분야에 있어서 국제 협력을 촉진하고, 인종, 성별, 언어, 종교에 관한 차별 없이 모든 사람의 인권과 기본적 자유를 실현하는 데 도움이 되도록 해야 한다(제13조).

유엔은 사람의 평등권과 자결 원칙의 존중에 기초한 국가 간의 평화롭고 우호적인 관계에 필요한 안정과 복지의 조건을 창조하기 위하여 더 높은 생활 수준, 완전고용, 경제·사회적 진보와 발전의 조건, 경제·사회·보건 및 관련 국제문제의 해결, 문화 및 교육의 국제 협력, 인종·성별·언어와 종교에 관한 차별이 없는 모든 사람을 위한 인권 및 기본적 자유의 보편적 존중과 준수를 촉진하여야 하며(제55조). 이러한 목적을 달성하기 위하여 유엔은 모든 회원국이 협력하여 공동의 조치뿐만 아니라 개별적 조처를 해야 한다고 규정하고 있다(제56조). 아울러 경제사회이사회는 모든 사람을 위한 인권과 기본적 자유의 존중 및 준수를 촉진하기 위하여 권고할 수 있다(제62조).

유엔헌장 제68조는 "경제사회이사회는 경제적 및 사회적 분야의 위원회, 인권의 신장을 위한 위원회 및 이사회의 임무 수행에 필요한 다른 위원회를 설치한다."라고 규정하고 있다.

제68조에 따라 경제사회이사회(Economic and Social Council)는 인권 증진을 위해 인권위원회(Commission on Human Rights)를 따로 구성했고, 인권위원회는 2006년 인권이사회(Human Rights Council)로 대체될 때까지 유엔에서 인권문제와 관련한 주요 기구였다. 즉 인권위원회는 경제사회이사회에 속해 있었고, 현재의 인권이사회는 총회 직속으로 되어 있다.

인권이사회는 모든 나라를 대상으로 정례적으로 인권을 검토하고, 특별 보고관이 현지 조사를 벌일 수 있으며, 유엔 총회가 직접 인권문제를 감독하거나 결의안과 보고서를 채택한다. 심각한 상황에서는 안전보장이사회의 개입과 제재도 가능하다.

지역 차원의 인권보장

(1) 유엔도 한계는 있다. '두 번이나 말할 수 없는 슬픔을 인류에 가져온 전쟁의 불행'에서 다음 세대를 구하기 위해 조직한 유엔은 인권 유린의 주범인 전쟁과 내전에 무력하다. 유엔 창설 이후 전 세계에서 여전히 크고 작은 전쟁이 벌어지고 있다. 콩고, 캄보디아, 옛 유고슬라비아, 르완다, 리비아, 시리아에서 벌어진 대량학살에 유엔은 제대로 대응하지 못했다.

인권과 평화 구축에 안전보장이사회의 기대는 크다. 제노사이드, 내전, 학살 같은 사건은 안전보장이사회의 결정으로 기본 뼈대가 정해지기 마련이다. 그러나 기대만큼 제구실하고 있을까? 아니다. 안전보장이사회 상임이사국이 대규모 인권침해 사태 때 강대국으로서 지도력을 제대로 발휘한 경우가 드물다. 오히려 인권의 측면에서 안전보장이사회의 개혁이 요구된다. 전 세계 인구의 23%도 안 되는 다섯 나라(중국, 프랑스, 러시아, 영국, 미국)가 정략적 이유로 거부권을 휘두르며 인류 평화를 좌지우지하기 때문이다.

"유엔은 인류를 천국에 데려가기 위해서가 아니라, 지옥으로부터 구하기 위해 만들어졌다." 콩고 내전을 해결하려다 비행기 사고로 타계한 유엔 초대 사무총장 다그 함마르셸드의 말이다.

(2) 국제연합을 중심으로 하는 보편적 인권보장 외에도 지역 차원에서 인권의 신장과 보호를 위한 노력은 계속되고 있다. 유럽과 아메리카, 아프리카에서의 인권 헌장 등이 그 예이다.

유럽연합은 인간의 존엄, 자유, 평등의 존중, 그리고 소수집단에 속한 자의 권리를 포함한 인권 존중의 가치에 근거하여 창설하였다(유럽연합 기본권 헌장 제2조 참조), 그리고 유럽연합의 기본권 헌장, 유럽인권협약, 유럽연합의 구성국들의 헌법과 그 구성국 헌법에 규정하고 있는 기본권 조항을 통해 인권보장을 꾀하고 있다. 유럽연합의 기본권 헌장은 기존의 유럽인권협약과 유럽 사회헌장의 권리보장을 그대로 수용하여 계수한 2000년 12월 7일 프랑스 니스에서 공포하였고, 이로써 유럽연합은 처음으로 독자적인 기본권 목록을 가지게 되었다. 지역적 인권조약으로서 유럽인권협약은 유럽의 인권과 본질적 자유를 보호하기 위한 조약이다. 1950년에 유럽평의회에서 초안이 작성되었고, 1953년 9월 3일부터 효력이 발생하였다. 유럽 인권법원은 유럽인권협약을 계속해서 유럽연합 구성국의 다른 국제법상의 의무보다 우선하는 것으로서 실무에서 적용하고 있다. 이를 통해서 유럽인권협약을 유럽의 헌법적 협약으로까지 그 위상을 높이고 있다.

미주 인권협약은 1969년 코스타리카 산호세에서 체결된 인권협약이다. 산호세 협정이라고도 한다. 미주 인권협약에 서명한 국가는 인간의 기본적 권리를 존중하는 바탕 위에 민주적 제도의 틀 안에서 개인적 자유와 사회 정의의 체제를 미주 지역에서 공고히 할 것을 다짐하고, 인간의 기본적 권리는 특정 국가의 국민이라는 사실로부터 나오는 것이 아니라 인간의 본성에 근거하는 것이며, 이 권리들은 미주국가들의 국내법에 규정된 보호를 강화하여야 한다. 미주 인권협약은 전문 및 3부 82개 조로 되어 있다. 시민적·정치적 권리인 국제인권규약(B 규약, 자유권)과 거의 같으며, 1988년에 채택된 '경제적, 사회적 및 문화적 권리의 분야에서의 미주 인권협약에 대한 추가의정서'(산살바도르 의정서)에 의해 보호의 대상이 추가되었다. 구체적인 인권 보호를 위한 실시기관인 미주인권위원회와 미주 인권재판소에 관해서도 규정하고 있다. 한편 미주 인권협약은 1990년에 사형폐지에 관한 의정서를 채택하였다.

아프리카 인권헌장은 1981년 6월 아프리카 기구인 '아프리카 통일기구'(Organisation of African Unity)의 정상회의에서 채택되어서 1986년 10월에 발효된 지역적 인권 선언이다. 정식명칭은 '인간과 국민의 권리에 관한 아프리카 헌장'이다. 당사국은 49개국이며, 전문을 포함하여 68개 조로 구성되어 있다. 반줄 헌장(Banjul Charter)이라고도 한다. 아프리카 인권헌장은 아프리카의 식민지주의와 신식민지주의, 그리고 인종차별을 반대한다는 것을 명백히 밝히고, 아프리카 대륙의 국가들의 연대 강화와 발전을 위한 노력을 호소하는 선언문이다.

2. 세계인권선언

제2차 세계대전이 끝난 직후 인권과 관련해 크게 두 가지 흐름이 전개되었다. 하나는 과거사 청산이었고, 다른 하나는 미래를 위한 비전을 제시하려는 움직임이었다.

과거사 청산은 뉘른베르크 전범 재판과 '제노사이드 범죄 방지와 처벌에 관한 협약'으로 구체화하였다. 그리고 미래 비전의 제시는 일단 세계인권선언을 만든 후 그것을 법률상 강제력을 지닌 국제인권장전으로 발전시켜 나가자는 식으로 정리되었다.

세계인권선언의 탄생

(1) 인권에 관한 생각이 각 나라 헌법의 기본권 울타리를 벗어나 세계성을 띠게 된 것은 결국 두 차례의 끔찍한 전쟁을 겪고 난 뒤부터다.

인권 선언을 위한 작업은 쉽지 않았다. 예를 들어 인권 개념의 정의부터 논란거리였다. 자유주의와 마르크스주의의 대립, 종교에 따른 관념의 차이도 인권 선언문 작성에 걸림돌이 되었다. 청원권, 소수민족의 권리, 억압에 대한 저항권 등은 아예 선언문 내용에서 제외되었다.

인권선언문을 어떻게 이름 짓는가도 논란이었다. 처음 인권선언문의 제목은 '국제' 인권선언('International' Declaration of Human Rights)이었다.

'국제'의 의미로 사용되는 인터내셔널(international)이라는 용어는 18세기 벤담(Jeremy Bentham)이 국가들 사이의 법인 국제법(jus gentium)이라는 라틴어를 영어로 번역하기 위해 '~사이'라는 뜻의 inter와 국가라는 뜻의 nation을 합친 당시의 신조어였다. 문제는 '국제'라는 말 자체는 국가 간의 관계를 지칭하는 뜻이 강하기에, 인권처럼 한 사람 한 사람에게 관심을 기울이는 사상을 표현하는 데는 부족했다.

이에 '세계' 인권선언('Universal' Declaration of Human Rights)으로 바꾸자는 제안에 따라,[8] 인권선언문은 그 명칭이 '세계인권선언'으로 확정되었다. 그러나 한자 문화권에서는 세계인권선언이 아닌 보편(普遍) 인권 선언이라고 부르는 것이 더 적확한 표현일 것이다.

또한, 세계인권선언 문안을 작성할 때 신(神)에 관한 이야기를 담아야 하는지도 고민했다. 우리가 행동하고 어떤 일들을 성취해갈 때 그것은 '신의 이름'으로 하는 것임을 선언문에 넣는 것이 좋다는 주장도 있었고, 신

---

[8] 세계인권선언의 영문 표기인 Universal Declaration of Human Right는 카생(Rene Cassin)의 제안이라고 한다. 카생은 1948년 세계인권선언의 아버지로 불리는 인물이다. 2차 세계대전 중 '자유 프랑스'의 일원으로 런던에서 드골 장군을 보좌한 바 있고, 법률가이자 외교관이었고, 프랑스 인권자문위원회 위원장을 지냈다. 그는 세계인권선언문 작성 임무를 맡았던 또 다른 주요 인물인 엘리너 루스벨트가 위원장으로 있던 위원회를 이끌었다(스테판 에셀, 2011).

에 관한 언급은 하지 말자는 주장도 있었다. 이 문제의 해법은 당시 옵서버로 참가한 바티칸 교황청에서 제시했다. 신을 대신하여 존엄성(尊嚴性)이라는 용어로 쓰자고 했다(세계인권선언 전문과 제1조 참조).

유엔헌장은 영토에 대한 적용에 있어서도 문제가 제기되었다. 유엔은 국가들의 연합이므로, 독립된 영토가 아닌 통치 지역이나 식민지에 거주하는 사람에게 선언의 효력이 미치지 않는다면 곤란하다는 이유 때문이다.

세계인권선언은 1948년 12월 10일 유엔 총회에서 당시 회원국 58개 국가 중 48개국의 동의로 채택되었다(기권 8개국, 불참 2개국). 기권한 8개국은 다음과 같다. 남아프리카공화국(이 선언에 인종 차별을 규탄하는 내용이 포함되어 있으므로 기권), 사우디아라비아(이 선언에 남녀평등이 명시되어 기권), 소비에트연방(러시아, 우크라이나, 벨로루시), 폴란드, 체코슬로바키아, 유고슬라비아(이들 국가는 아마도 인권선언이 경제적·사회적 권리 및 소수자들의 권리까지 다룰 만큼 진전된 내용이 아니라고 평가하여 기권)이다.

(2) 유엔 총회에서 공식 채택된 세계인권선언을 통해 모든 국가와 국민이 성취해야 할 인권의 공동 기준이 마련되었다. 그러나 세계인권선언은 그야말로 선언(宣言, declaration)에 불과했다. 그 때문에 구속력이 있는 구체적 인권 규범이 절실히 요구되었다.

실질적 효력을 갖는 국제인권 규범은 'A 규약', 'B 규약'이라고 하는 두 규약에 따라서 완성되었다. '경제적·사회적·문화적 권리에 관한 국제규약'(A 규약, 사회권 규약)과 '시민적·정치적 권리에 관한 국제규약'(B 규약, 자유권 규약)이 그것이다.

경제적·사회적·문화적 권리에 관한 국제규약은 사회권 규약이라고 한다. 국가가 점진적으로 보장해야 하는 의무를 규정하지만, 각 국가의 상황에 따라 즉각적·자동적으로 보장되는 것은 아닐 수도 있다. 그러나 각 국가의 조건이 다르다고 해도 규약의 이행을 위한 최선의 조치를 해야 할 의무가 있다.

시민적·정치적 권리에 관한 국제규약(B 규약, 자유권 규약)은 자유권 규약이라고도 한다. 고전적인 자유권의 전통에 따라, 개인은 따로 주장하지 않아도 즉각적으로 불가침의 권리를 보장받는다는 원칙을 천명하고 있다. 정부의 형태나 경제적 수준에 상관없이 즉각 권리를 보장하고 침해당한 개인을 구제해야 한다.

두 개의 규약은 1966년 12월 채택되어 1976년 3월부터 효력이 발생했다. 단일한 규약을 목표로 했던 국제인권규약이 A, B 두 개의 규약으로 나뉜 것은 각 규약에 담긴 권리를 보장하려는 조치의 속성이 다르기 때문이다.

사회권 규약과 자유권 규약은 세계인권선언과 함께 일반적으로 국제인권장전(International Bill of Rights)으로 불린다. 우리나라는 1990년 이러한 조약들에 가입함으로써 국내에 효력이 발생하게 되었다. 헌법에 따라 체결·공포된 조약과 일반적으로 승인된 국제법규는 국내법과 같은 효력을 가진다(헌법 제6조 제1항 참조).

(3) 세계인권선언을 기초로 수많은 인권조약이 쏟아졌다. 그 명칭만 훑어보아도 내용뿐만 아니라 국제사회의 인권문제가 무엇인지 짐작할 수 있을 정도다. 모든 형태의 인종 차별 철폐에 관한 국제 협약, 아파르트헤이트 범죄의 진압 및 타인의 매춘 행위에 의한 착취 금지에 관한 협약, 집단 살인죄의 방지와 처벌에 관한 협약, 전쟁 범죄 및 인도에 반하는 죄에 대한 공소시효 부적용에 관한 협약, 고문과 그 밖의 잔혹하고 비인도적인 또는 굴욕적인 대우나 처벌의 방지에 관한 협약, 여성에 대한 모든 형태의 차별 철폐에 관한 협약, 부녀자의 정치적 권리에 관한 협약, 아동의 권리에 관한 협약, 난민의 지위에 관한 협약, 무국적자의 지위에 관한 협약, 모

든 이주 노동자와 그 가족의 권리 보호에 관한 협약, 인권 및 기본적 자유의 보호에 관한 유럽 협약, 미주 인권 협약, 인간과 인민의 권리에 관한 아프리카 헌장 등 헤아릴 수 없을 정도다. 이렇게 인간의 기본적 권리는 각 국가 내의 헌법과 법률, 세계 헌법이라 할 수 있는 세계인권선언과 조약에 스며들었다.

세계인권선언의 내용

세계인권선언은 전문과 30개 조문으로 이루어져 있다. 30개 조문은 크게 세 가지 내용으로 구분하여 묶을 수 있다. 시민적 권리, 정치적 권리, 그리고 사회적·경제적·문화적 권리가 그것이다.

시민적 권리는 나 아닌 다른 사람, 또는 국가로부터 부당하거나 원치 않는 간섭을 받지 않을 권리에 대해 규정하고 있다. 신체의 자유, 사상과 양심의 자유, 종교의 자유, 표현의 자유 등이 이에 속한다. 이는 개인적 권리라 할 수 있다.

정치적 권리는 정치 공동체의 구성원으로서 국가 업무에 참여하거나, 국가 업무를 통제하는 권리다. 정치적 의사결정 과정에 참여하는 선거권, 그 의사를 집행하는 업무에 직접 또는 간접으로 참여하는 공무담임권 등이 이에 해당한다.

사회적·경제적·문화적 권리는 사회 정의와 실질적 평등 이념과 관련된 인권 목록들이다. 모든 사람이 국가, 사회, 공동체에 자신이 인간다운 생활을 할 수 있도록 요구하는 권리이다. 국가에 대해 적극적으로 실현해 달라고 요구하는 성질의 권리라는 점에서 시민적·정치적 권리들과는 구별된다. 사회적·경제적·문화적 권리는 노동권, 노동조합에 관한 권리, 가정의 보호 및 지원에 관한 권리, 아동의 보호에 관한 권리, 적절한 생활 수준을 영위할 권리, 가능한 최상의 신체 및 정신 건강을 영위할 권리, 사생활 및 가족생활을 존중받을 권리, 교육받을 권리, 문화에 관한 권리들이 자리하고 있다.

(1) 전문은 인류가 겪은 전쟁과 잔학한 행위에 대한 반성과 다시는 그러한 참상이 있어서는 안 된다는 다짐을 담고 있다. 세계인권선언은 인간이 존엄성을 가지고 태어났다는 점을 강조하고 있으며, 법의 지배를 통해 인권은 보호되어야 한다고 규정하고 있다.

전문의 앞부분은 대략적인 인권 개념에 대하여 설명하고 있다. 그 내용은 다음과 같다.

"우리가 인류 가족의 모든 구성원이 지닌 타고난 존엄성을 인정하고, 그들에게 남과 똑같은 그리고 빼앗길 수 없는 권리가 있다는 사실을 인정할 때, 자유롭고 정의롭고 평화적인 세상의 토대가 마련될 것이다.

인권을 무시하고 짓밟은 탓에 인류의 양심을 분노하게 한 야만적인 일들이 발생했다. 따라서 보통 사람들이 바라는 가장 간절한 소망이 있다면 그것은 모든 사람이 말할 자유, 신앙의 자유, 공포로부터의 자유, 결핍으로부터의 자유를 누릴 수 있는 세상의 등장이라고 우리가 모두 한목소리로 외치게 되었다.

인간이 폭정과 탄압에 맞서 최후의 수단으로 무장봉기에 의지해야 할 지경까지 몰리지 않으려면, 법의 지배로 인권이 반드시 보호되어야 한다."

(2) 구체적으로 세계인권선언 제1조와 제2조는 '세계인권선언'의 기본 전제를 천명하고 있다. 모든 인간은 평등하며, 이 평등은 인간의 존엄성에 기반을 둔다. 따라서 인권은 어떤 이유로든 누구든 부정할 수 없다.

제3조부터 제21조까지는 시민적·정치적 권리에 관한 내용을 담고 있다. 생명권, 신체의 자유와 안전, 공정한 재판, 언론의 자유, 거주·이전의 자유, 사생활의 자유, 명예와 신용에 관한 권리, 노예와 고문 등을 비롯하여 자의적인 구속으로부터의 자유, 국적에 관한 권리, 성인 남녀의 혼인

권, 재산소유권의 권리, 사상과 양심의 자유, 종교의 자유, 집회와 결사의 자유, 참정권 등을 규정하고 있다.

제22조부터 제27조는 경제적·사회적·문화적 권리를 보장하고 있다. 사회보장에 대한 권리, 노동권과 노조 가입의 보장, 직업선택의 자유, 정당한 보수를 받을 권리, 휴식과 여가 활동의 보장, 모자보호, 교육권 등 인간다운 생활을 유지하는 데 빠질 수 없는 권리를 규정하고 있다. 마지막으로 제28조에서 제30조는 인권선언에서 다룬 권리를 누리기 위한 사회 및 국제기구와 개인의 공동체에 대한 의무를 규정하고 있다.

3. 헌법과 기본권

대한민국 헌법 제1조 제1항의 "대한민국은 민주 공화국이다."라는 말은 책이나 뉴스나 노래나 영화를 통해, 또는 아스팔트 위에서 희망을 외치는 구호를 통해 많은 사람에게 이미 익숙해져 있다.

헌법은 국가의 정체성을 규정하고 국민의 기본적 권리를 담고 있으며, 법률을 비롯하여 모든 법적 규범의 기준이 되는 근본법이다. 어떤 법률이든 헌법에 어긋나면 헌법의 이름으로 법의 지위를 박탈당할 정도로 헌법의 권위는 막강하다.

이러한 대한민국 헌법은 전문과 본문 10장 130개 조항, 그리고 부칙으로 되어 있다. 헌법 전문은 헌법 제정의 역사와 건국이념을 담고 있으며, 아울러 헌법이 꾀하는 방향을 제시하고 있다. 제2장은 기본적 권리와 의무를 규정하고 있다. 제3장부터 제8장까지는 통치구조의 내용이다. 즉 제3장(국회), 제4장(정부), 제5장(법원), 제6장(헌법재판소), 제7장(선거 관리), 제8장(지방자치)에 기본권 보장을 위한 권력분배와 그 내용을 정하고 있다. 한편 대한민국을 이끌 기본원리가 제1장(총강), 제9장(경제), 제10장(헌법개정)에 제시되어 있다.

기본권

(1) 헌법이 기본적으로 보장하는 인간의 권리를 기본권이라 한다. 인간은 태어날 때부터 가지는 권리가 있고, 국가는 이러한 권리를 보장하기 위해 존재한다. 그런 의미에서 헌법에서 가장 중요한 부분이 기본권이다. 기본권은 그 성격에 따라 조금씩 다르게 취급한다. 여기서는 크게 다섯 가지로 분류하여 정리한다. 기본적 인권 원칙, 자유권적 기본권(자유권), 생존권적 기본권(사회적·경제적 기본권), 기본권을 확보하기 위한 권리(청구권), 참정권이 그것이다.

헌법 제2장은 이러한 기본권을 규정하고 있다. 기본적 인권 원칙과 관련하여 인간의 존엄과 가치(제10조), 평등 원칙(제11조), 기본권의 존엄과 제한(제37조)을 규정하고 있다.

자유권적 기본권으로 신체의 자유(제12조), 거주·이전의 자유(제14조), 직업선택의 자유(제15조), 주거의 자유(제15조), 사생활의 자유(제17조), 통신의 자유(제18조), 양심의 자유(제19조), 종교의 자유(제20조 제1항), 학문과 예술의 자유(제22조), 언론·출판·집회·결사의 자유(제21조), 재산권의 보장(제23조)을 규정하고 있다.

생존권적 기본권으로 교육을 받을 권리(제31조), 노동의 권리(제32조),[9] 노동삼권(제33조), 인간다운 생활을 할 권리(제34조), 환경권(제35조), 혼인과 가족생활, 그리고 보건에 관한 권리(제36조)가 있다.

기본권 확보를 위한 권리, 즉 청구권적 권리로는 청원권(제26조), 형벌 불소급·일사부재리·소급입법의 제한·연좌제 금지(제13조), 정당한 재판

---

9 헌법 제32조는 근로의 권리와 의무에 관한 규정이다. 그러나 근로(勤勞)라는 용어는 시대착오적이다. 고용주(사용자)와 대등한 주체라는 점을 강조하기 위하여 여기서는 노동권(勞動權)으로 고쳐 쓴다.

과 신속한 공개재판을 받을 권리(제27조), 국가에 대한 형사보상청구권(제28조), 국가배상청구권(제29조), 범죄피해구조청구권(제30조)이 있다.

참정권으로는 선고권(제24조), 공무담임권(제25조)이 있다.

(2) 기본권은 어떤 효력을 가지는가? "모든 국민은 인간으로서의 존엄과 가치를 가지며, 행복을 추구할 권리를 가진다. 국가는 개인이 가지는 불가침의 기본적 인권을 확인하고 이를 보장할 의무를 진다." 헌법 제10조의 내용이다. 이에 따르면 기본권은 국가에 대한 권리이면서, 국가가 지켜야 할 기준이자 목표이고, 개개인이 지켜야 할 지침이다.

국가는 기본권을 절대 침해하지 못하고 다만 보장할 의무가 있다. 국가가 이렇게 기본권을 보장하는 궁극적인 목적은 인간의 존엄과 가치를 실현하고 보호하기 위해서다. 따라서 인간의 존엄과 가치에 부합하는지, 평등 원칙에 어긋나지 않는지를 기준으로 국가가 기본권을 제대로 보장하는지 또는 침해하는지를 판단하여야 한다.

기본권의 보장과 제한은 나라마다 차이가 있다. 예를 들어, 자유권에 속하는, 국민의 몸과 마음은 보장되어야 한다. 따라서 대부분 국가에서 어떠한 이유로도 자유권을 침해해서는 안 된다는 원칙을 천명하고 있다. 참여권은 참여 수단을 평등하게 제공할 뿐, 그 내용에 관여해서는 안 된다. 사회적 기본권은 사회적 합의를 통해 국가의 재정 등 형편에 맞게 최대한 보장한다. 경제적 기본권은 사적 소유권을 보장하고, 개인의 자유로운 의사에 따라 결정하고 자기 책임에 규율되는 사적 자치의 원칙이 적용되어야 한다. 그러나 공공복리와 경제 주체 간의 균형을 위해 규제와 조정이 가능하다.

이렇게 보장하는 모습이 다른 만큼 제한하는 모습도 기본권의 종류에 따라 다르다. 절대적 기본권은 국가안전 보장, 질서유지, 공공복리라는 목적에 부합할 때 법률로써만 제한할 수 있다. 이때도 본질적인 내용은 침해할 수 없으며, 필요에 맞게 최소한으로 제한한다. 절대적 기본권은 양심의 자유, 사상의 자유, 종교의 자유, 학문·예술의 자유, 표현의 자유, 생명권, 신체의 자유 등을 말한다. 이에 반해 정치적·경제적·사회적 권리는 상대적인 권리로 분류한다.

(3) 기본권 존중과 보장은 국가만이 아니라 국민도 타인의 기본권을 존중하고 보장하여야 한다. 각각의 개인이 무리지어 모여 사는 사회는 기본적으로 사적 자치의 원칙, 즉 자기 결정과 자기 책임으로 조화를 이루는 자유로운 공간이다. 이렇게 국가가 간섭하지 않을 때 오히려 각 개인이 자유롭게 사회 공동체 공동의 목적과 이익에 부합하는 조화로운 사회를 이룰 수 있다는 생각은, 자유란 방종이 아니라 자신을 스스로 규율할 줄 아는 자율이라는 전제가 깔렸다. 스스로 세운 규율이라면 국가에 보장을 요구하기 이전에 개인 생활의 지침으로써 자신이 먼저 그 규율을 알아서 지킨다는 의미가 된다. 누군가가 던져준 하사품이 아니라 조화로운 사회를 이루기 위해 스스로 세운 규율 중의 하나가 기본권이라면 자신도 지키고, 남에게도 지키라고 말하고, 지키지 않으면 꾸짖고 나무랄 수도 있다는 얘기다.

헌법의 가치와 원리

헌법이 추구하는 가치가 무엇인가에 대해서는 왈가왈부하지만, 적어도 인간의 존엄성, 자유, 평등, 평화가 헌법적 가치라는 사실에는 이견이 없다.

인간의 존엄성이란 인간이기 때문에 존엄하다는 것이다. 자유란 국가의 간섭을 받지 않고 자유롭게 행동할 수 있는 상태를 말한다. 평등이란 국가로부터 자의적으로 차별받지 않는 상태이다. 평화란 전쟁이 없는 평온하고 안전한 상태이다.

이러한 가치를 꾀하기 위해 헌법은 민주주의 원리, 법치주의 원리, 복지국가 원리, 자유민주적 기본질서 등의 기본원리를 채택하고 있다.

(1) 민주주의 원리란 국가 권력의 창설과 행사의 최종적 정당성의 근거는 국민에게 있어야 한다는 원칙이다. 헌법은 제1조 제1항에서 대한민국의 국가형태를 민주 공화국이라고 하고, 제2항에서 "대한민국의 주권은 국민에게 있고, 모든 권력은 국민으로부터 나온다."라고 규정하여 민주주의 원리가 헌법의 기본원리라는 것을 분명하게 밝히고 있다.

국민은 주권자로서 국가를 창설하고, 각종의 선거권을 통해서 헌법에서 정한 여러 국가 권력을 창조하고 그 권한 행사에 정당성을 제공한다. 한편 국가의 정치적인 의사결정 과정에 여론의 힘으로 영향력을 행사하여 국가 작용의 조종사 역할을 한다. 나아가 피선거권과 공무담임권, 그리고 국민투표권을 통해서 공무를 담당하거나 헌법 개정안이나 중요 국정 사안에 대한 정책 결정에 직접 참여하기도 하고, 정당을 설립하고 활동하면서 정치적 영향력을 행사한다. 국민은 이와 같은 행위를 통하여 국가 권력의 정당화 원천 또는 정당화 근거로서의 기능을 담당한다.

이러한 민주주의 원리를 구현하기 위해서 헌법은 대의제, 직접민주제, 선거제도, 정당제도 등을 헌법상 제도로서 채택하고 있다.

(2) 법치국가 원리란 국가와 국가기관의 활동, 국가 공동체에서 생활하는 국민의 생활 기준과 방식을 법이라는 형식에 의해 제공해야 한다는 것이다. 헌법은 법치국가 원리를 구현하기 위하여 위헌법률심판, 헌법소원 등을 인정하고 있다.

(3) 복지국가 원리란 시민에게 근대의 형식적 자유와 평등을 보장하는 것을 넘어 실질적 자유와 평등을 보장하고, 인간다운 생활을 할 권리를 보

장하기 위하여 국가가 적극적으로 나서야 한다는 생각이다.

헌법은 사유재산제도를 보장하고 시장경제원칙을 채택하면서도 시장에서 생존능력이 없는 국민을 보호하는 것을 또 하나의 헌법 원리로 구체화하고 있다.

헌법은 제119조 제1항에서 원칙적으로 시장경제원칙을 경제영역에서 적용되는 원칙으로 선언하면서, 시장경제의 문제는 국가의 조정을 통해서 바로잡을 수 있는 조정 권한을 유보하고 있다. 구체적으로 균형 있는 국민경제의 성장 및 안정, 적정한 소득분배정책의 시행, 시장의 지배와 경제력 집중을 방지하기 위한 규제와 조정 권한, 국토의 효율적인 이용·개발과 보존을 위한 제한과 의무 부과의 가능성 등을 선언하고 있다.

복지국가 원리는 이념과 중간목표를 제시하고 있을 뿐 이를 실현하기 위하여 헌법이 채택한 제도, 질서는 상대적으로 적다. 수정자본주의 시장경제질서, 최저임금제 등이 그것이다. 따라서 복지국가 원리의 구체적 실현은 사회변화를 인식하고 이에 대응하는 입법자의 권한에 맡겨져 있다.

(4) 헌법은 전문에서 '자율과 조화를 바탕으로 자유민주적 기본질서를 더욱 확고히 하여'라고 규정하고 있으며, 제4조에서 "대한민국은 통일을 지향하며, 자유민주적 기본질서에 입각한 평화적 통일 정책을 수립하고 이를 추진한다."라고 규정하고 있다. 이 규정들에서 언급하고 있는 자유민주적 기본질서도 헌법의 주요한 원리 중의 하나이다.

자유민주적 기본질서는 그 자체로 특별한 내용을 가진다고 이해하기보다는 위에서 언급한 민주주의 원리, 법치국가 원리, 복지국가 원리 등이 구현되는 가치 질서를 의미한다고 할 수 있다. 즉, 자유민주적 기본질서는 국민의 의사에 따라 국가가 운영되고, 국민의 자유와 평등이 보장되는 법치국가적 헌법 이념이다. 헌법에 따라 국민이 자유와 권리를 보장받고, 자유롭게 자신의 삶을 누리고 문화를 누리며, 스스로 국가의 주인으로 대화와 토론을 통해 나랏일을 결정하는 것이 자유민주적 기본질서의 내용이다.

참고문헌 ────────────────

미셸린 이샤이/조효제 옮김, 세계인권사상사, 816쪽, 길 펴냄, 2005.

박찬운, 인권법, 886쪽, 한울아카데미 펴냄, 2008.

박찬운, 인권법의 신동향, 398쪽, 한울아카데미 펴냄, 2012.

박홍순, 헌법의 발견: 인문학 시민 교과서 헌법을 발견하다, 356쪽, 비아북 펴냄, 2015.

스테판 에셀/임희근 옮김, 분노하라, 87쪽, 돌베개 펴냄, 2011.

유네스코 한국위원회, 인권이란 무엇인가: 유네스코의 세계인권선언의 발전과 역사, 182쪽, 도서출판 오름 펴냄, 2002.

조유진, 헌법 사용 설명서: 공화국 시민, 헌법으로 무장하라, 403쪽, 이학사 펴냄, 2012.

조효제, 인권을 찾아서, 350쪽, 한울아카데미 펴냄, 2011.

조효제, "인권 오디세이: 유엔 인권 70년의 빛과 그늘", 한겨레, 2015년 10월 13일자.

차병직·윤재왕·윤지영, 안녕 헌법: 대한시민 으뜸교양 憲法 톺아보기, 536쪽, 지안 펴냄, 2009.

채형복, 국제인권법, 365쪽, 높이깊이 펴냄, 2013.

최현, 인권 (비타 악티바: 개념사 1), 138쪽, 책세상 펴냄, 2008.

프리모 레비/이산하 옮김, 살아남은 자의 아픔: 투신자살한 아우슈비츠 생존작가의 시집, 148쪽, 노마드북스 펴냄, 2011.

허버트 허시/강성현 옮김, 제노사이드와 기억의 정치: 삶을 위한 죽음의 연구, 422쪽, 책세상 펴냄, 2009.

제6장

인권 목록

속물의 전성시대에 인간으로서 존엄과 품위를 지키며 살아가기가 쉽지 않다. 언제부터인가 우리는 인간의 존엄성이란 것을 잊고 있으며, 인간의 품위를 잃어가고 있다. 여전히 평등을 말해야 하는, 평등하지 않은 세상이다.

인권이 소중하기에 지키자고 하지만 그 실체가 분명하지 않다면 누릴 수 없다. 인류 역사와 함께 주장하고, 투쟁하는 과정을 통해 만들어온 숱한 인권 선언은 인간으로서의 존엄과 품위를 지키기 위한 최소한의 인권 목록이다.

1. 개인적 권리

생명의 가치

(1) 생명은 인간의 탄생과 함께 주어지며, 어떤 이유로도 함부로 침해당해선 안 된다. 그래서 생명권은 절대적 기본권에 속한다고 생각한다. 절대

적 기본권이란 제한될 수 없고 절대적으로 보장되는 권리이다. 현실 세계에서 권리 행사는 필연적으로 이익충돌의 상황을 가져온다. 따라서 모든 제한 가능성을 배제한다는 절대적 기본권은 예외적일 수밖에 없다. 그에 반해서 상대적 기본권이란 제한이 가능한 기본권, 상대적으로 보장되는 기본권을 말한다.

인권의 관점에서 생명의 가치는 많은 생각거리를 던져준다. 세월호 참사가 그러하다. 분명한 것은 수많은 생명이 이유도 모른 채 죽어야 했다. 구해야 함에도, 구할 수 있음에도 우리는 그 많은 생명이 배와 함께 가라앉는 것을 봐야 했다. 정지된 화면 속에 그들은 갔다. 그것은 죽음(death)이 아닌 죽임(the kill)이었다. 그들의 죽임을 놓고 일부에서는 도저히 이해할 수 없는 언행을 보이기도 했다. 생명은 존중되어야 한다고 떠들지만 그러한 작태 앞에 주저앉게 된다. 인간의 본질에 대한 많은 논의거리를 던져주었다.

불인지심(不忍之心)이라 했다. 남의 어려움을, 남의 곤경을 차마 모르는 척 지나칠 수 없는 마음이다. 남의 불행을 그냥 넘기지 못하는 마음이다.

누구나 생명권이 중하다고 떠들면서도 우리는 인권 본연의 내용이 무엇을 이야기해야 맞는지를 새삼스럽게 고민해야 한다. 인간은 차마 그러하지 못하는 마음이 있다. 그것이 있기에 인간이 개·돼지와 다른 것이다.

(2) 인간이 인간으로서 인간답게 살기 위해서는 가장 먼저 생명의 위협으로부터 안전해야 한다. 길을 걷다 총에 맞아 죽을지 모른다거나, 강도나 성폭력이 무서워 집 밖에도 나가지 못한다면 그것은 기본적인 생명권조차 확보하지 못한 것이다. 그런 곳에서는 인간의 권리를 누릴 수가 없다.

생명권 보호는 적극적으로 생명이 침해당하지 않도록 노력해야 한다는 것을 말한다. 전쟁이나 테러에 반대하고, 사고로 인명 피해가 발생하지 않도록 노력하는 것이다. 심지어 남의 자살을 돕거나 내버려 두는 행위도 생명권의 보호를 위하여 처벌한다.

인간의 생명 가치 논의는 미묘한 부분이 많다. 전혀 다른 양상으로 생명권이 무참히 짓밟힌다. 인간 역사에서 전쟁은 끝없이 반복되고 있다. 곳곳에서 테러가 발생한다. 전쟁과 테러는 인간의 기본 권리인 생명권을 훼손한다. 정치적·경제적 이유가 인간의 실존적 가치와 권리보다 우선한다고 말할 수 없다. 그래서 어떠한 전쟁이나 테러도 정당화될 수 없다.

보호할 가치가 없는 생명이란 있을 수 없다. 생명권에 대한 침해가 불가피한 경우라 하더라도 반드시 다른 생명을 보호하기 위한 때에만 허용하고, 그것도 최소한의 침해에 그쳐야 한다. 감히 나이, 능력, 신분에 따라 가치의 차이를 둘 수밖에 없다고 말할 사람은 없을 것이다. 그러나 현실이 반드시 그런 것만은 아니다. 세 사람의 생명 가치가 두 사람의 생명 가치보다 더 크다고 하기 어렵다. 산술로 계산되지 않는 것이 생명 가치다.

여전히 많은 나라에서 처벌이란 이름 아래 범죄자의 목숨을 강제로 빼앗는다. 사형은 복수를 충족시킨다지만, 누구를 위한 복수인가? 처벌이 무거울수록 범죄가 줄어드는가? 오히려 잘못된 수사나 오판에 억울하게 사형당하는 예는 없을까? 사형이 자칫 사회적 약자에게 더 적극적으로 선고되고 집행된다면, 사형제도는 정당성을 얻을 수 없다. 지금도 어느 나라에서는 명예살인이란 이름으로 또 다른 모습의 사형이 존재하고 있다. 이처럼 사형은 인종, 민족, 성별, 계층 등 다양한 기준에 의해 차별적으로 그리고 상대적으로 적용되고 있다는 사실을 부인할 수 없다.

생명은 이념적으로 절대적 가치를 지닌 것이라 하더라도, 생명권도 일반적 법률유보의 대상이라는 것이 헌법재판소의 태도이다(헌재 95헌바1; 헌재 2008헌가23).

존엄성, 그리고 행복추구

(1) 인권은 인간 생명과 존엄성에 대한 존중이다. 독일 헌법 제1조 제1

항은 "인간의 존엄성은 침해할 수 없다. 이 존엄성을 존중하고 보호하는 것이 모든 국가권력의 의무이다."라고 규정하고 있다. 제2차 세계대전 패전 이후 바뀐 조항이다. 개정 전의 독일 헌법 제1조는 제1항은 "독일의 주권은 국민에게 있고 모든 권력은 국민으로부터 나온다."였다. 우리 헌법 제1조와 같다. 그러나 국민의 권력을 위임받아 등장한 나치에 대한 혹독한 경험으로 제1조 제1항을 바꾸었다. 헌법 전체의 성격을 규정하는 제1조 제1항에서 국가가 아니라 인간에 대해서 말하고 있는 독일 헌법이 참으로 아름답다.

(2) 존엄(dignity)은 인간의 천부적 권리지만, 권력과 제도에 맞서는 희생과 투쟁을 통해 성취해왔다. 삶을 포기할 수 없으니 희망도 버릴 수 없다. 역사 이래로 많은 이들이 혈통과 국적, 직업 따위를 이유로 사람의 평등을 부정해왔다. 지금도 마찬가지다.

능력이 천차만별인데 어떻게 평등하냐고 반문하는 이들이 부지기수다. 그러나 단언할 수 있다. 사람은 평등하다. 누구나 죽고, 차별에 상처받는다. 그러므로 죽음과 고통의 이름으로 사람은 평등하다. 내가, 가족이, 연인이, 친구가 굶주리고 차별당해도 태연할 수 있는가. 역지사지(易地思之), 불인지심은 모든 사람의 윤리이다.

(3) 헌법 제10조는 누구나 인간으로서의 존엄과 가치를 가진다고 규정하고 있다. 인간의 존엄성은 근본 가치에 해당하는 궁극의 목적이다. 따지고 보면 생명권도 인간의 존엄과 가치를 위한 첫 번째 조건에 불과하다. 인권이 추구하는 방향은 결국 인간의 존엄성을 지키고 유지하여 인간답게 사는 것이다.

인간의 존엄과 가치는 여러 권리의 본질을 표현하는 개념이면서, 또한 그 자체가 독립한 하나의 권리이다. 말하자면 인간의 존엄과 가치는 인권 목록이나 헌법 기본권 목록에 나열된 모든 권리에 빠짐없이 스며있다. 권리장전에 열거되지 않았지만, 결코 경시할 수 없는 권리가 있다면 모두 인간의 존엄과 가치로 구제해야 한다.

인간다운 삶을 누림으로써 인간의 존엄과 가치를 유지할 수 있다면, 인간다운 삶은 행복을 추구하는 과정에서 실현할 수 있다. 인간은 제각각 나름대로 기준에 따른 성취로 행복을 느낀다. 행복을 추구하는 과정이야말로 인간을 인간답게 만들어 인간으로서의 존엄과 체면을 지키게 한다.

신체의 자유

(1) 셰익스피어의 《베니스의 상인》에 샤일록과 안토니오의 재판 이야기가 나온다. 안토니오에게 돈을 빌려준 샤일록은 안토니오의 살 1파운드를 담보로 설정했고 돈을 갚지 못하자 재판이 진행된다. 바사니오 아내 포샤는 재판관으로 변장하여 지혜로운 판결로 안토니오의 목숨을 구한다. 그녀는 "계약서대로 살을 가져가더라도 피를 흘리게 해서는 안 된다."라고 판결했다.

사실관계만 놓고 본다면, 샤일록과 안토니오의 채권 채무 관계는 유효하다. 샤일록은 안토니오에게 돈을 갚으라고 독촉할 수 있고, 새로운 담보를 요구할 수도 있다. 게다가 포샤는 피고인 안토니오와 친분으로 재판에서 제척 또는 기피 대상이다.

사회 상규에 반하는 어떠한 불법적인 조건이 붙은 계약은 원천적으로 무효다. 또 사람의 신체는 권리의 대상으로 삼을 수 없으며, 담보는 부동산 등 물권을 대상으로만 설정할 수 있다. 따라서 샤일록과 안토니오의 계약은 애초에 무효다. '신체 포기계약'이란 용어가 항간에 떠돌아다닌다. 특히 돈을 갚지 못한 여성 채무자에게 "네 몸뚱이는 네 것이 아니다."라며 말도 안 되는 서약을 강요하고 사창가 등에 팔아넘긴다는 뉴스도 있다. "선량한 풍속 기타 사회질서에 위반한 사항을 내용으로 하는 법률행위는

무효로 한다."(민법 제103조)

(2) 죄는 미워해도 사람은 미워하지 말아야 한다. 그러나 불행히도 한번 범죄를 저지른 사람은 다른 사람들에 비해 다시 죄를 저지를 확률이 높다는 현실을 간과할 수 없다. 이에 다시 범죄를 저지를 가능성이 큰 사람들을 지속해서 감시할 수 있다면 재범 위험성을 낮출 수 있고, 유사한 범죄가 일어났을 때 의심되는 사람의 신변도 신속히 확인할 수 있을 것이다.

기술의 발달로 전자 장비를 통해 특정인을 쉽고 효과적으로 감시할 수 있는 수단이 등장했다. 범죄를 저지를 가능성이 있는 사람의 발목에 채워 위치를 추적하는 도구, 바로 전자발찌이다. 전자발찌는 범죄자의 행동 제한이나 범죄 유발의 가능성이 있는 사람의 신변을 신속하게 파악하기 위한 용도로 주로 쓰이는 것이 사실이다. 신체를 담보로 하는 자유 제한이다.

근대국가는 예외 없이 국민의 신체를 통제하고 표준화하며 조작할 수 있고 관리하기 쉬운 형태로 두는 것, 즉 순종적인 신체를 조형하는 것을 정치적 과제 가운데 최우선으로 삼았다. 신체에 대한 권력의 기술이야말로 근대국가를 건설하는 데 초석이 된 정치 기술이다. 그 기술은 처음 국가의 무장 장치인 병사들의 신체를 표준화하고 통제하려는 데에 쓰였다. 그러나 거기서 멈추지 않고 반드시 감시하고 훈련하고 교정해야 할 범죄자들, 광인, 아이들, 학생, 식민지 원주민, 생산 수단에 구속된 사람들, 살아 있는 동안 계속 감시해야 하는 사람들에게도 적용되었다. 철학자 푸코의 주장이다. 푸코는 이렇게 신체에 사회적 의미를 부여했다.

(3) 생명을 빼앗지 않고 사람을 꼼짝 못 하게 하는 방법은 신체의 자유를 박탈하는 것이다. 생명권이 중요해도 신체의 자유가 뒤따라 주지 않으면 의미가 없다. 마찬가지로 신체의 자유가 보장되지 않으면 그 밖의 다른 모든 자유와 권리를 제대로 누릴 수 없다.

절대왕권과 국가권력이 전가의 보도처럼 쓸 수 있었던 수단이 체포와 감금이었다. 그래서 신체권 확보의 역사는 바로 인권의 역사다.

국가권력이 개인을 체포하거나 구속하려면 반드시 법률로 정한 엄격한 절차에 따라야 한다. 이것은 마그나 카르타와 인신보호법 등의 권리장전 들에서 확립한 내용으로, 지금까지 큰 줄기에는 변함이 없으며, 운용 방식과 형사법의 가치관에 따라 구체적 신체권의 수준이 다를 뿐이다.

수사를 위해 사람을 체포하거나 구속할 때 엄격한 절차와 원칙을 지켜야 한다. 그 까다로운 절차와 원칙이 신체의 자유에 혁신을 가져왔다. 사소한 절차를 하나라도 무시하면 범죄자를 처벌할 수 없기 때문이다. 그렇다면 절차에 하자가 있는 경우, 증거가 명백해도 풀어줘야 정의의 관념에 맞을까? 형사 정의를 내세워 절차를 무시하고 처벌을 허용하면, 확실한 증거를 확보하기 위해 피의자를 괴롭힐 우려가 있다. 그것이 고문의 시작이다. 이것이 바로 신체의 자유를 제한할 때는 절차를 중시하여야 하는 까닭이다.

고문 금지

(1) 마녀사냥은 중세 말기부터 근대에 이르기까지 유럽과 북아메리카 일부 지역에서 이루어졌던 마녀나 마법 행위에 대한 추궁과 재판, 그리고 처벌에 이르는 일련의 행위를 말한다. 마녀재판이라고도 한다.

중세 유럽 교황청의 권위가 점점 떨어지자 그 권위에 도전하는 불순분자를 제거할 필요가 있었다. 암흑의 시대라고 해도 법은 존재하는지라, 무턱대고 그들을 때려잡을 수는 없었다. 나름대로 이유가 있어야 했다. 제거해야 할 불순분자의 하나가 악마를 숭배했다는 이유로 처단되었다. 그러한 선례에 따라 악마를 숭배했다는 것이 증명된다면 마녀로 몰아 얼마든지 처벌할 수 있다는 생각이 자리 잡았다. 마녀가 이교도이거나 이교의 사주를 받았다는 사실만 증명하면 되었다. 처음에는 마녀로 몰아세우기가 쉽지 않았다. 마녀가 부린다는 요술도, 악마의 연회도 모두 상상의 산물이었기에 증명하기가 불가능했다. 그래서 찾은 방법이 고문을 통한 자백이었다. 피의자에 대한 고문이 눈감아지자 하늘을 날아 악마의 연회에 참석했다는 자백 등이 나올 수 있었다. 이후 마녀사냥은 거침이 없었다. 역사 기록의 한쪽에는 마녀사냥은 정당하다는 주장도 있었고, 그러한 주장들에 수백 년 동안 유럽 세계는 마녀재판의 늪에 빠지게 되었다. 마녀사냥이라는 의식을 통해 혼란을 잠재우고 지배계층은 자신들의 권력을 공고히 다지며, 교회는 악에 대한 경계심을 환기할 수 있었다.

유럽에서는 1차 세계대전 이전, 미국에서는 1970년대 후반에 와서야 공식적으로 마녀재판이 사라졌다. 2000년 3월 5일, 요한 바오로 2세의 지시에 따라 교황청은《회상과 화해: 교회의 과거 범죄》라는 제목의 문건을 발표해 과거 교회가 하느님의 뜻이라는 핑계로 인류에게 저지른 잘못을 최초로 공식 인정했다. 이때 마녀사냥에 대한 잘못도 인정하며 전 세계적으로 가톨릭의 이름으로 사죄했다. 이외에도 십자군 원정, 나치의 유대인 학살, 신대륙 원주민의 학살에 대해 용서를 빌었다. 여기서 유대인 학살은 가톨릭이 반유대주의를 공공연히 표방한 것에서 유대인 박해가 나왔다고 밝혔고, 신대륙 원주민의 무차별적 학살에 교회는 방조한 잘못이 있다고 했다.

마녀사냥은 오늘날에도 다른 모습으로 존재한다. 전체주의의 산물로, 집단 히스테리의 산물로, 집단이 절대적 신조를 내세워 개인에게 무차별한 공격을 하는 행위로, 다양한 관점에서 마녀사냥과 마녀재판이 벌어지고 있다. 인터넷의 발달로 마녀사냥의 양상도 진화하였다. 집단이 개인을 상대로 인격 살인까지 마다하지 않는다.

마녀재판에서와 같이 고문은 우리 인간의 존엄성의 뿌리를 뒤흔들어 놓는다. 상상이 현실이 되어버린다. 그래서 고문은 사라져야 한다. 누구에게도 치욕스러운 것이다. 가해자도 피해자고, 피해자는 생존을 위해 몸부

림쳐야 한다.

(2) 인권유린이라고 하면 일반 사람에게 가장 먼저 떠오르는 이미지가 고문일 것이다. 세계인권선언 제5조는 고문을 금지한다는 일반적 원칙을 선언하고 있다. 그러나 고문이 무엇인지는 정확히 규정하지 않았다. 이에 대해서는 국제연합 인권위원회가 1984년에 채택한 '고문 또는 그 밖의 잔혹한 비인도적인 또는 굴욕적인 대우나 처벌의 방지에 관한 협약'(고문금지협약) 제1조에 정의하고 있다.

고문이란 '공무원이나 그 밖의 공무 수행자가 직접 또는 이러한 자의 교사(敎唆), 동의, 묵인하에 어떤 개인이나 제삼자로부터 정보나 자백을 얻어내기 위한 목적으로, 개인이나 제삼자가 실행했거나 실행한 혐의가 있는 행위에 대하여 처벌을 하기 위한 목적으로, 개인이나 제삼자를 협박하거나 강요할 목적으로, 또는 모든 종류의 차별에 기초한 이유로, 개인에게 고의로 극심한 신체적·정신적 고통을 가하는 행위'라고 규정하고 있다.

고문금지협약은 1975년 유엔 총회에서 채택한 고문 등 금지 선언을 구체화한 것이다. 정부 등 공공기관이 필요한 자백이나 정보 취득을 목적으로 가하는 심한 육체적·정신적 고통을 동반하는 모든 행위를 금지하고, 각국 정부에 고문 금지를 위한 법적 조치를 설정했으며, 고문행위에 형벌을 부과할 것을 의무화했다. 이것을 인류 범죄로 규정하였다. 대한민국은 1995년 2월 8일부터 이 협약의 적용을 받는 국가가 되었다.

헌법 제12조 제2항은 "모든 국민은 고문을 받지 아니하며, 형사상 자기에게 불리한 진술을 강요당하지 아니한다."라고 규정해 고문을 금지하고 진술거부권을 보장하고 있다. 고문행위는 인간성을 파괴하기 때문에 절대 금지한다고 선언하고 있다. 인간의 신체의 완전성에는 육체뿐만 아니라 정신까지 포함된다. 폭언이나 심한 모욕감을 주는 행위 같은 폭력도 신체의 완전성을 해치는 행위이다.

(3) 대한민국은 민주화 투쟁 과정에서 고문과 관련해 특히 가슴 아픈 기억이 많은 나라다. 구타, 물고문, 전기고문, 성고문 등 상상할 수 없는 것이 자행되었다. 1987년 1월 14일 박종철을 물고문해서 숨지게 했던 경찰의 남영동 대공분실 자리는 현재 경찰청 인권보호센터로 변해 있다.

상관의 명령에 따라 어쩔 수 없이 고문했던 사람까지 유죄로 처벌해야 하나? 박종철 고문치사 사건에서 쟁점이 되었던 것은 고문과 가혹행위가 상관의 명령에 따라 이루어졌을 때의 죄의 유무다.

박종철 조사 과정에 참여했던 수사관들은 자신들의 업무는 피고인을 수사하는 것이고, 가혹행위도 상관의 명령에 따라 했기에 정당행위라고 주장했다. 전쟁에 나간 병사가 적군을 죽이면 국가의 명령에 따른 것이라 정당행위가 인정되듯이, 이 경우도 업무상 상관의 명령에 따라 조사하다가 일어난 사건이기 때문에 정당행위에 해당하며 무죄를 주장했다.

소속 상관의 적법한 명령에는 당연히 복종하여야 한다. 그러나 명령이 명백한 위법이거나 불법의 행위일 때에는 거부해야 한다. 직무에 따른 지시 명령이라 하여 인간의 양심에 반하는 행위까지 따라야 하는 것은 아니다. 아무리 상관의 지시에 따른 일이라 하더라도 고문행위는 사람이라면 해서는 안 되는 일이다. 국제적으로도 반인륜적 불법 행위라 규정하고 있다. 대법원은 고문에 참여했던 수사관들의 업무 특성상 상관 명령에 복종해야 하는 상황에서 어쩔 수 없이 행한 것이라 할지라도, 고문 명령이 저항할 수 없는 폭력이나 방어할 방법이 없는 협박에 의한 것이라고 보기 어려우므로 강제된 행위가 아니라고 판결했다(대법원 1988.2.23. 87도2358). 여기서 주목해야 할 점은 이 판결이 국민의 기본권인 신체의 자유 침해, 고문행위 등을 금지하는 헌법 질서를 반영하고 있다는 것이다. 상관의 명령이라 해도 국민의 기본권을 침해하는 고문은 정당행위가 될 수 없다는 것이다. 무엇보다도 이 판결은 그동안 우리 사회에서 암암리에 자행되어온 고문의 잔인함과 잔학함을 만천하에 드러냈다는 점에 의미를 두고자 한다.

노예제도

(1) 세계인권선언 제4조는 "어떤 사람도 노예가 되거나 타인에게 예속된 상태에서 놓여서는 안 된다. 노예제도와 노예매매는 어떤 형태로든 일절 금지된다."라고 규정하고 있다.

노예제(slavery)는 어떤 사람을 소유해 그로부터 노동이나 기타 용역을 착취하는 제도를 말한다. 노예제는 동서양을 막론하고 나타났으며, 지금도 존재하며 그 형태도 다양하다. 예를 들어 제도화된 노예가 그의 하나다. 자기가 노예제의 피해자라는 사실을 인정하지 않거나, 타인에게 예속되어 노예 비슷한 지경에 빠져 있다는 사실 자체를 인식하지 못하거나, 심지어 그런 사실을 부정하는 예도 있다. 바로 그런 이유로 세계인권선언은 노예를 '타인에게 예속된 상태'(servitude)라 표현하고 있다.

(2) 경제의 국제화로 자발적인지 비자발적인지, 정식 직업인지 반강제적 착취인지를 구분하기 어려운 회색지대의 조건이 많이 생겨났다.

"자신의 자유를 부정하는 것은 인간으로서 자신의 인격, 권리 그리고 인간의 의무를 부정하는 것이다." 루소의 《사회계약론》에서 나오는 말이다(제1장 제4절 참조). 이는 곧 우리 인간은 스스로 부자유(예속)를 선택할 권리가 없다는 것이다. 자발적 노예란 있을 수 없다.

자발성이 노예 또는 다른 사람에 예속된 상태의 판단 기준이 될 수 없다. 자발적으로 예속 상태를 선택하면 문제없다는 궤변이 나올 가능성이 있기 때문이다. 성매매 업소를 운영하는 사람, 또는 성매매 종사자가 스스로 이런 논리를 내세우기도 한다. 그래서 사람을 사고파는 인신매매는 노예제이다.

노예제를 반대한다는 명분으로 예속 상태에 놓여 있는 사람을 처벌하거나 그 사람에게 사회적 낙인을 찍는 행위는 또 다른 인권침해다. 따라서 성매매 업소를 운영하는 사람이 아닌 성매매 종사자를 직접 처벌하는 것은 인권침해일 수 있다.

노예라는 고전적 의미에 얽매이지 않고, 어떤 인간이 다른 인간을 법적으로, 육체적으로, 금전적으로, 사회적으로, 또는 심리적으로 지배하고 군림하는 모든 억압이 '타인에게 예속된 상태'이다.

법 앞의 평등, 차별금지

모든 사람은 법 앞에 평등하며, 어떤 차별도 없이 똑같이 법의 보호를 받을 자격이 있다. 모든 사람은 이 선언에 어긋나는 그 어떤 차별에 대해서도, 그리고 그러한 차별에 대한 그 어떤 선동 행위에 대해서도 똑같은 보호를 받을 자격이 있다. 세계인권선언 제7조의 내용이다. 법 앞의 평등과 차별금지 규정이다.

모든 국민은 법 앞에 평등하다. 성별, 종교 또는 사회적 신분에 따라 정치적 경제적·사회적·문화적 생활의 모든 영역에 있어서 차별을 받지 아니한다. 헌법 제11조 제1항의 내용이다.

(1) 우리는 살아가면서 개인 이익만이 아니라 공동 이익을 위해서 목소리를 내고 뭔가 일을 해보려면 되도록 많은 사람이 모여야 한다는 것을 안다. 사회구성원으로 공동생활을 하는 데는 나름의 질서유지가 필요하고, 사회질서의 유지를 위해서는 그 구성원이 지켜야 할 어떤 규범이 요구된다.

인간은 불평등한 존재이나, 개인들 모두가 평화로운 사회를 이룩하기 위해서는 불평등을 제거해야 한다. 그러기 위해서는 서로 지배하거나 지배받지 않는 동등한 존재여야 한다. 왕이나 특권층이 지배하는 것이 아니라 똑같은 시민(demos)이 함께 공동체를 다스려야 한다. 그러나 모든 사람이 똑같을 수는 없고, 특히 부의 분배에서도 완전한 평등이 불가능하므로, 특히 자유주의사회에서는 차선책으로 형식적·절차적 평등성을 강조한다. 형식적·절차적 평등성이 바로 '법 앞의 평등'이라 할 수 있다.

평등사상은 특권계급의 제도적 속박에서 벗어나기 위한 시민계급의 요구에 따라 제기되어 시민혁명을 통해 실현되었다. 시민적 평등은 형식적인 법적 지위의 평등으로서, 각 권리 주체 간의 법적으로 대등한 지위를 가정하는 것이므로 실질적 평등은 아니다. 사회의 구성원은 남녀, 노소, 빈부, 장애, 피부색, 교육, 종교, 언어 등 서로 매우 다른 특징과 지향을 지니기 마련이다. 여기서 평등은 그 다양한 사회구성원의 차이점을 어떻게 다루느냐의 문제로 귀결된다. 차이점을 무시한 채 모든 사람을 똑같이 만드는 것이 평등은 아니다. 평등은 서로 다르다는 이유만으로 어떤 사람에게 불합리하게 불리한 대우를 하지 않는 것이다.

(2) 법 앞의 평등에서 법은 국회에서 제정한 법률을 비롯한 국내법 전반을 말한다. 성문법 이외에 불문법도 포함한다. 평등은 사람으로서 차별을 받아서는 안 된다는 것이다. 이는 곧 인간에 대한 자의적인 차별금지를 말한다. 시민, 국민으로서 권리 행사에서 차별을 당해서는 안 된다는 것이다. 자연인뿐만 아니라 법인이나 법인격이 없는 단체도 차별해선 안 된다.

차별금지는 불합리한 차별을 금지하는 것이다. 헌법은 차별해선 안 되는 사유로 성별, 종교, 사회적 신분을 예시하고 있다(헌법 제11조 제1항). 여기서 제시하고 있는 차별 사유는 역사 이래 늘 있었던, 가장 빈번하게 발생한 차별 이유의 예시일 뿐이다. 따라서 인종, 피부색, 언어, 정치적 견해, 그 밖의 견해, 출신 민족 또는 사회적 신분, 재산의 많고 적음, 출생 또는 그 밖의 지위에 따른 그 어떤 종류의 구분 등의 사유로 차별해서는 안 된다.

성별에 의한 차별금지는 남녀평등을 말한다. 여성은 법적으로 사회적·정치적 차별을 당해 왔다. 따라서 초기에는 법적 평등에 초점을 두었다. 현재는 노동 관계법에서 평등을 꾀하고 있지만, '유리천장'이란 말이 있듯이 승진에 알게 모르게 불이익이 존재하고, 임금 차별 등의 문제가 여전히 남아 있다.

헌법은 종교에 의한 차별금지에 대하여 누구나 종교의 자유를 인정하고 있고, 국교를 인정하지 아니하며, 종교와 정치는 분리한다고 규정하고 있다. 하지만 특정 종교에 편향한 정책을 펼친다는 일부 종교 교단 측의 이의가 여전히 제기되고 있으며, 특정 종교단체가 운영하는 민영 교도소도 많은 헌법 문제가 제기될 수 있다.

사회적 신분에 의한 차별의 금지로는 사회적 특수 계급의 제도를 인정하지 않고 있다(헌법 제11조 제2항). 계급이나 신분의 차별에서 문제는 존속살인의 가중처벌(형법 제250조 제2항)과 같이, 존속과 비속 간의 생명 가치 차별과 양형의 불균형으로 위헌 논의가 있다. 존속과 비속의 생명 가치가 다를 수는 없기 때문이다.

피해구제

(1) 재판 과정에서 피고인은 법원, 검사와 함께 소송의 주체이다. 피고인은 자기방어를 위하여 변호인을 선임할 수 있고, 증거조사 청구권·증거신청권·증인 또는 감정인 신문권·기피 신청권·상소권 등을 가질 뿐 아니라, 진술을 거부할 권리도 있다. 또한, 무죄추정의 원칙에 따라 재판이 확정될 때까지는 일단 죄 없는 자로 다루어야 한다. 확정판결을 받고 교정시설에 수용 중인 수형자도 교정 처우를 통하여 이들을 재사회화할 수 있다면 그만큼 재범을 줄일 수 있다는 생각에 처우는 자유 박탈의 여부를 불문하고 인간의 존엄성을 해하지 않는 범위 내에서 꾀하도록 하고 있다.

그러나 여기서 하나 짚고 넘어갈 것이 있다. 범죄가 있으면 항상 그 피해자가 있는데도 불구하고 피해자는 존재 자체가 미미하다.

범죄피해자는 과연 무엇을 원하는가? 무엇보다도 처벌을 생각할 수 있다. 또는 처우를 통한 범죄자의 사회복귀를 원할 수 있다. 또는 범죄자로부터 원상회복이나 피해보상을 요구할 수 있다. 이렇듯 범죄피해자는 세 가지 서로 다른 목적 중에 하나 또는 부분적 결합을 원한다.

실제 범죄사건이 발생한 경우 범죄피해자가 필요로 하는 지원은 고소와 고발 또는 수사기관의 소환과 법원에의 출두를 비롯하여 증언 등에 관련된 법률적 문제에 대한 지원, 생계지원과 생활 부조, 취업 알선 등을 비롯한 경제적 지원, 응급조치와 구호 활동, 신체적 상해에 대한 치료 등의 의료 지원, 즉각적인 개입에서부터 더 장기적인 심리적 치료 등 심리 상담과 지원, 범죄피해현장의 정리나 이사 등 다양하다.

최소한 이상과 같은 피해자에게 필요한 사항에 대해서는 즉각적이면서 적극적인 조치가 이루어져야 한다. 문제는 이러한 조치들이 경찰이나 검찰과 같은 형사사법기관에 의해서는 충분히 달성되기 어렵다는 데 있다. 따라서 이를 지원할 수 있는 제도적 장치가 마련되고 활성화될 수 있도록 노력할 필요가 있다. 범죄피해자가 원하지 않는 것은 아무런 조치가 이루어지지 않는 것, 관심 부족이나 무관심, 권한 남용, 또는 사실 조작이다.

(2) 범죄피해자는 국가가 자신의 피해를 보상하고 청구한 손해배상이 제대로 나올 수 있도록 도와주기를 원한다. 범죄자의 원상회복은 피해자들이 당한 범죄 이전의 상태로 회복하는 데 보탬이 되는 것은 분명하다. 원상회복은 일단 범죄자의 금전적인 배상을 통해 이루어진다. 그러나 그것이 가능하지 않으면 국가가 범죄피해자에게 피해의 전부 또는 일부를 금전으로 보상하여 구제한다. 이를 범죄피해보상제도라 한다.

헌법 제30조는 범죄피해보상에 관한 규정을 두고 있고, 이에 따라 2005년 '범죄피해자 보호법'을 제정하였다. 범죄피해자의 권리장전이라고도 불리는 범죄피해자 보호법은 범죄피해자를 보호하고 지원하는 정책을 세우고, 이를 근거로 범죄피해자에게 구조금을 지급한다. 또한 주거 지원과 상담 등 치료 지원을 하며, 지역별로 설치된 범죄피해자지원센터를 통해 수시로 도움을 제공하고 있다.

세계인권선언 제8조는 "모든 사람은 헌법 또는 법률이 보장하는 기본권을 침해당했을 때 해당 국가의 법원에 의해 효과적으로 구제받을 권리가 있다."라고 규정하고 있다.

공정한 재판

(1) 공정한 재판의 원칙이란 독립된 법관에 의하여 인간의 존엄과 기본적 인권을 존중하며 정의와 공평의 이념에 따라 재판이 이루어져야 한다는 것을 말한다. 공정한 재판은 재판의 신뢰를 얻기 위한 본질로서 법치주의에 내재하는 원칙이다.

공정한 재판은 공평한 법원의 구성, 피고인의 방어권 보장, 무기평등의 원칙을 내용으로 한다.

공정한 재판은 공평한 법원 구성을 전제로 한다. 공평한 법원은 독립성이 보장되는 법관에 의하여 구성되어야 한다. 법관에 의하여 구성된 법원이라 할지라도 편파적인 재판이 우려되는 법관에 의한 재판은 공정한 재판이 아니다. 형사소송법은 제척, 기피, 회피제도를 통해 공평한 법원을 구성하도록 하고 있다(형사소송법 제17조 내지 제21조).

공정한 재판이란 피고인의 방어권이 보장되어야 한다. 헌법과 형사소송법은 피고인에게 변호인의 조력을 받을 권리를 인정하며, 피고인이 스스로 변호인을 선임할 수 없을 때는 국선변호인을 선정하여 주고, 검사에 객관 의무를 부여하여 무기평등의 원칙을 꾀하고 있으며, 이는 공정한 재판의 기초이다.

(2) 공정한 재판의 원칙이 무너진 사례가 적지 않다. 이승만은 정적이었던 조봉암이 평화통일을 지향하는 진보 정당을 만든 것을 구실로 간첩 혐의를 뒤집어씌워 사형에 처했다. 이 사건은 2011년 대법원의 재심에서 무죄로 확정했다(대법원 2011.1.20. 2008재도11). 사법 살인이었음을 사법부가 스스로 인정한 것이다. 박정희 독재 정권 때도 있었다. 이른바 인혁당재건

위 사건이라는 정치 사건을 조작해서 1975년 4월 8일 여덟 명의 피고인에게 사형을 선고한 다음 불과 18시간 만에 그들 모두를 사형에 처했다. 이 사건은 2007년 재심에서, 조작되었던 것으로 결론이 났고, (사형당한) 피고인에게 무죄가 선고되었다. 세계인권선언 제10조에 어긋나는 충격적인 사건이다.

과거 독재 정권에서는 반체제 활동가나 민권운동가 또는 노동운동가를 임의동행 형식으로 구속하고 가족에게 통지하지 않은 채 상당 시일에 걸쳐 방치하는 폐단이 있었다.

공정한 재판을 위해서는 우선 재판 전 절차로 다음의 권리가 보장되어야 한다. 함부로 체포나 구금을 당하지 않을 권리, 체포의 이유를 알 권리, 변호인의 도움을 받을 권리, 구속적부심 심사를 받을 권리, 고문 및 가혹행위를 당하지 않을 권리, 외부 단절 구금을 당하지 않을 권리 등이 그것이다. 재판 중의 권리로는 법 앞에서 평등할 권리, 공정하고 공개적인 재판을 받을 권리, 독립적이고 불편부당한 법정에서 재판을 받을 권리, 판결이 나기 전까지 무죄로 추정받을 권리, 변론을 준비할 시간을 부여받을 권리, 바로 재판받을 권리, 자신을 변호할 권리, 증인을 심문할 권리, 통역을 받을 권리, 자신에게 스스로 죄를 부과하게 하는 자기부죄를 하지 않을 권리, 법의 소급적용을 받지 않을 권리, 같은 사건으로 두 번 처벌받지 않을 권리(일사부재리) 등이다. 재판 후의 권리로는 항고할 권리, 그리고 판결이 잘못되었을 때 보상받을 권리 등이 그것이다.

무죄추정의 원칙, 소급입법 금지의 원칙

(1) 무죄추정의 원칙이란 '형사절차에서 피고인 또는 피의자는 유죄판결이 확정될 때까지는 무죄(無罪)라고 추정(推定)하는 것이다. 유죄판결이란 형 선고의 판결뿐만 아니라 형면제의 판결과 선고유예의 판결을 포함한다.

무죄추정의 원칙은 과거 국가형벌권의 자의적인 남용에 대한 반성에서 나왔다. 그 이론적 배경은 개인주의, 인간존중의 사상, 자유주의 정신에서 찾는다.

자유주의의 기본 가치는 공동체 전체가 아닌 인간 개개인에게 초점을 맞추는 개인주의에 있다. 자유주의는 모든 권위와 질서를 의심하고 진실에 관한 개개인의 주체성을 인정한다. 또한, 개인의 존엄과 자유를 최고의 가치로 여기는 자유주의에서 개인의 존엄과 자유를 위협하는 어떠한 상황도 정당화될 수 없다. 따라서 자유주의에서 의심스러울 때는 약자의 자유와 존엄을 위해서라는 원칙을 도출할 수 있다.

그러나 무한히 개인의 자유가 인정될 수도 없다. 살다보면 적당한 양보도 있어야 한다. 개인이 그 자유의 일부를 희생해서라도, 공공선을 위해 국가에 일부 권한을 줄 수 있다는 것이다. 공공선을 지키고자 하는 권한에는 국가형벌권도 있다. 국가형벌권은 공동체 구성원의 생명과 신체, 재산과 명예 등을 보호하고 공동체의 안전과 평화를 위해 공동체 질서를 위반한 범죄자의 재산과 명예, 자유뿐만 아니라 생명도 빼앗을 수 있다(헌법 제37조 제2항 참조).

국가형벌권은 실체진실의 발견이라는 정의 관념에 기초하지만, 형식적인 논리에 따라 법형식만 갖추면 정당화되는 오류를 범할 위험도 있다. 따라서 범죄를 수사하고 재판하는 국가형벌권의 행사 과정에 있어서 범죄와 무관한 개인이 억울하게 누명을 쓰고 처벌되어서는 안 된다는 실질적 정의가 요청된다. 무죄추정의 원칙은 무고한 사람을 처벌해서는 안 된다는 생각이 자리 잡고 있다. 무고(無告)는 "더는 고(告)할 곳, 즉 알릴 곳이 없다"라는 것이다. 누구나 똑같이 태어났다고 하는데, 괴로운 처지를 하소연할 곳이 없다는 것은 억울할 일이다. 따라서 국가형벌권은 국민주권의 실현이라는 민주적 정당성, 인간의 존엄과 기본권적 가치를 실현하기 위한 목적이라는 목적 정당성, 추구하는 수단과 방법의 합리성에 근거하는 절차의 정당성이 요구된다.

국가형벌권은 헌법상 그 정당성이 인정되지만, 자의적으로 남용된 과거에 대한 반성으로 그 형벌권 내용과 절차에 한계를 두게 된다. 즉, 국가는 안전보장과 질서유지를 위해 범죄혐의를 받는 사람을 체포, 구속, 압수, 수색 등의 강제처분과 법원의 판결에 의해 범죄자로 확정된 때에는 형사처벌을 부과하지만, 법원의 확정판결 이후뿐만 아니라 확정판결 전까지 국가의 강제처분은 법률과 적법한 절차에 따라야 한다.

무죄추정의 원칙은 국가(형벌권)의 절차적 정당화 요소로서 유죄추정의 입법 금지, 유죄추정을 전제로 한 인권침해나 인신구속의 제한, 불필요한 고통의 금지, 의심스러울 때는 피고인의 이익으로, 검사의 거증책임, 예단 배제의 법칙, 진술거부권의 보장, 유죄 확정판결까지 무죄인 사람과의 동등한 취급을 하라는 것을 내용으로 한다.

(2) 자의적인 형벌권 남용은 일반 시민에게 엄청난 피해를 줄 수 있다. 국가형벌권을 제한하려는 시도는 인류 역사와 함께 늘 있었다. 국가형벌권의 행사를 합리적으로 통제할 방안으로 등장한 것이 죄형법정주의이다. 간단하게 정리하면, 죄형법정주의란 '범죄와 형벌은 법률로 정해야 한다.'라는 원칙이다. 이 원칙은 오늘날 대다수 문명국가에서, 특히 형법의 제정과 해석, 그리고 적용에 있어서 최고 원리로 자리 잡고 있다.

죄형법정주의 내용의 하나로 소급효 금지의 원칙 또는 소급입법 금지의 원칙이 있다. 범죄와 그 처벌은 행위 당시의 법률에 따라야 한다(행위시 법률주의). 행위 후에 법률을 제정하고(사후입법), 그 법률에 따라 제정 이전의 행위를 처벌할 수는 없다.

소급효 금지의 원칙은 특히 입법자와 법관에 대한 구속원칙의 기능을 담당한다. 입법자에 대하여는 형법 소급입법의 금지, 법관에 대하여는 형법의 소급적용이 금지된다. 또한, 소급효 금지는 법적 안정성의 보호를 위하여 요구되는 원칙이다.

2. 정치적 권리

표현의 자유

(1) 헌법 제21조 제1항은 "모든 국민은 언론·출판의 자유와 집회·결사의 자유를 가진다."라고 하여 표현의 자유를 보장하고 있다. 표현의 자유는 개인의 의사를 스스로 결정하는 권리이자 인격 발현의 기본 요소이면서 자유민주적 국가 질서를 구성하는 요소이다.

여기서 개인의 인격 발현의 요소라는 것은 누구나 자기 생각을 자유롭게 표현할 수 있어야 한다는 것을 의미한다. 자신이 생각한 바를 자유롭게 표현한다는 것은 인간의 가장 기본적인 욕구에 속하는 것이다. 따라서 표현의 자유는 인간 존엄성의 보장과 인격 발현을 위한 기본 조건이다. 표현의 자유는 개인적 인격의 직접적인 표현으로서 가장 존엄한 기본권 중의 하나이다. 표현의 자유는 개인이 의견의 자유로운 표명과 전파를 통하여 자신을 다른 사람에게 영향을 미치는 가능성과 통상적으로 언어를 매체로 하여 이루어지는 인간 상호 간의 정신적인 교류를 보장하기 위한 것이다.

표현의 자유를 통해 다양한 사상과 자유로운 의견 교환 과정을 보호한다. 누구나 자기 생각과 의견을 자유롭게 표현하면서, 토론과 비판을 할수 있고 다양한 견해 또는 다른 사람의 생각과 자유로운 결합을 꾀할 수있다. 공개 토론과 자유로운 비판은 민주주의의 본질적인 요소이다. 표현의 자유는 논쟁과 의견을 경합할 수 있게 하며, 이는 곧 민주적 의사 형성을 가능케 한다는 의미가 있다. 그런 의미에서 표현의 자유는 자유민주적국가 질서를 구성하는 요소이다.

(2) 표현의 자유는 권리 중의 권리이다. 내가 겪는 불편함을 말로 표현할 수 있어야 바꿀 수 있기 때문이다. 표현의 자유는 권리 중의 권리라고말하지만, 어느 특정한 맥락과 배경에 많이 흔들린다. 예를 들어 포르노그

래피와 표현의 자유의 논란이 그러하다. 표현의 자유는 근대 자본주의 사회에서 강력한 국민국가가 탄생한 뒤, 거대한 국가권력보다 취약한 개인의 권리를 보장하기 위한 것이었다. 표현의 자유는 아무 때나, 누구나 주장할 수 있는 것이 아니라, 지배 규범에 대한 사회적 약자의 저항일 때만 권리로 존중될 수 있다. 대부분의 포르노그래피는 표현의 자유가 아니라 여성 인권침해이며, 여성에 대한 폭력이다.

한편 표현의 자유는 빈부격차가 심하거나 사회 통합에 문제가 있거나 차별받는 소수 집단이 존재하는 곳에서 심각한 역효과를 낼 수 있다. 표현의 자유는 내용상 가치 판단과 형식상 자유 보장을 완전하게 분리하기 어렵다. 일베(일간베스트 저장소, 일베저장소), 어버이연합, 엄마부대(대한민국엄마부대봉사단), 태극기부대의 행위나 행동에 온 정성을 다해 보호해 주어야 하는가? 형식적 논리에 따른다면 보호해 주어야 맞다. 그러나 가치 판단에서는 아니다. 그래서 표현의 자유는 이념적 가치 판단과 맞물릴 때는 혼란스럽다. 표현의 자유를 지지한다는 진보와 표현의 자유를 규제하자는 보수의 이분법이 상식 밖으로 작동하기도 한다. 그저 편의에 따라 그들은 그들의 표현의 자유를 불러들인다. 표현의 자유는 대부분 표현을 보호받지 못하는 약자를 위해 필요하다.

막말 정치도 표현의 자유인가에 대한 논란을 불러온다. 사회 지도층과 일반 국민, 남녀노소, 온라인과 오프라인을 가리지 않고 정제되지 않은 언어가 난무하고 있다. 정치권과 공직자의 막말, 상업주의 방송의 저속어, 청소년 욕설, 온라인상의 언어폭력은 일상이 되어버렸고, 소수의 일탈로 치부하기에는 그 도를 넘어서고 있다. 어떠한 이유로도 막말 정치는 정당화될 수 없다. 지지층에 일시적인 카타르시스를 줄 수는 있지만, 막말은 패거리 정치의 정체성과 소속감을 강화하여 결국 갈등의 골을 더 깊게 하고 혼란과 정국경색을 초래할 뿐이다. 절대적인 표현의 자유란 어디에서도 존재하지 않으며 존재할 수도 없다.

집회 · 시위의 자유

(1) 모든 국민은 언론·출판의 자유와 집회·결사의 자유를 가진다(헌법 제21조 제1항).

모든 사람은 평화로운 집회와 결사의 권리를 가진다. 그 누구도 어떤 단체나 조직에 가입하려고 강요당하지 않는다(세계인권선언 제20조).

사람으로 태어나 한 사회를 구성하며 말하고, 표현하는 것을 할 수 없다면 이미 그것은 인간도, 사회도 아닐 것이다. 그런 의미에서 집회와 시위, 표현의 자유가 가장 중요한 민주 사회의 기본권이지만, 집회는 여러 사람이 모여서 진행하기 때문에 여러모로 주최하는 측에서도 부담이 있고, 사회적으로도 관리 비용이 들게 되는 측면이 있다. 그렇다 해도 집회, 시위, 표현의 자유는 전면 보장되어야 한다.

집회와 시위는 살아 숨 쉬는 민주 사회의 뚜렷한 징표라고 할 수 있다. 따라서 어느 정도의 불편함은 받아들여야 한다. 오히려 집회의 자유를 공공의 안녕질서에 대한 잠재적 위험으로 간주하여 이를 단지 용인하는 사고에서 벗어나, 공적 토론과 자유민주주의를 활성화하는 바람직한 것으로 파악해야 한다. 그러나 다른 한편으로는, 집회의 자유는 그 본질상 다수인에 의하여 집단으로 행사됨으로써 타인의 법익이나 공익과 충돌할 위험이 크기 때문에, 다른 법익의 보호를 위하여 집회의 자유에 대한 제한이 불가피하다.

(2) 적법한 집회와 시위를 최대한 보장하고, 위법한 시위로부터 국민을 보호하여 집회와 시위의 권리 보장과 공공의 안녕질서가 적절히 조화를 이루게 하기 위하여 '집회 및 시위에 관한 법률'(집시법)을 두고 있다.

그러나 헌법과 집시법은 집회의 개념에 관한 정의 규정을 두고 있지 않고, 대법원은 "집회란 특정 또는 불특정 다수인이 공동의 의견을 형성하여 이를 대외적으로 표명할 목적 아래 일시적으로 일정한 장소에 모이는 것을 말하고, 모이는 장소나 사람의 다과에 제한이 있을 수 없다."라고 판시하였다(대법원 2012.5.24. 2010도11381). 이 판례는 또한, 장소나 사람의 많고 적음에 제한이 없다고 하면서, 2인이 모인 집회는 '집회 및 시위에 관한 법률'의 규제 대상이라고 하였다.

옥외집회나 시위를 할 때는 집회나 시위를 시작하기 720시간 전부터 48시간 전에 관할 경찰서장에게 신고서를 제출하여야 한다(집시법 제6조). 판례는 2인 이상이 모인 경우는 집시법의 규제 대상이 된다고 하였기 때문에, 일인 시위는 집회 신고가 필요 없다.

집회의 자유에 의하여 보호되는 것은 평화적 또는 비폭력적 집회이다. 폭력의 사용은 기본권적 자유를 행사하는 방법이라 할 수 없다. 집회의 자유는 민주국가에서 견해 차이와 논쟁의 수단이다. 이러한 수단을 이용한 의견표명은 법으로 보호되지만, 폭력을 사용한 의견의 강요는 보호받지 못한다.

한편 평화적 집회가 곧 합법적 집회를 의미하는 것은 아니다. 평화적 집회와 합법적 집회는 결이 다르다. 평화적 집회는 합법적 집회인지와 관계없이 물리적 폭력을 사용하지 않고 평화적으로 진행하는 집회를 말한다. 신고하지 않은 평화적 집회는 관할 경찰서에 사전 신고를 하지 않았기 때문에 현재 비록 평화적으로 진행된다고 하더라도 법익 충돌의 잠재적 가능성을 가지고 있는 집회이다.

관할 경찰서장에게 사전에 신고서를 내야 한다는 것은 집회 시위를 제한하는 것이 아닌, 법익 충돌의 가능성에 관한 사전 판단의 의미가 있다(집시법 제1조 참조). 따라서 평화적 집회라 하더라도 사전 신고를 하지 않았든지 또는 집회가 신고한 내용대로 진행되지 않는다면, 불법적 집회라 할 수 있다. 만약 법익 충돌을 일으키는 때는 해산 등의 방법으로 제한하는 것이 불가피하다. 이에 대하여 합법적 집회란, 집시법에 따라 사전에 신고하여 신고한 내용에 따라 진행되는 집회를 말한다. 합법적 집회는 관할 경찰서에 의하여 법익 충돌의 가능성에 관하여 사전적 판단을 거친 집회이므로, 법익 충돌의 가능성이 최소화된 집회이다.

3. 사회적 권리

노동권

모든 국민은 근로의 권리를 가진다. 국가는 사회적·경제적 방법으로 근로자의 고용 증진과 적정임금의 보장에 노력하여야 하며, 법률이 정하는 바에 의하여 최저임금제를 시행하여야 한다. 모든 국민은 근로의 의무를 진다. 국가는 근로의 의무의 내용과 조건을 민주주의 원칙에 따라 법률로 정한다. 근로조건의 기준은 인간의 존엄성을 보장하도록 법률로 정한다. 여자의 근로는 특별한 보호를 받으며, 고용·임금 및 근로조건에 있어서 부당한 차별을 받지 아니한다. 연소자의 근로는 특별한 보호를 받는다. 국가유공자, 상이군경과 전몰군경의 유가족은 법률이 정하는 바에 의하여 우선적으로 근로의 기회를 부여받는다. 이것이 헌법 제32조의 규정 내용이다.

(1) 근로, 근로자 개념을 정리할 필요가 있다. 근로자(勤勞者)는 부지런할 근(勤)에 일할 노(勞)를 써, 부지런히 일하는 사람을 뜻한다. 이는 곧 사용자와의 상하 관계를 염두에 두어 부지런히 일하는 사람이란 의미를 새길 수 있다. 대등한 관계가 아니다. 한편 근로자와는 달리 노동자(勞動者)는 노동력을 상품으로 사용자에게 대등하게 계약을 체결하여 생산의 주체로서 당당한 사회의 구성원이라는 의미를 담고 있다. 근로자와 노동자의 개념 차이는 이를 기념하는 기념일에서도 드러난다. 다른 나라는 5월 1일을 노동절이라는 이름으로 기념하지만, 우리는 '근로자의 날'이라 하고 있다. 근로의 의미에 따르면 국가 또는 재벌이 '주는 대로 놀 것이냐' 아니면

'당당하게 권리를 주장하며' 기념할 것인가의 차이이다. 이런 까닭에 근로, 근로자라는 용어보다는 노동, 노동자라는 용어로 노동권을 다루어야 할 것이다.

노동권은 노동 능력을 가진 사람이 국가에 대하여 일할 기회의 제공을 요구할 수 있는 권리이다. 노동권은 생활을 영위할 수단이 없는 사람은 일할 권리를 보장함으로써 그 가족을 포함하여 생활을 보장하도록 하기 위한 권리이다. 헌법은 노동권을 결사의 자유와 분리하여, 기본권에 관한 장에서 자유권이 아닌 사회권 목록으로 규정하고 있다.

(2) 노동자는 사회적 약자이다. 기업은 거대한 힘을 가지고 있지만, 노동자는 경제적으로 빈곤하며 사회적으로 불안한 위치에 있다. 자본주의 경제에서는 기업이 생산 수단을 독점하고 노동자는 생산 수단에서 소외되고 있으므로, 노동자는 기업에 대하여 종속적 지위에서 가혹한 노동에 혹사당하고 있다. 특히나 신자유주의 틀에서 노동자는 노동의 유연화 등의 명목으로 고용 자체도 불안하게 되었다. 그러므로 오늘의 노동계약에 있어서, 민법의 고용계약법을 가지고는 사용자에 대하여 종속적 관계에 있는 노동자의 약한 입장을 보호할 길이 없게 되었다.

노동자의 노동 조건을 불리하지 않게 보호하기 위하여, 노동자에게 단결권과 단체행동의 권리를 주고 실질적으로 사용자와의 협조로 노동자에게 헌법에서 명시한 인간다운 생활을 할 수 있도록 보호하려고 한다(헌법 제10조 참조).

헌법 제32조는 노동의 권리와 의무(제1항), 노동 조건(제3항), 여자와 연소자의 노동에 관한 보호(제2항, 제3항) 등을 생존권으로서 규정하였으며, 이에 따라 '근로기준법', '노동조합 및 노동관계조정법'(노동조합법) 등의 노동 기본법을 제정하였다.

근로기준법은 헌법에 따라 근로조건의 기준을 정함으로써 근로자의 기본적 생활을 보장, 향상시키며 균형 있는 국민경제의 발전을 꾀하는 것을 목적으로 한다(근로기준법 제1조 참조).

노동조합법은 헌법에 따른 근로자의 단결권, 단체교섭권 및 단체행동권을 보장하여 근로조건의 유지·개선과 근로자의 경제적·사회적 지위의 향상을 도모하고, 노동관계를 공정하게 조정하여 노동쟁의를 예방·해결함으로써 산업평화의 유지와 국민경제의 발전에 이바지함을 목적으로 한다(노동조합법 제1조 참조).

(3) 한 직장에서 일하던 노동자가 해고된다는 것은 어떤 의미일까? 예전에는 해고를 어렵게 생각했다. 해고된다는 것은 실직을 말한다. 나름으로 열심히 일하다가, 그 대가로 월급을 받고, 그것으로 아들 딸아이 학교 보내고, 아내 또는 남편과 종종 영화도 보고, 명절에 부모님께 자그마한 선물을 전할 수 있었다. 그런데 직장에서 해고된다면, 이는 개인 문제로만 한정되는 것이 아니다. 연쇄적으로 여러 문제가 발생한다. 무엇보다도 가정이 파괴될 수 있다. 그래서 해고를 쉽게 생각하지 않았다. 도요타(豊田) 방식이라 하듯이 평생직장 개념이었다.

인권의 가장 기본 전제인 '살기 위해서' 노동자가 주장하고 요구하는 것은 당연하다. 그러나 우리 사회는 어느 사이에 고용의 유연성이라는 개념이 자리 잡게 되었다. 특별하게 노동자의 귀책사유가 없어도, 경영이 어렵다거나 어려워질 거라는 이유로 일컬어 '정리해고 조항'에 따라 해고가 가능해진 것이다. 근로기준법 제24조 제1항이 그것이다. 그 내용은 다음과 같다. "제24조(경영상 이유에 의한 해고의 제한) ① 사용자가 경영상 이유에 의하여 근로자를 해고하려면 긴박한 경영상의 필요가 있어야 한다. 이 경우 경영 악화를 방지하기 위한 사업의 양도·인수·합병은 긴박한 경영상의 필요가 있는 것으로 본다.

② 제1항의 경우에 사용자는 해고를 피하기 위한 노력을 다하여야 하

며, 합리적이고 공정한 해고의 기준을 정하고 이에 따라 그 대상자를 선정하여야 한다. 이 경우 남녀의 성을 이유로 차별하여서는 아니 된다."

고용의 유연성이라는 것으로 불안한 노동자의 지위를 그나마 달래준다고 근로기준법 제24조에 들어간 것이 바로 '긴박한 경영상의 필요'이다. 또한, 경영자는 '해고 회피 노력'을 해야 한다. 경영상의 이유로 정리해고가 가능해도 '긴박한 경영상의 필요'가 있어야 하고, '해고 회피 노력'을 다해야 정리해고가 가능하도록 했다. 이 장치들이 정리해고의 남용을 막아주었는가?

해고 무효확인 소송에서 1심은 해고노동자가 패했다. 회사가 경영상 어려움을 극복하기 위해 해고를 했다며 원고 패소 판결을 했다(서울남부지방법원 2012.1.13. 2010가합23204). 항소심은 해고노동자의 편을 들어주었다. 회사가 정리해고할 당시 유동성 위기가 발생한 것은 인정할 수 있지만, 구조적이고 계속된 재무건전성과 효율성의 위기가 있었는지는 증거상 분명하지 않고, 긴박한 경영상 필요성, 해고 회피 노력이라는 정리해고의 실질적 요건을 충족했는지가 분명치가 않아 근로기준법이 규정하는 정리해고의 유효성 요건을 갖추지 못했다고 원고 승소 판결을 했다(서울고등법원 2014.2.7. 2012나4427). 그러나 대법원은 "회사가 기업회생절차로 단행한 인력구조조정이 파산 위기에 직면한 회사를 회생시키기 위한 불가피한 선택이었고, 법적 절차에 따라 합법적으로 이뤄졌다."라며 회사의 편을 들어주었다. 즉, 해고노동자가 패했다(대법원 2014.11.13. 2014다20875).

일반적으로 사법(私法) 영역에서 당사자에게 불이익을 줄 때는 그에게 귀책사유가 있어야 한다. 근로기준법은 그 성격상 공법과 사법이 어우러져 있다. 그러한 근로기준법에서 근로자의 귀책사유도 없이 오로지 경영자 측에서 근로자의 의사와 무관하게 발생한 경영상의 위험 또는 향후 예상되는 위험을 이유로 해고할 수 있다면 정의로운가?

사회보장제도

신체장애인 및 질병·노령 기타의 사유로 생활능력이 없는 국민은 법률이 정하는 바에 의하여 국가의 보호를 받는다. 헌법 제34조 제5항의 내용이다. 이 규정에 따라 '사회보장기본법'을 제정하였다. 사회보장기본법은 사회보장에 관한 국민의 권리와 국가 및 지방자치단체의 책임을 정하고 사회보장제도에 관한 기본적인 사항을 규정하여 국민의 복지증진에 이바지하는 것을 목적으로 한다(사회보장기본법 제1조 참조). 사회보장법 제2조는 사회보장의 기본이념이 '모든 국민이 다양한 사회적 위험에서 벗어나 행복하고 인간다운 생활을 누릴 수 있도록 자립을 지원하며, 사회참여와 자아실현에 필요한 제도와 여건을 조성하여 사회통합과 행복한 복지사회를 실현하는 것'에 있음을 명백히 밝히고 있다. 또한, 제3조는 사회보장, 사회보험, 공공부조, 사회서비스 등의 개념을 정의하였다.

사회복지법에는 '국민기초생활 보장법', '아동복지법' 등이 있다. 사회복지법의 직접적인 목적은 사회적인 위험으로부터 개인을 보호하고 사회적 요보호자를 보호하여 인간다운 생활을 할 수 있도록 보장함에 있다. 사회복지법에서 말하는 사회적 위험은 질병, 노령, 장애, 실업, 사망 등이고, 사회적 요보호자는 소득 능력을 상실하였거나 없는 장애인, 부녀자, 노인, 아동, 저소득자를 의미한다. 사회복지법은 소득보장이나 의료보장과 더불어 사회복지 서비스를 제공하여 전 국민의 복지증진과 사회적 약자의 복지증진을 목적으로 하고 있다. 사회보장제도는 소득보장, 의료보장, 사회복지사업 등으로 저소득자, 사회적 요보호자의 사회생활 문제를 해결함으로써 국민적 통합을 꾀한다.

참고문헌

김비환·김정오·박경신·염수근·장영민·함재학, 자유주의의 가치들: 드워킨과의 대화, 423쪽, 아카넷 펴냄, 2011.

류은숙, 인권을 외치다, 326쪽, 푸른 숲 펴냄, 2009.

미셸 푸코/오생근 옮김, 감시와 처벌: 감옥의 탄생 (개정판), 472쪽, 나남 펴냄, 2016.

미셸 푸코/이규현 옮김, 광기의 역사, 867쪽, 나남 펴냄, 2010.

박찬운, 인권법, 886쪽, 한울 펴냄, 2008.

법원 국제인권법연구회, 인권판례평석, 473쪽, 박영사 펴냄, 2017.

실비아 페데리치/황성원·김민철 옮김, 캘리번과 마녀: 여성 신체 그리고 시초축적, 432쪽, 갈무리 펴냄, 2011.

안경환, 법 셰익스피어를 입다, 384쪽, 서울대학교출판문화원 펴냄, 2012.

양태자, 중세의 잔혹사 마녀사냥: 신의 심판인가 광기의 학살인가? 마녀사냥의 허구와 진실, 272쪽, 이랑 펴냄, 2015.

윌리엄 셰익스피어/최종철 옮김, 베니스의 상인 (세계문학전집 262), 민음사 펴냄, 2010.

유네스코한국위원회, 인권이란 무엇인가: 유네스코와 세계인권선언의 발전과 역사, 182쪽, 오름 펴냄, 2002.

이라영, 타락한 저항: 지배하는 피해자들, 우리 안의 반지성주의, 200쪽, 교유서가 펴냄, 2019.

이소희·홍혜은·현지수·이은솔·에이미 황·이서영·갱·하민지, 나도 말할 수 있는 사람이다: 성판매 여성 안녕들 하십니까, 196쪽, 여이연 펴냄, 2018.

이재상·조균석, 형사소송법, 950쪽, 박영사 펴냄, 2019.

장경학, 법학통론 (제7개정판), 509쪽, 법문사 펴냄, 2004.

장규원, 피해자학 강의 (살림지식총서 393), 95쪽, 살림 펴냄, 2011.

정태욱, 자유주의 법철학, 316쪽, 한울아카데미 펴냄, 2007.

조효제, 인권을 찾아서: 신세대를 위한 세계인권선언, 352쪽, 한울아카데미 펴냄, 2011.

조효제, 조효제 교수의 인권 오디세이: 다시 인간답게 살 권리를 묻는다, 440쪽, 교양인 펴냄, 2015.

주경철, 마녀: 서구 문명은 왜 마녀를 필요로 했는가, 336쪽, 생각의 힘 펴냄, 2016.

쥘 미슐레/정진국 옮김, 마녀, 432쪽, 봄아필 펴냄, 2012.

차병직, 인권 (살림지식총서 237), 95쪽, 살림 펴냄, 2006.

채형복, 국제인권법, 365쪽, 높이깊이 펴냄, 2013.

제7장
인권 풍경

인권 관련 주제는 늘 논란거리다. 그야말로 '서 있는 곳에 따라 보는 풍경'이 다르다. 사형, 종교, 혐오표현, 디지털시대의 인권 논의가 그러하다.

사형제도의 존폐 문제는 두 의견이 분명하다. 옳고 그름의 문제가 아니다. 당대 시민 의식의 반영일 뿐이다. 신의 세계와 인간의 세계는 다르다. 이성이 지배하는 시대라고들 하지만, 여전히 신의 섭리가 인간의 세계에 깊숙이 관여한다. 디지털시대에 사는 우리는 새로운 윤리가 필요하지 않을까 싶다. 혐오표현도 마찬가지다. 많은 사람이 표현의 자유와 혐오스러움 사이에 왈가왈부한다.

그렇다. 서 있는 자리가 다르면 풍경이 달라진다. 그러나 같은 자리에 있다고 같은 풍경을 보는 것도 아니다. 그곳이 시작인 사람이 있고, 그곳이 끝인 사람도 있다. 그곳이 최선인 사람도 있고, 그곳이 바닥인 사람도 있다. 풍경은 밖에 있어도 풍경에 대한 자각은 마음에서 한다.

1. 사형제도: 복수의 이름으로

형벌이란 이름 아래 법률과 국가권력으로 범죄자라고 이름 붙여진 사람의 목숨을 강제로 빼앗는 행위는 정당하다고 할 수 있는가? 형사정책이라 하여 용인하여야 하는가? 아니면 철학적으로 이해할 수 있는가?

사형이라는 형벌

(1) 사형은 수형자의 생명을 박탈하는 형벌이다. 형벌 가운데 가장 무거운 벌이다. 형법이 법정형으로 사형을 규정하고 있는 범죄로는 내란죄(형법 제87조), 내란목적살인죄(형법 제88조), 외환죄(형법 제92조~제96조), 간첩죄(형법 제98조), 폭발물사용죄(형법 제119조), 현주건조물방화치사죄(형법 제164조 제2항), 살인죄(형법 제250조), 강간살인죄(형법 제301조의2), 강도살인죄(형법 제338조), 해상강도살인·치사·강간죄(형법 제340조 제3항), 인질살해죄(형법 제324조의4)가 있다.

사형만 규정하고 있는 죄는 형법상 여적죄(형법 제93조)가 있다. 기타 사형에 처할 수 있는 범죄는 사형이 상대적 법정형으로 규정되어 있어서 법관의 재량에 따라 사형과 자유형 중 선택이 가능하다. 사형만이 규정되어 있는 절대적 법정형의 죄도 작량감경의 여지는 있다(형법 제53조).

사람을 살해한 때는 사형, 무기 또는 5년 이상의 징역에 처한다. 정상참작의 사유가 있으면 하한의 2분의 1까지 감경할 수 있으므로 살인죄는 2년 6개월의 형까지 선고할 수 있다(형법 제53조, 제55조 제1항 제3호 참조). 3년 이하의 징역일 때에는 집행유예도 가능하다(형법 제62조 제1항). 따라서 사형이 규정된 살인죄를 저질렀어도 집행유예로 석방되는 사람이 있고, 사형 선고를 받는 사람도 있다.

사형은 형무소 내에서 교수하여 집행한다(형법 제66조). 군형법은 총살형을 인정하고 있다(군형법 제3조).

(2) 독일 기본법(Grundgesetz) 제2조 제2항은 "모든 사람은 생명과 신체를 훼손당하지 않을 권리를 가진다. 신체의 자유는 불가침이다. 이 권리들은 법률에 근거해서만 제한될 수 있다."라고 하여 생명권을 명확하게 규정하고 있다. 그러나 많은 나라의 헌법은 생명권을 직접 규정하고 있지는 않다. 우리도 마찬가지다.

헌법은 제30조에 "타인의 범죄행위로 인하여 생명·신체에 대한 피해를 받은 국민은 법률이 정하는 바에 의하여 국가로부터 구조를 받을 수 있다."라고 규정하고 있다. 침해를 받으면 구조한다는 것과 생명을 침해당하지 않을 것을 권리로 내세운 것과는 다르다. 그렇지만 직접적이고 명백한 규정을 두고 있지 않다고 해서 누구도 생명권을 부인하지 않는다. 어떤 논리를 구사하건, 생명권은 당연한 헌법의 기본권으로 받아들인다.

독일은 1949년 기본법 제19조 제2항에 "기본권의 본질적 내용은 어떤 상황에서도 훼손해서는 안 된다."라고 명시하면서 사형제를 폐지하였다. 독일처럼 사형제도를 금지하는 나라가 있지만, 아직은 꽤 많은 나라가 법률로 사형제도를 고수하고 있다.

헌법재판소의 태도

(1) 사형의 위헌 여부와 헌법적 근거를 중점으로 사형과 사형제도에 대한 헌법재판소 태도는 다음과 같다(헌재 2008헌가23).[10]

먼저 헌법재판소는 사형제도의 위헌 여부와 관련하여, "성문 헌법을 비롯한 헌법의 법원(法源)을 토대로 헌법 규범의 내용을 밝혀 사형제도가 그러한 헌법 규범에 위반하는지 여부를 판단하는 것으로서 헌법재판소에 최종적인 결정 권한이 있다. 반면, 사형제도를 법률상 존치시킬 것인지 또는

---

10 헌법재판소는 1996년(헌재 95헌바1, 1996.11.28.)과 2010년(헌재 2008헌가23, 2010.2.25.) 사형제 합헌 판결을 내렸다. 그러나 그 결정은 1996년에는 '합헌' 대 '위헌'이 7:2, 2010년에는 5:4로 그 변화를 읽을 수 있다. 참고로, 간통죄는 6:3(1990), 6:3(1993), 8:1(2001), 4:5(2008), 2:7(2015)의 과정을 거쳐 결국 폐지되었다.

폐지할 것인지의 문제는 사형제도의 존치가 필요하거나 유용한지 또는 바람직한지에 관한 평가를 통하여 민주적 정당성을 가진 입법부가 결정할 입법 정책적 문제이다. 극악한 범죄 중 극히 일부에 대하여서라도 헌법 질서 내에서 사형이 허용될 수 있다고 한다면 사형제도 자체를 위헌이라고 할 수는 없다. 사형제도 자체의 합헌성을 전제로 사형이 허용되는 범죄유형을 어느 범위까지 인정할 것인지가 문제 될 뿐이다."

헌법재판소는 사형의 법적 근거를 헌법 제110조 제4항에서 찾고 있으며, 생명권도 제한할 수 있다고 한다. "비록 생명이 이념적으로 절대적 가치를 지닌 것이라 하더라도, 생명권도 헌법 제37조 제2항에 의한 일반적 법률유보의 대상이 될 수 있다. 나아가 생명권은 다른 일반적인 기본권 제한의 구조와는 달리, 생명의 일부 박탈이라는 것을 상정할 수 없기 때문에 생명권에 대한 제한은 필연적으로 생명권의 완전한 박탈을 의미한다. 생명권의 박탈이 초래된다 하더라도 곧바로 기본권의 본질적인 내용을 침해하는 것이라 볼 수 없다."

헌법 제110조 제4항은 다음과 같다. "비상계엄하의 군사재판은 군인·군무원의 범죄나 군사에 관한 간첩죄의 경우와 초병·초소·유독음식물공급·포로에 관한 죄 중 법률이 정한 경우에 한하여 단심으로 할 수 있다. 다만, 사형을 선고한 경우에는 그러하지 아니하다."

비상계엄하의 군사재판이라도 단심(單審)으로 할 수 없고 사법절차를 통한 불복이 보장되어야 한다는 취지의 규정이다. 여기서 단서 조항은 사형을 언급하고 있다. 이는 곧 문언의 해석상 사형제도를 간접적으로나마 인정하고 있는 셈이라는 것이다.

헌법 제37조 제2항은 "국민의 모든 자유와 권리는 국가안전보장·질서유지 또는 공공복리를 위하여 필요한 경우에 한하여 법률로써 제한할 수 있으며, 제한하는 경우에도 자유와 권리의 본질적인 내용을 침해할 수 없다."라고 규정하고 있다.

(2) 헌법재판소의 사형에 대한 합헌과 헌법적 근거에 대하여 반대의견은 다음과 같다.[11]

헌법 제110조 제4항 단서의 규정은 그 도입 배경이나 규정의 맥락을 고려할 때, 법률상 존재하는 사형의 선고를 억제하여 최소한의 인권을 존중하기 위하여 규정된 것이므로 간접적으로도 헌법상 사형제도를 인정하는 근거 규정이라고 보기 어렵다.

사형제도는 인간의 존엄과 가치를 천명하고 생명권을 보장하는 헌법체계에서는 입법목적 달성을 위한 적합한 수단으로 인정할 수 없고, 사형제도를 통하여 확보하고자 하는 형벌의 기능을 대체할 만한 가석방 없는 무기 자유형 등의 수단을 고려할 수 있으므로 피해의 최소성 원칙에도 어긋나며, 사형 당시에는 사형을 통해 보호하려는 타인의 생명권이나 중대한 법익은 이미 그 침해가 종료되어 범죄인의 생명이나 신체를 박탈해야 할 긴급성이나 불가피성이 없고 사형을 통해 달성하려는 공익에 비하여 사형으로 인하여 침해되는 사익의 비중이 훨씬 크므로 법익의 균형성도 인정되지 아니한다. 또한 사형제도는 이미 중대 범죄가 종료되어 상당 기간이 지난 후 체포되어 수감 중인, 한 인간의 생명을 일정한 절차에 따라 빼앗는 것을 전제로 하므로, 생명에 대한 법적 평가가 필요한 예외적인 경우라고 볼 수 없어 생명권의 본질적 내용을 침해하고, 신체의 자유의 본질적 내용까지도 침해한다.

뿐만 아니라 사형은 범죄인을 사회 전체의 이익 또는 다른 범죄의 예방을 위한 수단 또는 복수의 대상으로만 취급하고 한 인간으로서 자기의 책임하에 반성과 개선을 할 최소한의 도덕적 자유조차 남겨주지 아니하는 제도이므로 헌법 제10조가 선언하는 인간의 존엄과 가치에 위배되며, 법

---

11 사형에 대한 2010년 헌법재판소 결정은 9명 재판관이 참석한 전원재판부 결정이다. 여기서 4명의 재판관은 반대의견, 즉, 위헌의견을 제시했다(일부위헌의견 포함). 여기서 인용한 의견은 김희옥 재판관의 반대의견이다.

관이나 교도관 등 직무상 사형제도의 운용에 관여하여야 하는 사람들에게 인간의 생명을 계획적으로 빼앗는 과정에 참여하게 함으로써 그들을 인간으로서의 양심과 무관하게 국가목적을 위한 수단으로 전락시키고 있다는 점에서 그들의 인간으로서의 존엄과 가치 또한 침해한다.

(3) 사형에 대한 헌법재판소의 태도를 정리하면 다음과 같다. 우선, 사형은 일반 국민에 대한 심리적 위하를 통하여 범죄를 예방하며 극악한 범죄에 대한 정당한 응보를 통하여 정의를 실현하고, 당해 범죄인의 재범 가능성을 영구히 차단하는 것을 통해 사회를 방어하려는 것으로 그 입법목적은 정당하다. 그리고 사형은 인간의 생존본능과 죽음에 대한 근원적인 공포까지 고려하면, 무기징역형 등 자유형보다 더 큰 위하력을 발휘하여 가장 강력한 범죄억지력을 가지고 있다. 극악한 범죄의 경우에는 무기징역형 등 자유형의 선고만으로는 범죄자의 책임에 미치지 못하게 될 뿐만 아니라 피해자들의 가족 또는 일반 국민의 정의 관념에도 부합하지 못하며, 입법목적의 달성에 있어서 사형과 동일한 효과를 나타내면서도 사형보다 범죄자에 대한 법익침해 정도가 작은 다른 형벌이 명백히 존재한다고 보기 어려우므로 사형제도가 침해최소성의 원칙에 어긋난다고 할 수 없다. 오판 가능성은 사법제도의 숙명적 한계이지 사형이라는 형벌제도 자체의 문제로 볼 수 없으며 심급제도, 재심제도 등의 제도적 장치 또는 그에 대한 개선을 통하여 해결할 문제이지, 오판 가능성을 이유로 사형이라는 형벌의 부과 자체가 위헌이라고 할 수는 없다. 또한 사형제도에 의하여 달성되는 범죄예방을 통한 무고한 일반 국민의 생명 보호 등 중대한 공익의 보호와 정의의 실현 및 사회방위라는 공익은, 사형제도로 발생하는 극악한 범죄를 저지른 자의 생명권 침해라는 사익보다 결코 작다고 볼 수 없을 뿐만 아니라, 다수의 인명을 잔혹하게 살해하는 등의 극악한 범죄에 대하여 한정적으로 부과되는 사형이 그 범죄의 잔혹함에 비하여 과도

한 형벌이라고 볼 수 없으므로, 사형제도는 법익균형성원칙에 어긋나지 않는다. 적어도 사형은 헌법이 간접적으로나마 인정하고 있는 형벌의 한 종류일 뿐만 아니라(헌법 제110조 제4항 참조), 사형제도가 생명권 제한에 있어서 헌법 제37조 제2항에 의한 헌법적 한계를 일탈하였다고 볼 수 없는 이상, 범죄자의 생명권 박탈을 내용으로 한다는 이유만으로 곧바로 인간의 존엄과 가치를 규정한 헌법 제10조에 어긋난다고 할 수 없다. 즉, 사형은 형벌의 경고 기능을 무시하고 극악한 범죄를 저지른 자에 대하여 그 중한 불법 정도와 책임에 상응하는 형벌을 부과하는 것으로서 범죄자가 스스로 선택한 잔악무도한 범죄행위의 결과인바, 범죄자를 오로지 사회방위라는 공익 추구를 위한 객체로만 취급하여 범죄자의 인간으로서의 존엄과 가치를 침해한 것으로 볼 수 없다. 사형을 선고하거나 집행하는 법관과 교도관 등이 인간적 자책감을 가질 수 있다는 이유만으로 사형제도가 법관과 교도관 등의 인간으로서의 존엄과 가치를 침해하는 위헌적인 형벌제도라고 할 수는 없다.

사형에 대한 동향

사형에 대한 여론은 존치가 우세하다. 그러나 그 여론은 조사 시점과 당시 강력·흉악범죄 발생 여부에 영향을 많이 받는다. 즉, 흉악범죄가 자주 발생하여 사회적 불안감이 클 때는 유지 여론이 높아진다.[12]

2009년 형사법 교수 132명이 사형 폐지 성명을 냈다. 국회에서는 사형 폐지법안이 1999년 이후 6건 발의되었고, 지난 19대 국회(2012년 5월 30일~2016년 5월 29일)가 일곱 번째였다.

---

12 2012년에는 사형제도 유지가 79%, 폐지는 16%였는데, 그해 4월 수원 20대 여성 살해 사건, 7월 제주 올레길 40대 여성 살해 사건 등 흉악 성범죄가 연이어 발생했다. 2003년에는 사형제 유지가 52%, 폐지가 40%로 존폐 입장 차가 크지 않았다. 당시는 종교계 원로인사들이 노무현 대통령을 면담하는 등 사형제 폐지 문제가 사회적 쟁점으로 주목받았다(허정완, 2015).

'유럽연합 기본권 헌장'은 사형 폐지를 분명하게 밝혔다. 기본권 헌장 제2조 제2항에 "누구도 사형을 선고받거나 사형 집행을 당해서는 안 된다."라고 규정했다.[13] 2011년 유럽연합과 대한민국은 범죄인 인도조약을 맺었다. 협상 과정에서 유럽에서 인도된 범죄인은 사형 집행을 하지 않기로 했다. 범죄 후 유럽으로 도피하면 사형 집행을 면할 수 있다는 이야기이다.

국제앰네스티의 조사에 따르면, 199개 국가 중에서 163개국이 사형제도를 시행하지 않고 있다.[14] 미국은 OECD 국가 중 일본과 더불어 사형을 집행하는 국가이다. 미국 연방대법원은 1972년 사형에 대해 위헌이라 판결했으나, 1976년에 합헌이라고 후퇴했다.

2007년 유엔 총회는 '사형 집행에 대한 글로벌 모라토리엄 결의안'을 채택하였다. 유엔 총회 62차 회기 중 최우선 안건으로 상정되어 있던 결의안은 99개 국가의 찬성, 52개 국가의 반대, 33개 국가의 기권으로 통과되었다.[15] 여기서 대한민국은 기권했다. 결의안의 내용은 다음과 같다. " 사형의 집행이 계속되는 데 깊은 우려를 표명하며, 사형제도를 유지하는 모든 국가에 다음을 요구한다. 첫째, 집행을 기다리는 이들이 경제사회이사회의 결의안 1984/50의 첨부 자료에 나온 기본적인 권리를 보호받을 수 있도록 국제기준들을 존중하고, 둘째, 사무총장에게 사형의 집행과 사형수들의 보호에 관한 정보를 보고하며, 셋째, 사형의 사용을 진취적으로 금지하며, 사형이 가능한 범죄의 수를 줄이고, 넷째, 사형제도의 폐지를 바라보며 집행에 대한 모라토리엄을 실시한다. 사형제도를 폐지한 국가들이 이 제도를 재도입하지 않기를 요구한다. 사무총장은 제63차 총회에서

---

13 이에 대해서는 세계법제정보센터(http://world.moleg.go.kr)에서 확인할 수 있다. 유럽연합 기본권 헌장 전문을 내려받을 수 있다.

14 http://www.amnesry.org/cn/what=we=do/death=penalty/

15 http://amnesty.or.kr/2620/

이 결의안의 실행에 대해 보고하기를 요청한다. 제63차 총회에서 이 문제에 대한 고려를 계속할 것을 결정한다." 사형제도에 대한 유엔 결의안은 전 세계 모든 국가가 사형제를 폐지하는 흐름에 동참하는 중요한 이정표라고 할 수 있다.

존엄과 가치, 그리고 정의

(1) 복수를 사형의 목적으로 삼는 것이 과연 정당한가에 대한 논의는 형벌 목적과 관련해서도 끊임없이 제기되어 왔다. 누가 뭐래도 형벌은 범죄에 대한 응보이다. 가증할 범죄의 선량한 피해자들은 가해자들에게 선고된 극형에서 정의를 보고자 한다. 그것은 마치 "네 놈과는 절대로 한 하늘을 이지 않으리라."라는 절규와 같다.

"사람을 쳐 죽인 자는 반드시 죽일 것이요. 짐승을 쳐 죽인 자는 짐승으로 짐승을 갚을 것이며, 사람이 만일 그의 이웃에게 상해를 입혔으면 그가 행한 대로 그에게 행할 것이니. 상처에는 상처로, 눈에는 눈으로, 이에는 이로 갚을지라."(레위기 24:17－20)

응분의 대가, 곧 복수가 정의라는 것을 성경도 이야기하고 있다. 응보적 정의관이랄 수 있다. 그러나 복수에 복수가 끝없이 이어지면 사회는 혼란에 빠지게 된다.

보복하지 않으면 도저히 참을 수 없다 하더라도 그 한계를 정할 필요가 있었다. 그래서 탈리오 법칙(lex talionis)이 나온다. '눈에는 눈, 이에는 이'라는 말에는 상대방 때문에 눈 하나를 잃는 것에 대해 상대방의 눈 하나를 빼앗는 것으로 보복하는 것이다. 받은 만큼만 돌려주어야지 그 이상은 안 된다는 것이다.

함무라비 법전이나 성경의 시대가 아닌 현대에도 응보적 정의가 통한다. 2011년 이란 법원은 황산 테러 사건에서 가해자를 전신 마취시킨 후 피해자가 직접 가해자의 양 눈에 황산을 20방울씩 넣는 형벌을 선고했다.

이란에서도 비난 여론이 있었고, 각국 인권단체의 반발로 형이 집행되지 않았다. 이렇게 오늘날에도 탈리오식 정의관, 즉 당한 만큼 갚아주는 보복의 원칙에 따라 가해자에게 형벌을 부과하고 있다.

(2) 형벌은 인간의 존엄을 해치지 않는 범위 내에서만 허용해야 한다. 사람을 죽이고 토막 내 사체를 훼손한 범죄자라고 해서 똑같이 그를 죽여서 사체를 훼손하거나, 여성을 강간한 뒤 살해한 범죄자를 동일하게 강간하고 죽여야 하는가?

돌로 쳐 죽이거나(요한복음 8:3–11 참조), 칼로 목을 베어 죽이거나, 사지를 절단하여 죽이는 방식의 사형 집행도 허용될 수 없는 것도 같은 맥락이다. 예전에는 그랬다. 능지처참, 화형, 수장형, 마녀재판 등이 그 중 거이다.

문제는 개인이든 사회든 사형에 대해 전향적인 태도를 보일 준비가 되었다고 생각할 때마다 경악할 일들은 그러한 생각을 반대 방향으로 돌려놓는다. 그럼에도 불구하고, 가해자가 아무리 잔혹한 범죄를 저질렀다고 해도 그에게 똑같이 잔혹한 형벌을 내릴 수는 없다.

형벌은 범죄자라도 그의 인격을 최대한 존중하는 방식으로 집행되어야 한다는 것이 오늘날의 형사 정의관이기 때문이다. 비록 사형이 허용되어 집행되는 국가라 할지라도 그 방식은 인간의 존엄을 해치지 않아야 한다. 그러나 소위 '인도적인' 집행만으로 '국가에 의한 살인' 또는 '제도적 살인'이라고 할 수 있는 사형을 정당화할 수 있을까? 사형 집행이 사형수의 존엄을 지키는 잔혹하지 않은 방식으로 이루어진다고 해도 여전히 사형은 사람을 죽이는 '국가에 의한' 폭력이라는 것에는 변함이 없다.

"신문에서 보았을 때는 짐승이었는데 알고 보면 인간인 거고, 인간은 알고 보면 다 거기서 거기, 비슷한 거고 (…) 그리고 집행 있고 나면 또 한 달쯤 술 없이 못 살게 되는 거죠. 그런 말 있어요. 살인 현장을 목격한 사

람은 사형제 존치론자가 되고, 사형 현장을 목격한 사람은 사형제 폐지론
자가 된다." 공지영의 《우리들의 행복한 시간》의 구절이다. 사형을 집행
하는 교도관의 입을 빌려 사형 자체가 가지는 잔혹성을 드러내고 있다.

"과거의 사형은 항상 종교적인 형벌이었다. 인간은 죽음 앞에서 회개하
며, 신을 만난다. 영혼의 불멸성과 부활이 전제됐던 시대엔 그처럼 사형이
합리화될 수 있었으나, 국가가 신의 대용품이 되어버린 시대엔 극형의 정
당성도 사라졌다. 남은 것은 국가와 법의 절대화와 법관들의 불가역적인
오심 가능성이다. 신이 없는 사회에서 '사형수에게 사형을 가한다면 그것
은 다시 고칠 수 없는 결정적인 형벌'이 되며, 재판관은 그럴 권리도 의사
도 없으면서 '신의 자리에 올라앉는 것'이 된다."(알베르 카뮈, 2004)

(3) "목적이 수단을 정당화한다."라는 말이 있다. 하지만 아무리 목적이
좋다 해도 부당한 수단으로 목적을 이루려 한다면, 과연 이를 정당하다고
할 수 있을까? 좋은 목적을 위해서라면 어떤 수단을 쓰더라도 괜찮은 것인
가? 온갖 술수와 책략을 다 동원하여 목적을 관철한다면 그 목적은 결국
타락하고 마는 것 아닌가?

사람의 잘잘못을 심판하는 사법체계는 무엇보다도 인간의 존엄에 바탕
을 두어야 한다. 인간의 존엄성은 근본적으로 인간의 생존을 전제로 한다.
생명을 유지할 수 있는 권리야말로 모든 인간에게 보장되어야 할 근본적
인 권리이다. 인간의 생존을 위협하는 상황이야말로 가장 반인권적이다.

2. 교정의 민영화: 종교의 욕망

세계화와 경쟁력 확보, 그리고 민영화 등이 쟁점이 되어 요동친다. 민
간이 공공보다 더 효율적일 것이라는 판단에서인지 공공 부문의 민영화는

커다란 반응을 불러일으켰고, 여러 분야가 민영화되었거나 시도되고 있다. 과연 이래도 될까? 무한 경쟁은 뒤돌아볼 여유조차 용납하지 않는다.

이제는 가장 공공의 성격을 가지고 있는 교도소까지 민영화가 되었다. 따지고 보면 범죄자를 수용하여 처벌 또는 처우를 꾀하는 장소인 교정시설을 국가에서 운영하든 민간이 운영하든 뭔 상관이 있을까 싶다. 옛날에는 노역장이나 감화원 등이 구금시설이었고, 그런 시설은 돈 있는 사람이 국가의 양해하에 범죄자나 부랑자를 자기가 소유하고 있는 시설에 수용하여 그 노동력을 이용하여 부를 축적하기도 했다. 생각에 따라서는 근세기까지 민영교도소가 존재했다. 그러나 열악한 환경에서 죄수들을 노예처럼 다뤘다고 해서 금지하기 시작하여 20세기 초에는 역사의 뒤안길로 사라졌다. 그런데 그로부터 1세기라는 시간을 뛰어넘어 민영교도소는 전혀 다른 모습으로 부활한다. 새로운 비즈니스 수단으로 나타났다.

우체국, 교도소, 학교, 급수시설, 심지어 복지 서비스나 중앙·지방정부 주요 업무도 민간 기업에 넘어가고, 군대와 전쟁조차 민간업자들이 용병이라는 이름으로 대행하는 시대에 우리는 살고 있다.

공공 기능의 아웃소싱

(1) 민영교도소가 '옳고 그르다' 또는 '된다 안 된다'라는 식의 논의는 의미가 크지 않다. 숱하게 많은 찬반 논의가 있었고, 2009년 12월에 최초의 민영교도소인 소망교도소가 개설되었다. 민영교도소를 운영하려면 '형의 집행 및 수용자의 처우에 관한 법률'(이하 '수용자처우법'[16]이라 한다)과 '민영교도소 등의 설치·운영에 관한 법률'(이하 '민영교도소법'이라 한다)에 따라

---

[16] 수형자의 기본법인 '형의 집행 및 수용자의 처우에 관한 법률'의 약칭은 '형집행법'이다. '형의 집행 및 수용자의 처우에 관한 법률'은 명칭에서 두 가지 상충되는 개념을 담고 있다. 집행과 처우가 그것이다. 형의 집행에 초점을 두다보면 처우가 소홀해질 수 있다는 측면에서 상충된다는 것이다. 따라서 어느 쪽에 더 중점을 둬야 할 것인가를 고민해야 한다. 수형자의 처우(권리 보장 등)에 방점을 두고자 하기 때문에 '형집행법'이라는 표현보다는 '수용자처우법'이라는 용어를 사용한다.

교정법인을 만들어야 한다. 처음 문을 연 민영교도소 교정법인은 아가페 교정법인이다. 교정시설의 이름은 소망교도소다. 아가페와 소망이라는 이름에서 운영의 주체는 누구라는 것을 충분히 가늠할 수 있다. 종교교도소인 것이다.

종교교도소도 민영교도소라는 것은 분명하다. 비영리 민영교도소에 해당한다. 다른 나라에서도 성공한 종교교도소의 사례를 찾을 수 있다. 우리라고 성공 못할 리 없다. 그러나 어떻게 그리고 꼭 이러한 형태여야 하는가에 대해서는 여전히 논의거리로 남는다.

누군가 선한 일을 해도 남에게 피해를 줄 수 있다. 니버(Reinhold Niebuhr)의 은총의 역설이다. 선한 의도에 따르는 부작용을 말하는 것이라 새길 수 있다. 많은 사람이 공감할 수 있어야 제도는 제대로 자리 잡을 수 있고, 그래야 그 선한 의도는 살아남아 빛날 수 있다. 선한 의도의 부작용도 짚어봐야 한다.

(2) 교정시설 민영화 논의의 계기는 경제 논리가 깔려 있다. 그러나 형의 선고는 국가기관인 법원에서 하고 형벌 집행은 아웃소싱도 좋다 해도, 사법 업무는 다른 영역의 민영화와는 달리 형사사법 정의를 구현하는 업무이다.

민영교도소의 아버지 나라 미국 소식을 새겨본다. 텍사스주 포트워스(Fort Worth)에 있는 카스엘 연방 여자교도소에서 복역한 한 수형자는 지방신문 인터뷰에서 교도소 실태를 이렇게 말했다.

"교도소 안에서의 노동은 가혹했다. 수술 직후나 빈사 상태인 중병이 아닌 이상 휠체어에 탄 죄수도 중노동에 시달려야 한다. 시급은 12센트. 인상은 절대 없었다. 그런데 생활에 필요한 건강과 위생 관련 비품은 자비로 사야 해서 부담은 날로 커진다. … 교도소 내의 비품은 시장 가격의 1.5배 정도라고 한다. 치약 하나에 5달러 95센트로, 치약 하나를 사기 위

해서 49.5시간을 일해야 한다.”(츠츠미 미카, 2010)

영리를 꾀하는 민영교도소의 사례이다.

새롭게 등장한 민영교도소는 실제 사정이야 어떻게 돌아가든 다국적 기업의 하나로 꽃피는 교도소 비즈니스로 자리 잡았다.

쓰리 아웃 스트라이크 법(Three strikes law)은 범죄자가 세 번째 유죄판결을 받았을 경우, 마지막에 범한 죄의 경중과 관계없이 무조건 종신형에 처하는 법이다. 이로 인해 과밀 수용의 교도소는 연방이나 주가 직면하고 있는 재정난에 엄청난 압박을 가하게 되었다. 경영의 혁신적 합리화를 위해서는 아웃소싱이 돌파구였다. 합리화와 효율성이란 이름으로 형사사법 정의의 구현이란 교정 이념은 새로운 길을 모색하게 되었다. 그 길은 민영화와 세계화였다.

민영화는 국가가 특정한 역할을 수행할 때 능률적으로 업무를 처리할 수 있다는 효율성의 원칙이 자리 잡는다. 그러나 민영화가 반드시 효율적이라 할 수 있을까? 효율성만을 강조하여 공공의 이익이나 정책과 관련된 업무를 민영화에 얽매인다면 책임 문제에 부딪힐 뿐 아니라 민주주의 가치도 흔들리게 된다. 효율성과 그에 따른 책임은 공존해야 한다는 것은 누구도 부인하지 못할 것이다.

(3) 종종 어떤 규제나 법은 우리 생활을 제법 죄여온다. 만약 그러한 규제나 법이 우리의 일상적인 삶을 짓누른다면 그것은 다시 한번 생각해 볼 문제이고 풀어야 할 일이다.

국가만이 모든 공공 문제를 해결해야 하는 것은 아니다. 물론 국가는 많은 문제를 해결할 수 있다. 그러나 국가의 기능이 지속해서 아웃소싱되는 상황이라면 도대체 어디까지 아웃소싱을 해야 하는가를 따지지 않을 수 없다. 민영화할지 아니면 국가의 관리하에 둘지를 결정하는 일련의 기준이라는 것이 있을까? 국가의 일부 기능을 민영화를 통해 넘김으로써 책임의 무게마저 줄어드는 것으로 생각하는 것은 아닐까?

공공성이 강조되는 영역의 민영화는 지속적인 감독과 견제가 따라야 하기에 오히려 그 책임은 더욱 강조된다. 날이 갈수록 공공의 기능이 약화하여 민간기관의 활동과 성취도를 감찰하는 역량마저 버겁다면 효율의 가치와 탈규제는 또 다른 각도에서 검토되어야 할 것이다.

민간이 운영하는 교도소는 어느새 공공 안보를 책임지는 대안으로 등극하였다. 민영교도소 형태는 다양하다. 그러나 기본 형태로 민영교도소는 정부와 직접 계약을 맺어 사법 시스템에 의해 유죄판결을 받은 이들을 구금할 수 있는 권한을 위임받는다. 이에 따른 공적 책임을 따질 수 있어야 한다. 수용자 인권을 보장하는 안전장치가 필요하다.

정부든 민간이든 독점으로 얻을 수 있는 것은 적다. 국가의 적절한 통제와 감시가 동반된 경쟁을 통해 위험 요소를 줄이고 서로의 이익을 꾀하자는 것이 민영화 논리의 첫걸음이다.

법리 검토

(1) 법치주의를 강조한다. 그동안 수형자는 법의 보호 밖에 있는 자로서 권리의 주체로 인정받지 못했다. 그러나 법치주의 이념이 일반화되면서 수용자는 법적 보호의 대상이어야 한다는 문제의식이 싹트기 시작했다. 수용자의 법적 지위와 처우는 헌법이 정한 기본권의 내용에 따라 정해져야 하고, 수용자에 대한 권리 제한은 헌법이 헌법 자체나 개별 법률을 통해 유보를 인정하고 있는 기본권에 대해서만 가능하다.

지금까지 우리가 알고 있는 상식적인 법관념에 의하면 형벌권의 행사는 국가의 고유 권한이며 업무이다. 행형은 형사소추, 형사재판, 형벌집행으로 이어지는 전체 형사사법체계의 한 구성요소로서 형의 집행이라는 의미가 함축되어 있다.

세상이 바뀌면 상식도 변할 수 있기에 새로운 생각으로 형벌권을 정리해보자. 형벌을 부과하는 것과 그 형벌의 집행을 칼로 두부 자르듯 딱 부러지게 구분하여 형벌의 선고는 국가기관인 법원에서 하고, 형벌의 집행은 누구나 할 수 있다? 결국, 자유형의 집행이 민간위탁의 대상이 될 수 있는가가 문제 된다.

(2) 인간이 자발적으로 계약을 맺고 사회를 만들었다는 사회계약론의 관점에 따르면, 국가형벌권도 형벌집행권도 국가의 고유 권한이 아니라 시민사회가 국가에 위임한 것이라 할 수 있다. 그에 따라 국가는 집행할 뿐이며, 형벌 집행에서 기대나 수준에 미치지 못한다면 국민은 그 위임의 일부를 되찾아 다른 시민사회의 일부인 민간에게 위임하는 것은 당연하다 여길 수 있다. 이는 국민주권의 원리에도 반하는 것은 아니다(헌법 제1조 제2항 참조).

국가에 의한 교도소에서도 민영교도소에서도 인권 침해의 문제는 발생할 수 있다. 이는 곧 형집행의 주체가 누구인가에 따라 달라지는 것이 아니라 집행 방법의 문제라고 할 수 있다. 따라서 국가에 의해 운영하는 교도소보다 민영교도소가 수용자에게 더 나은 수용 환경을 제공할 수 있다면, 그를 통해 더 나은 수용자 인권이 보장될 수 있다면 행형의 민영화는 환영할 일이다.

한편 민영교도소의 운영이 영리나 종교적 목적 등에 의해 공정과 형평에 반하지 않고, 집행 과정에서 수용자에 대한 과잉인권침해가 야기되지 않는 한 민영화 자체가 적법절차의 원칙과 어긋난다고는 할 수 없다.

민영교도소 관련법을 살펴보면, "법무부장관은 교정시설의 설치 및 운영에 관한 업무의 일부를 법인 또는 개인에게 위탁할 수 있다."(수용자처우법 제7조 제1항) 이어서 "위탁을 받을 수 있는 법인 또는 개인의 자격요건, 교정시설의 시설기준, 수용대상자의 선정기준, 수용자 처우의 기준, 위탁절차, 국가의 감독, 그 밖에 필요한 사항은 따로 법률로 정한다."(수용자처우법 제7조 제2항) 한편 민영교도소법은 수용자처우법 제7조에 따라 교도소의 설립 및 교정행정의 민간위탁에 관한 사항을 정하고 있다.

수용자처우법과 민영교도소법을 통해 형집행과 관련한 형사사법 일부만의 민영화를 인정하고 있으므로 법치주의, 법치국가의 형식적 요건은 갖췄다고 할 수 있다.

민주적인 통제가 가능하며 법치국가의 정형성을 갖추고, 기본권을 척도로 한 사법심사 가능성 등 헌법적 질서의 본질적 전제조건을 충족하는 한 형집행의 일부에 대해서 민간에 의한 기능수행이 가능하다는 데에는 의견이 합치된다.

(3) 민영교도소는 단순히 교도소 설치나 운영에 관한 업무의 일부에 대한 위탁이 아니라 사실상 교정업무의 전면적 민영화를 인정하고 있는 형태라 할 수 있다. 민영교도소법에서 말하는 교정업무는 수용자의 수용과 관리, 교정과 교화, 직업교육, 교도작업, 분류와 처우, 그 밖에 수용자처우법에서 정하는 업무를 말하기 때문이다(민영교도소법 제2조 제1호 참조).

이렇게 되면 실질적으로 형집행의 민영화는 수용자의 생활 조건과 수용 기간 등에 관한 사항에 대한 결정권을 가지고 있다는 측면에서 국민의 기본권 실현에 관련된 영역에 속한다.

문제는 실질적 법치주의에 어긋나지 않아야 한다. 무엇보다 선정기준이 분명해야 한다. 필요하다고 인정하면 법무부장관은 교정업무를 공공단체 외의 법인, 단체 또는 그 기관이나 개인에게 위탁할 수 있다(수용자처우법 제7조 제1항). 위탁의 상대방은 법인, 단체 또는 그 기관이나 개인이다. 그러나 교정의 포괄적 위임, 즉 교정업무를 포괄적으로 위탁하여 한 개 또는 여러 개의 교도소 등을 설치·운영하도록 할 때는 법인에만 위탁할 수 있으며, 이렇게 포괄적 위임을 받은 법인을 교정법인이라 한다. 한편 법무부장관은 교정업무의 수탁자를 선정하는 경우에는 수탁자의 인력·조직·시설·재정 능력·공신력 등을 종합적으로 검토한 후 적절한 자를 선정하도록 하였다(민영교도소법 제3조 제2항). 이에 따른 선정방법, 선정절차, 그 밖에 수탁자의 선정에 관하여 필요한 사항은 법무부장관이 정한다(민영교도소법 제3조 제3항).

그러나 문제는 어느 정도 수준의 요건이어야 하는지에 대한 분명한 기준이 제시되어야 하겠다. 수탁자 선정기준에 대해서는 2009년 개정을 통하여 종래의 수탁자선정심사위원회 심의를 거쳐야 한다는 규정을 삭제하고 필요한 사항은 법무부장관이 정한다고만 하였다. 이것은 모호한 위임규정이다. 위임을 위한 법률은 명확하여야 하고 제한적이어야 하며, 절차적 전제조건이 분명하게 제시되어야 한다.

민간위탁계약의 내용도 분명하게 제시하여야 한다. 예를 들어 위탁계약의 내용 중 위탁업무를 재위탁하는 경우(민영교도소법 제5조 제1항 제5호), 그 재수탁자의 선정권자나 요건에 관한 내용이 불분명하다. 위탁수용 대상자의 범위에 관한 사항도 마찬가지다(민영교도소법 제5조 제1항 제6호). 민영교도소법 제5조 제2항은 "위탁수용 대상자의 범위를 정할 때는 수탁자의 관리능력, 교도소 등의 안전과 질서, 위탁수용이 수용자의 사회 복귀에 유용한지 등을 고려하여야 한다."라고 정하고 있다. 그러나 예를 들어 교정법인이 특정 수용자만 수용대상자로 정하는 계약을 맺을 때 이를 통제할 방법이 없다. 제5조 제2항의 규정만으로는 부족하다.

한편 민영교도소법은 그 운영에 있어서 사적 동기가 개입할 여지를 막을 제도적 장치가 없다. 비영리 민영교도소의 경우뿐만 아니라 영리를 꾀하는 민영교도소는 그야말로 이윤의 극대화와 비용과 손실의 최소화가 효율성을 올리는 방법일 것이다. 이러한 상황에서 제기될 수 있는 바람직하지 못한 결과를 예방할 수 있는 장치가 필요하다.

모호한 법규정과 개념 정리도 요구된다. 민영교도소법은 사실상 위탁관계를 주된 내용으로 하기에 막연한 개념은 바로잡아야 한다. 제7조는 민영교도소 시설을 검사한 후 법무부장관의 보정명령을 받고도 이를 이행하지 않으면 위탁계약을 해지할 수 있도록 하였다(민영교도소법 제7조 제1항 제1호, 제22조 제2항 참조). 여기서 '상당한 기간이 지난 후에도'라는 막연한 개념은 문제의 소지가 있는 권한 위임이라 할 수 있다.

이러한 모호함은 제40조에서도 찾을 수 있다. 민영교도소 수용자도 국가운영의 교도소 수용자에게 인정되는 기본권 제한의 법률유보, 즉 수용자처우법의 규정이 당연히 준용되어야 하고, 기본권을 침해받은 때에는 사법적 구제가 가능하여야 한다. 민영교도소법 제40조는 민영교도소에 수용된 자에 관하여 원칙적으로 수용자처우법을 준용하지만, 예외도 인정하고 있다. 여기서 먼저 '성질상 허용되지 아니하는 경우'가 어떤 경우인지가 모호하다.

민영교도소법은 감독관의 사전승인을 원칙으로 민영교도소 내의 질서와 안전을 유지하기 위하여 강제력 행사를 허용하고 있다(민영교도소법 제27조 제1항 참조). 한편 징벌도 수용자처우법을 준용하여 허용된다. 다만 문제는 강제력 행사 등은 법무부장관이 민영교도소 등의 지도·감독을 위하여 파견한 소속 공무원인 감독관의 승인을 받아야 한다. 그러나 감독관은 구체적으로 어떤 내용을 감시 또는 감독하여야 하는지에 대하여 민영교도소법은 아무런 규정을 두고 있지 않다. 국가 기능의 일부 또는 전부를 민간에게 맡기는 것이 민영교도소의 핵심 내용이고 수용자에 대한 교정업무를 내용으로 하므로 감독관의 업무 내용과 그에 따른 책임은 분명하여야 할 것이다.

민영교도소 내의 질서와 안전을 유지하기 위하여 긴급한 상황으로 승인을 받을 만한 시간적 여유가 없을 때는 그 처분 등을 한 후 즉시 감독관에게 알려서 승인을 받도록 하고 있지만, 제33조에 따르면 감독관은 필요하다고 인정하는 때에 파견하게 되어 있다. 혹여나 감독관이 파견되지 않았다면 민영교도소의 장은 독자적으로 징벌이나 강제력을 사용할 수밖에 없는 경우도 있겠다. 이러한 경우는 사실상의 형벌 부과를 국가의 통제 공백 동안에 민간에게 맡긴 꼴이 된다. 한편 징벌 등이 공정하게 행해지는가에 대하여 투명하게 드러나야 하고 이에 대해서는 철저한 외부의 감시가 따라야 할 것이다. 이에 대하여 징벌 현황 등을 법무부장관에게 보고하도록 규정하고 있으나 외부의 감시와 참여를 할 수 있도록 열려있어야 한다.

은총의 역설

(1) 민영화 논의는 국가의 역할을 어떻게 보는가에 대한 논의가 의미 있다. 미국이나 영국과 같은 영미법계는 국가의 역할은 조정자(mediator) 지위에 초점을 두어야 한다는 생각이 깔려 있고, 독일과 같은 나라는 국가의 독자성이나 상위적인 기능을 중시한다고 할 수 있다.

이러한 차이에서 영미 계통의 국가는 교도소의 민영화에 적극적이고 긍정적인 태도를 보이지만, 대륙법 계통으로 분류할 수 있는 나라에서는 대체로 거부감을 느끼고 있다고 하겠다.

주요 국가의 교정시설 민영화 사례에서도 이러한 차이는 드러난다. 미국의 경우는 운영 전부를 포괄적으로 민간에 위탁하는 민영교도소가 주가 되고, 독일이나 프랑스는 시설은 민간이 맡지만, 관리운영은 관민 협동으로 운영하는 민영화가 주를 이루고 있다. 독일의 태도는 기본적으로 고권적 권한 행사는 국가의 몫이고 민간에게 넘길 수 있는 업무의 범위를 기본법과 행형법에 저촉되지 않는 범위 내에서 엄격하게 규정하고 있으며, 수형자의 권리와 의무에 직접 관계되는 보안업무는 민간위탁 업무의 대상에서 제외하고 있다.

(2) 민영교도소의 또 다른 형태로는 비영리 민영교도소가 있다. 비영리 민영교도소로는 종교교도소가 있다.

우리나라는 도입을 논하는 초기 단계부터 국가형벌권의 민간이양이라는 시도에 대하여 국민적 합의와 사회 공감대 형성이 미미하였고, 또한 특정 종교 교정법인이라는 점에 대한 우려 등이 꾸준하게 지적되었다. 효율성과 자유화가 대세인 양 큰 흐름에 휩쓸려 공공 기능의 성격이 가장 강한 교도소의 민영화가 그 찬반 논의를 넘어 오늘의 모습에 이르렀다. 그러나 민영교도소의 문제는 법치주의의 정합성, 위임의 범위와 가능성 등의 논의를 제외하고라도 '종교'라는 화두를 어떻게 풀어야 할지 고민해야 한다. 종교가 과학이어서는 곤란하듯, 종교는 종교(宗敎)여야 한다.

민영교도소법은 민영교도소에서 특정 종교를 강요하지 못하도록 규정하고 있고(민영교도소법 제25조 제3항), 수용자에게 특정 종교나 사상을 강요할 때에는 제재를 규정하고 있다(민영교도소법 제42조 제2항 제3호 참조). 또한, 수용자처우법 제45조와 민영교도소법 시행령 제14조 제2항에 따라 종교행사를 치르기 위하여 마련된 장소를 제외하고는 그 법인이 운영하는 교도소 등의 시설에서 수용자가 항상 출입하거나 접근할 수 있는 장소에 특정 종교의 상징물을 설치해서는 아니 된다. 민영교도소법 시행령 제15조는 민영교도소 등의 소장과 직원은 수용자에게 특정 종교의 교리나 교의에 따른 교육, 교화, 의식과 그 밖에 행사의 참가를 강요해서는 아니 되며, 수용자가 특정 종교를 신봉하지 아니한다는 이유로 불리한 처우를 해서는 아니 된다고 규정하고 있다.

우리의 민영교도소는 이미 국가의 종교적 중립 원칙과는 어긋나 있다. 좋은 의도도 명분이 있어야 한다. 민영화의 대안은 민영화를 하지 않는 것일 수 있다.

(3) "민주주의를 외치는 사람은 스스로 민주적이어야 하며, 정의의 칼을 휘두르는 사람은 스스로 정의로워야 하고, 정론을 부르짖는 사람은 스스로도 정직해야 하며 지성을 논하는 사람은 스스로 지적으로 성실해야 한다." 어느 서평의 한 구절이다.

하나하나 놓고 보면 옳은 말이지만 왠지 섬뜩하다. 너무 강직한 표현이고 구구절절 맞는 말이기에 차라리 종교적이라는 느낌이 든다.

종교교도소와 관련해서 우려의 소리에 귀를 기울여야 한다. 우려의 소리를 넘어 냉소적인 태도도 지나칠 수 없다. 냉소는 분명 의심과 회의의 산물이다.

종교교도소는 민영교도소가 이윤 창출의 수단이 될 수 있다는 비난은 피할 수 있겠다. 그러나 필연적으로 종교의 자유로부터 시작하여 정교분리의 원칙 등의 헌법적 원칙과의 충돌은 피할 수 없다. 종교교도소는 무엇보다도 교정프로그램의 성격과 내용이 주로 종교활동이다. 그렇지 않고서야 왜 엄청난 건설비용을 부담하면서까지 운영한다고 하겠는가.

몇 %까지 재범률을 낮춘다고 한다는 약속은 잘못된 약속이 아닐까 싶다. 목표를 앞세우다 보면 수단과 방법이 버거울 수 있다. 정성을 다하는 수단을 꾀하다 보니 이러한 결과가 나왔다는 것이 순리가 아닐까.

"전체 인구보다 종교 인구가 더 많다."라는 말이 회자하는 우리는 간구한 마음으로 울리는 기도로 수형자는 교화되고, 형사사법 정의와 수익 증대는 자연스레 조화가 이루어지고, 그래서 밝은 천지가 가능할지 모른다. 정말 그랬으면 좋겠다.

3. 호모 디지쿠스의 인권

디지털 시대는 우리 생활을 송두리째 바꿔놓았다. 좋은 점도 많지만, 부정적인 측면도 상당하다. 개인정보 노출 피해가 심각한 사회문제로 등장했고, 인터넷에 넘쳐나는 정보의 신뢰성 문제도 드러났다. 실제 인터넷에는 엉터리 내용도 가득하고, 그에 따라 전해들은(hear say) 말들이 꼬리에 꼬리를 물고 퍼진다. 한번 퍼진 말들은 어떤 모습으로 되돌아올지 아무도 모른다.

디지털 시대의 인간

(1) 디지털 시대를 살아가기 위해선 우리 스스로가 호모 디지쿠스 (homo digicus)가 되어야 한다. 스마트폰, 안드로이드, 아이패드, 와이파이, 트위터, 페이스북, 사물인터넷 등 자고 나면 새롭게 쓰이는 용어들이 생소하게 다가오는 정보사회다.

태어날 때부터 디지털 기기와 환경에 익숙한 디지털 세대(digital native)는 사이버 공간에서 정체성과 가치관을 정립하고, 정보의 바다에서 숨을 쉬듯 지식을 찾아 흡수하는 일에 익숙하다. 그러나 나이가 들어서야 기기를 익히고 다뤄야 하는 세대(digital immigrant)는 아무리 디지털 시대에 적응했다 해도 더디다. 모국어가 통하지 않는 나라로 이민 간 이민자들의 상황과 유사할 것이다. 디지털 테크놀로지라는 새로운 언어를 배워야 하는 상황에 부닥치게 된 것이다.

(2) 인터넷으로 통하는 사이버 세계는 많은 위험 요소가 존재한다. 많은 사람이 인스타그램이나 페이스북, 유튜브에 수많은 사진과 자료를 올린다. 다른 사람의 손에 들어가면 얼마든지 악용될 수 있다. 소위 '네티즌 수사대'라 하여 누군지도 모르는 그들에 의하여 순식간에 개인정보가 낱낱이 밝혀지고 공개된다.

인터넷에 올린 자료는 어떻게 변화될지 모른다. 진행 중이기 때문이다. 무선 기술의 활용과 스마트폰의 등장으로 기술과 인간의 삶이 단지 온라인과 오프라인이라는 공간적 구분이 아닌, 융합적인 모습으로 나타나고 있다. 그리고 여기에 소셜 미디어(social media)와 결합하면서 새로운 사회적 관계와 구조를 형성하고 있다.

프라이버시, 공과 사

(1) 홈페이지에 올린 개인정보는 언제든지 조작되어 나도 모르게 유통

될 수 있다. 남이 나보다 나에 관한 정보를 더 많이 알고 있는 세상이다. 신상 정보를 인터넷에 무분별하게 공개하는 신상털기에 개인의 프라이버시는 여지없이 무너져버린다. 죽음으로 몰리는 불행한 일도 발생한다. 이제 프라이버시는 근본적으로 어떤 인격에 관해 누가 무엇을 어떻게 알고 있는가의 문제와 직면한다. 사람들은 게시판에서 서로가 서로에게 거칠게 대하며 싸우기도 한다.

프라이버시는 사적인 것과 공적인 것이 충돌할 때 문제가 된다. 프라이버시는 지극히 사적일 수 있지만, 프라이버시를 지키는 행위는 공적일 수밖에 없기 때문이다. 그런 의미에서 공과 사의 구별이 중요하다.

투명화는 모두 우리를 자유롭지 못하게 만든다. 우리는 사회를 관통하고 있는 빈틈없는 감시를 거의 인지하지 못하고 있다. 우리의 행동은 어디서나 관찰되고 기록되고 평가된다. 누구든 빅 브라더의 시선에서 벗어날 수 없는 거대한 파놉티콘에 갇힌 꼴이다. 그런데도 현대인들은 관찰되는 것을 두려워하지 않고, 오히려 관찰되지 않는 것을 두려워하는 것처럼 여겨지기도 한다.

(2) 정보가 흘러넘치는 사회에서 사람들은 자신의 삶을 스스로 결정하지 못한다. 프라이버시와 사적 영역은 개인주의화되어 가는 과정에서 문제가 되고 있다. 사적 영역과 공적 영역은 어떻게 구별할 수 있을까. 첫째, 공공성에 속하지 않는 모든 개인 영역을 사적 영역이랄 수 있다. 여기서 공과 사를 구별하는 핵심은 행위의 성격이다. 그러나 같은 행위도 그 성격과 양태에 따라 공적일 수도 사적일 수도 있다. 사유화 또는 민영화라는 용어처럼 한때 공적인 것으로 파악되던 것이 이제는 사적인 이해관계로 넘어가기도 한다.

둘째, 전통적 의미에서 사적 영역은 사생활의 장소이다. 옛날부터 오늘날에 이르기까지 다양한 변동 과정에도 불구하고 사적인 것은 가정, 친밀

성, 가정생활과 동일시한다. 그러나 가정생활의 사적 영역이 개인 또는 개인주의의 영역이라고는 할 수 없다. 프라이버시에 대한 페미니즘 관점에서 가정은 전통적인 권력과 지배의 공간으로 이해한다. 그렇다면 그것은 사적인 공간이 아니다. 전통적 지배 관계를 벗어나 새로운 젠더 관계를 설정하고자 한다면 가정은 공적인 문제로 접근해야 하기 때문이다.

셋째, 프라이버시에 대한 법적 논의는 개인이 통제할 수 있는 것을 사적인 권리로 이해한다. 문화에 따라 사적인 권리의 내용은 달라지지만, 모든 사람이 드나들 수 있는 공간이 공적이라 한다면 나만이 출입할 수 있고 접근할 수 있는 공간은 사적인 것이다. 그뿐만 아니라 내가 가진 지식과 정보에 대한 접근도 나만이 결정할 수 있다는 이유에서 사적이라고 할 수 있다.

인간이 자신을 스스로 발견하고, 또 자기 자신을 어떻게 해석할 것인가를 중심 문제로 생각하는 인본주의가 인권의 출발점이다. 인간의 자기발견은 근본적으로 인간 존엄, 즉 어떤 이유에서도 훼손될 수 없는 인간적 가치의 발견이다. 사적 영역과 공적 영역을 구별하고, 아울러 프라이버시를 보호하고자 하는 까닭, 보호해야 하는 까닭이 여기에 있다.

개인정보 자기결정권

(1) 개인정보가 가공되어 상품으로 팔린다. 언뜻 보기에 하잘것없어 보이는 자료가 공적·사적 영역으로부터 추출 및 데이터베이스화되고, 빅데이터라는 이름으로 활용된다.

개인정보 자기결정권은 개인정보의 수집, 보유, 사용, 제공 등이 이루어질 때 개인정보 주체가 이를 통제할 수 있는 권리를 말한다. 개인정보 자기결정권은 개인정보가 정보 주체도 모르는 사이에 다른 사람에 의해 맘대로 수집, 축적, 처리, 가공, 이용, 제공될 수 있는 디지털화된 정보환경에서 정부나 민간에 의해 개인정보 관리 시스템이 구축되고 정부나 기업에 의해 개인정보가 그대로 노출될 수 있는 상황에서 요구되는 권리이다. 개인정보 자기결정권은 정보사회에서 프라이버시를 보장하는 데 필요한 최소한의 헌법적 보장이며 정보사회에서 핵심적인 권리의 하나로 자리매김해야 한다.

문제는 중대한 국가 이익의 보호나 공공의 위험 앞에 권리라는 것은 절대적이지 못하다. 개인이 자신의 정보를 수집 또는 이용하거나, 제공하는 다른 사람의 행위를 제한할 때는 수집 목적, 이용형태, 처리방식에 따르는 위험의 정도에 따라 그 범위가 다를 수 있다는 점이다.

그러나 적어도 정보 주체의 인격적 요소인 개인정보가 다른 사람에 의해 마음대로 처리되거나 조작되어서는 안 된다는 것에는 이견이 없을 것이다. 바로 그 점에서 종래 국가나 기업 즉, 공적·사적 영역에 의해 타당한 근거나 정보 주체의 허락 없이 개인정보를 자유롭게 수집, 처리해온 관행은 더는 있어서는 안 된다.

(2) 개인정보 자기결정권이 보장되기 위해서는 무엇보다도 익명 거래의 자유가 전제되어야 한다. 익명 거래의 자유는 정보 주체가 국가 등의 타자와 온라인 교섭이나 거래를 할 때 자신의 신원을 불필요하게 밝히지 않고 거래할 수 있는 자유를 말한다. 아울러 정보처리금지 청구권이 보장되어야 한다. 정보처리금지 청구권은 기본적인 정보처리원칙이 충족되지 않으면 개인정보의 수집·이용·제공 등의 정보처리를 금지하도록 요구할 수 있는 권리를 말한다. 이러한 정보처리금지청구권의 인정 여부는 수집제한의 원칙, 목적구속의 원칙, 시스템 공개의 원칙, 정보 분리의 원칙을 기준으로 판단하게 된다. 마지막으로 정보열람과 정보갱신 청구권이 인정되어야 한다. 이는 타인에 의해 처리되고 있는 개인정보의 내용에 대해 정보 주체가 이를 열람하여, 정확성과 최신성 및 완전성을 유지하도록 요구할 수 있는 권리를 말한다.

개인의 일거수일투족에 관한 상세한 정보가 쉽고 값싼 비용으로 무한대로 수집, 저장, 처리될 수 있는 정보사회에서 요구되는 권리이다.

시민 예절

(1) 오늘날 우리에게 소셜 미디어는 자연스러운 소통의 길이다. 그러나 다른 한편으로는 통제와 감시, 프라이버시 침해의 통로이기도 하다. 정보사회의 명암은 너무나도 선명하게 대비된다. 일반적으로 정보통신기술이 개인의 자유를 확장했지만, 역설적으로 감시와 프라이버시 침해로 인한 개인의 자유권은 줄어들었다고 할 수 있다. 사람들은 투명한 사회를 말하지만, 너무나 투명한 사회는 불편하다. 개인의 자유가 없는 사회일 수 있기 때문이다. 그래서 더욱 프라이버시의 보호가 중요하다.

정보화는 개인정보의 입력과 집적이 요구되는데 프라이버시를 희생양으로 할 수밖에 없는 것처럼 여겨지기도 한다. 그런 이유에서 정보사회에서 정보화와 인권은 맞대결의 양상을 띠기도 한다.

어떤 정보가 어느 정도까지 공개될 수 있는가는 엄격히 규정되어야 한다. 개인의 프라이버시를 침해할 수 있는 정보는 가능한 한 공개되지 않는 것이 원칙이지만, 성명, 생년월일, 주민등록번호, 주소, 학력, 가족, 소득, 취미 등과 같은 개인정보 중에서 어느 정도까지만 열어 놓아야 할 것인지는 사회적 여건과 관습에 따라 달라질 수 있다. 개인정보를 요구하거나 공개할 때는 그 범위와 정도에 관한 사회적 합의가 필요하다.

우리는 사적인 것과 공적인 것을 엄격하게 구별할 수 있는 사회 문화를 발전시킬 필요가 있다.

(2) 디지털 시대에 맞는 시민 예절을 생각하여야 한다. 개인정보 자기결정권은 단지 자기결정권이 있음을 천명하고 그에 대한 보장을 규정하는 데에 그치는 것이 아니다. 구체적으로 개인정보 자기결정권이 작동하는

메커니즘을 구성하여야 한다.

자기 정보의 공개도 신중해야 한다. 소셜 미디어에서 사람들은 다양한 이유로 자신의 개인정보를 자발적으로 공개한다. 사람들에게 가입 시 작성하는 성명, 주소 등의 신원정보만이 개인정보가 아니라, 스스로 올리는 다양한 정보도 문제가 될 수 있다. 공개과정에서 신중하고 합리적인 선택이 이루어질 수 있도록 하여야 할 것이다.

타인의 개인정보에 대하여 존중하여야 한다. 소셜 미디어 이용자는 기본적으로 개인정보 제공자이지만, 또한 다른 사람의 개인정보를 읽는 사람이다. 한 개인이 수집자가 될 수도 있고, 침해자가 될 수도 있다. 소셜 미디어에서 알게 된 다른 사람의 취향과 관심이 자신과 비슷해서 공감대를 형성해나가는 것과 신상털기는 사회적 의미가 전혀 다른 행위라는 것을 인식할 수 있도록 시대에 맞는 새로운 윤리 규범이 필요하다.

지금까지 프라이버시는 단순히 다른 사람한테 방해받지 않고 혼자 있을 권리로 인식되었다. 그러나 디지털 시대에는 자신에 대한 정보를 자신이 통제할 권리라는 의미로 프라이버시를 새롭게 해석할 수 있다. 사적인 것과 공적인 것의 경계선을 어떻게 설정할 것인가. 사회적 합의가 전제되어야 한다.

정보와 프라이버시와 관련하여 어떤 정보를 어느 정도까지 공개할 것인가, 또는 공개할 수 있는가, 아니면 공개하여야 하는가. 정보시대에 맞는 새로운 틀, 시민 예절을 고민해야 한다.

4. 혐오표현

우리 사회의 모든 분야는 아닐지라도, 많은 영역에서 나이 차별, 성차별, 성소수자 차별, 인종 차별, 장애인 차별, 지역 차별, 학력 차별 등 다양한 형태의 차별과 혐오가 만연해 있다. 그리고 많은 사람이 그 차별과 혐오를 상식이라는 이름으로 또는 보편성이라는 잣대로 무마시키려 하거나 덮으려 한다. 또는 당연한 듯 지나친다.

"싫어하고 미워하다." "미워하고 꺼리다." 혐오에 대한 국어사전 뜻풀이다. 언어는 시대에 따라 변한다. 그러나 당대에 사전에서 정의하고 있는 의미가 현재 그 용어를 쓰는 사회 구성원들의 암묵적 합의 변화를 따라잡지 못하기도 한다. 예를 들어 혐오가 그러하다. 혐오에 대하여 단순히 싫어하거나 미워한다는, 또는 미워하고 꺼린다는 사전의 풀이로는 오늘날 우리 사회에서 보고 듣고 느끼는 혐오를 제대로 드러내지 못하고 있다. 분노도 혐오도 차별도 이유가 있어야 해법을 찾을 수 있는데, 지금의 우리 사회에서 목격하는 다양한 혐오에 대한 타당한 이유를 찾기 어렵다.

혐오를 혐오한다

(1) 같은 말에 다른 뜻을 새기는 사람들이 모여 살면서 세상이 평화롭기를 기대할 수는 없다. 혐오표현이 그렇다. 혐오의 어감은 '징그럽거나 끔찍하거나 더러워서 싫다'라는 것이다. 부정적 의미의 이 단어는 또한 증오, 분노, 불신, 공포, 멸시, 경시, 비하, 조롱의 의미가 담겨 있다. 심지어 이단시되는 종교적 관점에서는 혐오는 숭배의 의미까지 이야기할 수 있다.

한편 혐오와 차별이 특칭되거나 특화되면 그 의미와 내용은 매우 복잡해진다. 여성혐오가 그러하다. 여성혐오는 역사적 뿌리가 매우 깊다. 개인적, 사회적, 역사적, 철학적, 종교적 배경이 얽혀져 여성혐오라는 의미를 감히 일의적(一義的)으로 정리한다는 것이 무모한 짓이 된다. 혐오와 차별에 대한 인식의 틀은 외국인 또는 이주자 혐오, 장애인 혐오, 소수자 혐오 등 다양한 형태의 혐오로 연결된다. 혐오라는 단어의 앞과 뒤에 무엇이 붙어서 특칭 또는 특화하느냐에 따라서 그 의미와 내용은 다양해진다.

(2) 혐오는 당대의 많은 사람이, 당연하게 받아들이는 역사적 사실을 부인하거나 왜곡하거나 날조하는 곳에서도 나타난다. 2013년 '반인륜 범죄 및 민주화운동을 부인하는 행위의 처벌에 관한 법률안'이 제안된 바 있다. 일제 강점기 일본군 위안부를 비하하고, 반란수괴죄로 처벌받은 자를 영웅으로 찬양하고, 5.18 민주화 운동을 폭동으로 묘사하고, 심지어 북한군 개입설까지 유포하는 등 역사적 사실에 대한 왜곡과 날조가 도를 넘어섰다는 판단에 반인륜 범죄를 부인하거나 찬양한 자와 민주화 운동을 부인하거나 왜곡 날조한 자에게 형사처벌을 하겠다는 내용의 법률안이다. 제안이유서에는 독일, 프랑스, 오스트리아 등 여러 유럽 국가들은 역사부인죄 규정을 두고 있다는 점을 참고하였고, 반인륜 범죄와 민주화 운동을 부인하는 행위는 헌법의 존립을 해치는 행위라고 규정하였다. 이렇듯 혐오는 사실에 대한 왜곡과 날조이기도 하다.

(3) 혐오와 증오는 크게 다르지 않다. 증오는 단순히 실수로 또는 궁지에 몰려서 자기도 모르게 분출하는 막연한 감정이 아니다. 증오는 특유한 개인사와 경험, 특징을 지닌 인간 존재라는 사실을 부정하면서 퍼지며, 그것은 이데올로기에 의해 집단으로 형성된 감정이다. 증오는 느닷없이 폭발하는 감정이 아니라 훈련되고 양성된 것이다. 즉, 증오는 그저 존재하는 것이 아니라 만들어진다.

혐오표현과 혐오범죄는 구별된다. 혐오범죄는 혐오와 차별에 근거하여 기존의 범죄, 예를 들어 폭행, 성폭력, 살인 등을 저지르는 것을 말하고, 혐오표현은 혐오범죄로 나아가는 전 단계라 할 수 있다.

혐오는 차별행위이며, 적대행위이고, 폭력행위, 선동행위로 이어진다. 다양한 형태의 혐오적 발언이나 상처 주는 말은 '그냥 말'이 아니라 언어폭력이다. 폭력적으로 침묵을 강요하며 차별을 하는 것이다. 즉, 혐오표현은 힘 있는 자의 차별을 정당화하고 약자들에게 표현하지 못하도록 침묵을 강요한다.

(4) 국가인권위원회는 지난 2016년 12월 혐오표현의 피해자를 대상으로 실태조사를 하고 보고서를 냈다. 한국에서 공공기관이 혐오표현 피해에 관해 다룬 것은 이때가 처음이다. 여성과 이주민, 성소수자와 장애인 등을 대상으로 면접 조사를 한 결과, 혐오표현을 당한 사람은 두려움과 지속적인 긴장감, 자존감 손상과 소외감 등의 심리 반응이 나왔다.

또한, 자살 충동과 우울증, 공황장애와 외상 후 스트레스 장애를 겪은 사람도 있다. 심리적 피해뿐 아니라 혐오표현에 노출된 소수자는 일상생활의 어려움을 겪고 직장을 그만두거나 학교를 휴학, 전학하기도 했다.

혐오표현과 표현의 자유

(1) 어떤 형태로든 인간은 원할 때 자기 의사표시를 할 수 있어야 한다. 표현의 자유가 보장되고 인정되어야 우리는 또 다른 권리를 주장할 수 있다. 입을 틀어막아서는 그 어떤 권리 주장도 할 수 없다. 그런 의미에서 표현의 자유는 민주주의의 필수 불가결한 기본권이라고 말한다.

곳곳에서 온갖 비하적, 혐오적 언어들이 난무하고 있다. '난무'(亂舞)한다는 것은 지금의 혐오표현은 방향성마저 상실한 듯한 것에 대한 표현이다. 내가 직접 겪지 않고 듣지 못했다고 해서 혐오표현이 없는 것이 아니다. 위아래, 전후좌우 할 것 없이 삿대질에, 모욕적이고, 비하적이며, 혐오적이다.

표현의 자유는 가장 중요한, 보편적인 권리라고 말하지만, 오늘날 우리 사회는 표현의 자유를 위한 기본적인 선이 무너지지 않았나 싶을 정도다. 소모적인 논쟁을 표현의 자유라는 이름으로 내버려 두어야 하는가? 여전히 표현의 자유는 중요하다는 이유로 도가 지나친 혐오적 표현들에 대해서 방치만 할 수는 없다.

(2) 표현의 자유를 포함한 인권 목록의 모든 기본권은 '보다 나은 삶'을 누리기 위한 최소한의 안전장치로 작동한다. 최소한 그것은 지켜져야만 하는 것이다. 그렇다면 표현의 자유는 어느 선에서 제한되어야 하는가? 이중적이고, 이념에 따라 주장이 달라지는 표현의 자유이지만 민주주의의 바탕을 이루는 기본권이다. 그 바탕 위에서, 다른 사람의 자유를 침해하거나 해를 끼치면서까지 표현의 자유를 행사하면 안 된다는 원칙은 지켜야 한다.

표현의 자유는 명확성의 원칙, 과잉금지의 원칙 등 헌법상 기본권 제한 원칙에 따라 제한할 수 있다는 것이 법적 태도이다. 혐오표현도 헌법상 표현의 자유에서 허용하는 범위 내에서 다루어야 한다.

혐오표현에 대한 규제

(1) 혐오표현에 대한 법적 규제를 놓고 의견이 갈린다. 인간을 칭할 때 '사회적 인간'이라는 뜻의 호모 소시에타스(homo societas)라고도 한다. 사회는 다양한 개인이 모여 있는 공동체를 가리킨다. 사회에는 그러한 공동체 구성원들이 공통의 관심, 공통의 이익, 공통의 목표 또는 공통의 특징을 공유하고 있다는 의미가 담겨 있다. 여기서 중시되는 가치는 공공의 선(善)이다. 공공선은 개인을 초월하는 추상적 가치가 아니라, 각 개인이 더불어 살아가는 공존의 조건이다. 사회의 모든 구성원이 사회 구성원으로서의 정상적인 자격, 존엄한 존재로서의 사회적 지위를 보장받고 살 수 있다는 확신을 가질 수 있어야 한다. 혐오표현이 해악인 까닭은 바로 포용의 공공선을 파괴하기 때문이다.

혐오표현으로 특정 소수 집단 등에 차별을 선동하는 행위는 인간의 존엄성을 침해하는 것이다. 인간의 존엄성은 헌법의 최고 가치다. 따라서 형법의 규제만이 아닌 민법의 영역에서도, 행정법의 틀에서도 어떠한 형태로든지 규제의 대상이 될 수 있다.

(2) 법적 규제가 혐오표현에 대한 유일한 해결책은 아니다. 형사처벌은 사회통제의 최후 수단으로서 기능해야 한다. 혐오표현에 대한 법적 규제 이외의 대책으로 사회생활 전반에 걸친 차별을 금지하는 차별금지법을 생각할 수 있다. 또는 국가인권위원회와 같은 인권 기구를 통한 혐오 차별에 대한 중지 권고나 기업이나 학교 등 공공 부문에서 차별과 혐오를 없애는 노력이 법적 규제보다 우선일 수 있다.

차별금지법은 차별행위를 금지하고, 예방하고, 불합리한 차별로부터 피해자를 구제하는 조처를 규정하여 인권의 향상과 사회적 약자의 보호를 내용으로 한다. 차별금지법은 2007년 처음 입법 예고했지만 지금까지도 답보 상태다.

차별금지법은 국가가 공인하는 선언이어야 한다. 국가가 주체가 되어 이러한 것을 차별로 보고, 이를 고쳐나가기 위해 힘쓸 것이라는 선언이어야 한다. 차별금지법을 만드는 과정은, 이미 존재하는 차별 상황에 적극적으로 개입해 해결하려는 의지를 국가와 사회가 약속하는 것이다. 차별금지에 관한 내용은 사회적 합의가 덜 됐다는 이유로 포기할 성질이 아니다. 차별금지법에 담길 금지 내용은 일부 집단이 불편해한다며 그들에게 굴복할 성질이 아니다.

차별금지법을 만드는 과정은 '다름'을 차별로 인식하지 않도록 하는 관점을 사회적으로 합의해가는 과정이다. 이것이 차별금지법이 올바르게 만들어져야 하는 이유다.

(3) 혐오표현의 형사처벌은 법적 규제의 필요성과 효과성을 고민해야 한다. 과연 법적 규제가 필요한가. 현행법의 테두리 내에서도, 구체적으로 명예훼손죄나 모욕죄로 혐오표현에 대하여 규제할 수 있다고 주장할 수 있다. 그러나 불특정인에 대한 차별적 표현이나 집단표시에 의한 혐오표현 등은 명예훼손죄로 처벌하기 어렵다. 민사법상의 불법행위로 다루기도

쉽지는 않다. 따라서 혐오표현에 대한 법적 규제는 현행법으로는 제대로 대응할 수 없다는 것은 분명하다. 그런 점에서 혐오표현에 대한 규제의 필요성은 인정된다.

혐오표현에 대한 규제의 필요성을 긍정해도, 과연 그 규제가 효과적일까. 차별적인 표현은 규제할 수 있지만, 차별적인 생각까지 규제하는 것은 불가능하기 때문이다. 규제의 효과에 일정한 한계는 있다. 이것은 혐오표현에만 한정되는 것은 아니다. 그래서 우리는 그에 대한 보충적인 대책이 필요하다. 법적 규제와 함께 계몽과 교육이 따라야 한다.

혐오표현을 법적 규제의 대상으로 삼는다면,[17] 혐오표현의 규제를 통해서 보호하고자 하는 법익이 무엇인가에 대한 논의와 무엇이 처벌의 대상이어야 하는가에 대한 합의가 있어야 한다. 무엇보다도 극단적이고 직접적인 혐오표현이 처벌의 대상이 될 것이다. 단순히 '다른 의견의 표시' 정도는 처벌의 대상으로 삼을 수 없다.

혐오표현은 그 표현의 대상이 되는 개인이나 소수 집단에 해악을 주는 것이다. 그러나 또한 민주주의, 평등과 공존의 가치에도 해악을 미치며 혐오와 차별, 폭력의 확대 재생산에 상당한 영향을 끼친다. 따라서 혐오표현의 규제는 혐오표현의 대상이 되는 개인의 권리만이 아니라 사회적인 가치의 보장도 고려해야 한다. 즉, 혐오표현의 법적 규제는 개인적 법익뿐만 아니라 사회적 법익도 보호의 대상이 된다.

혐오표현은 헌법상 표현의 자유의 보호 영역에 속하지만, 그 한계를 벗어나 규제할 수 있다. 그 규제는 사전검열금지원칙 등이 준수되어야 하고, 헌법 제37조 제2항에 따라 법률로써, 과잉금지원칙에 어긋나지 않아야 한다.

---

17 혐오표현에 대한 법적 규제를 위한 입법은 지금까지 두 차례 있었다. 2013년 '인종 및 출신지를 근거로 공연히 사람 혐오한 자를 1년 이하 징역, 1천만 원 이하의 벌금'에 처하자는 형법개정안이 발의되었고, 2015년에도 혐오발언 규제 입법 토론회를 열어 발의를 준비했지만 모두 흐지부지되었다(전형우, 2017).

(4) '시민적·정치적 권리에 관한 국제규약'(B 규약, 자유권 규약) 제20조는 "차별, 적의 또는 폭력을 선동하는 민족적, 인종적 또는 종교적 증오의 고취를 법률로 금지한다."라고 규정하고 있다.

'B 규약'은 금지해야 할 혐오표현의 범위를 '차별, 적의 또는 폭력을 선동하는 국민적·인종적 또는 종교적 증오의 고취'로 규정하고, 그 대상에 종교에 의한 차별까지를 포함하고 있다. 다만 규제 수단에 대해서는 '법률로 금지한다.'라고 언급하고 있을 뿐, 그것이 형벌까지 명시적으로 요구하고 있는 것은 아니다.

'모든 형태의 인종차별 철폐에 관한 국제협약' 제4조는 "체약국은 어떤 인종이나 특정 피부색 또는 특정한 종족적 기원을 가진 인간의 집단이 우월하다는 사상이나 이론에 근거를 두고 있거나, 또는 (어떠한 형태로든) 인종적 증오 및 차별을 정당화하거나 증진하려 시도하는 모든 선전과 모든 단체를 규탄하며, 또는 체약국은 이 같은 차별을 위한 모든 선동 또는 행위를 근절시키는 것을 목적으로 하는 즉각적이고 적극적인 조처를 할 것을 약속한다."라고 규정하고 있다.

'모든 형태의 인종차별 철폐에 관한 국제협약'은 1965년 12월 21일에 유엔 총회에서 채택되었으며 1969년 1월 4일에 발효된 유엔 협약이다. 이 협약은 규제해야 할 혐오표현의 범위를 인종차별로 설정하고 있다. 여기서 말하는 인종차별은 '인종, 피부색, 가문 또는 민족이나 종족적 출신에 근거를 둔 어떠한 구별, 배제, 제한 또는 우선권을 말하며, 이는 정치적·경제적·사회적·문화적 또는 어떠한 공적 생활의 분야에 있어서든 평등한 인권과 기본적 자유의 인정, 향유 또는 행사를 막거나 침해하려는 목적 또는 효과를 가지고 있는 것'이라 정의하고 있다.

독일은 형법에 민중선동죄(Volksverhetzung)를 규정하고 있다. 독일 형법 제130조 제1항은 공공장소에서의 혐오표현을 규정하고 있다. 다양한 혐오표현(민중선동)을 처벌하는 것이 아니라 그중에서 '공공의 평화를 해치는 형태'의 혐오표현으로 한정하고 있다.

제2항은 문서에 의한 혐오표현을 규정하고 있다. 여기서는 '공공의 안녕' 대신 '인간의 존엄'을 공격하는 것이 그 요건이다. 단순한 매도나 중상으로는 죄가 성립되지 않는다는 것이다. 또한 '인간의 존엄에 대한 공격'이란, '그 집단의 구성원이 인격적 발전의 중요한 영역을 침해받음으로써 헌법의 평등 원칙이 경시되고 가치가 낮은 인물로 취급되어, 공동체에서의 불가침한 생존권이 의문시되거나 상대화되는 경우'로 정의하고 있다.

제3항과 제4항에서는 '국가사회주의(나치) 정권의 홀로코스트 등의 역사적으로 명백한 사실을 부정하는 것'의 처벌을 규정하고 있다. '공공의 안녕을 해치는 형태'라든가 '공연히 또는 집회에서' 등 처벌 범위를 정하고 있다.

참고문헌

간바라 하지메/홍상현 옮김, 노 헤이트 스피치: 차별과 혐오를 향해 날리는 카운터펀치, 240쪽, 나름북스 펴냄, 2016.

공지영, 우리들의 행복한 시간, 해냄출판사 펴냄, 2016.

김남영·이혜미, 민영교도소의 운영실태와 개선과제, 국회입법조사처 현장보고서 제17호, 국회입법조사처, 2011.

김종효, "황산테러 형벌, 이란법원 그대로 황산 앙갚음 눈에는 눈, 이에는 이", 뉴스엔미디어, 2011년 5월 14일자.

김현경, 사람, 장소, 환대, 297쪽, 문학과 지성사 펴냄, 2015.

데이비드 맥낼리 지음/강수돌·김낙중 옮김, 글로벌 슬럼프, 그린비 펴냄, 2011.

돈 탭스콧/이진원 옮김, 디지털 네이티브: 역사상 가장 똑똑한 세대가 움직이는 새로운 세상, 640쪽, 비즈니스북스 펴냄, 2009.

리처드 도킨스·존 브록만 외/김명주 옮김, 왜 종교는 과학이 되려 하는가: 창조론이 과학이 될 수 없는 16가지 이유, 336쪽, 바다출판사 펴냄, 2012.

박상열, "미국에 있어서 민영교도소에 관한 법적 쟁점 및 분석", 95-136쪽, 교정연구 제17호, 한국교정학회 펴냄, 2002.

박상준·최지유, "유럽연합 기본권 헌장의 의의와 한계: 소수민족 로마족(ROMA)을 중심으로", 31−66쪽, 통합유럽연구 제7권 제1집 (통권 제12호, 2016년 3월), 서강대학교 국제지역문화원 펴냄, 2016.

알베르 카뮈/김화영 옮김, 단두대에 대한 성찰·독일 친구에게 보내는 편지, 180쪽, 책세상 펴냄, 2004.

윤종록, 호모디지쿠스로 진화하라, 279쪽, 생각의 나무 펴냄, 2009.

이승호, "민영교도소의 두 모델과 한국에서의 도입추진 상황", 1189-1222쪽, 형사정책연구 제18권 제3호, 한국형사정책연구원 펴냄, 2007.

이진우, 프라이버시의 철학, 282쪽, 돌베개 펴냄, 2009.

장규원, "교정시설의 민영화에 대한 법이론적 논쟁", 163−182쪽, 교정연구 제10호, 한국교정학회 펴냄, 2000.

장규원·정현미·진수명·정희철, 민영교도소 도입을 위한 예비연구, 한국형사정책연구원 펴냄, 1999.

장규원·박호현·백일홍, "혐오표현의 규제 가능성에 대한 논의", 177−205쪽, 피해자학연구 제25권 제3호, 한국피해자학회 펴냄, 2018.

전형우, "혐오표현과 표현의 자유가 부딪힌다면?", SBS News 취재파일, 2017년 8월 7일.

제러미 월드론/홍성수·이소영 옮김, 혐오표현, 자유는 어떻게 해악이 되는가?, 344쪽, 이후 펴냄, 2017.

조효제, "표현의 자유와 표현의 한계", 한겨레, 2015년 3월 3일자.

조효제, 인권을 찾아서: 신세대를 위한 세계인권선언 (한울아카데미 1398), 352쪽, 한울아카데미 펴냄, 2011.

주디스 버틀러/유민석 옮김, 혐오 발언: 너와 나를 격분시키는 말 그리고 수행성의 정치학, 372쪽, 알렙 펴냄, 2016.

최혜실, "이야기는 어떻게 살고 있는가", 신지식의 최전선 2(최혜실 외), 122−133쪽, 한길사 펴냄, 2008.

츠츠미 미카/홍성민 옮김, 르포 빈곤대국 아메리카 II: 민영화의 덫에 걸린 오바마 시
대, 231쪽, 문학수첩 펴냄, 2010.

카롤린 엠케/정지인 옮김, 혐오사회: 증오는 어떻게 전염되고 확산되는가, 272쪽, 다산
초당 펴냄, 2017.

폴 버카일/김영배 옮김, 정부를 팝니다: 무책임한 정부는 모든 것을 민영화한다, 360쪽,
시대의 창 펴냄, 2011.

한가람, "표현의 자유와 한계: 혐오발언 규제의 정당성과 방법", 차별의 표현, 표현의
차별: 혐오에 대한 규제와 표현의 자유 (토론자료집), 표현의 자유를 위한 연대·차
별금지법제정연대 펴냄, 2013.

한상훈, "민영교도소의 허용성과 한계", 5−50쪽, 형사정책연구 제14권 제1호, 한국형
사정책연구원 펴냄, 2003.

허정완, "사형제도, 유지해야 한다 63% 폐지해야 한다 27%", 리서치미디어스, 2015년
7월 10일자.

홍성수, 말이 칼이 될 때: 혐오표현은 무엇이고 왜 문제인가?, 264쪽, 어크로스 펴냄,
2018.

홍성수·김정혜·노진석·류민희·이승현·이주영·조승미·문유진·설정은, 혐오표현 실
태조사 및 규제방안 연구, 340쪽, 국가인권위원회 펴냄, 2016.

제8장
사법절차와 인권구제

"억울하면 재판하라!"라는 말이 있다. 이는 재판이란 말이 우리 생활 깊숙이 들어와 있다는 방증이기도 하다. 공자는 갈등이나 분쟁이 없는 사회, 재판이란 것이 아예 없는 사회를 꿈꾼듯하다. 《논어》 안연(顏淵) 편에서 "시비를 가리는 것쯤은 나도 남과 다를 것이 없으나 송사하는 일은 없도록 해야 하지 않겠는가"(子 曰聽訟吾猶人也 必也使無訟乎)라고 했다. 다툼이 없는 조화로운 사회가 이상 사회라고 말하는 것으로 이해할 수 있다. 그러나 세상은 공자의 희망과는 달리 그때나 지금이나 소송투성이다.

일단 갈등이 사회적으로 표출된 분쟁은 어떻든 해결을 해야 하는데, 그 방법은 다양하다. 인권침해에 대하여 재판을 통한 사법구제는 그중의 하나이다. 서로의 이해관계가 얽혀 원만한 타협이 이루어지지 않게 되면 사람들은 소송을 통해 시비를 가린다. 소송(訴訟)이란 원고와 피고라는 대립적인 당사자의 존재를 전제로 하고, 원고와 피고의 공격과 방어에 대하여 제삼자의 위치에 있는 법원이 판단을 내리는 절차를 말한다. 여기에는 민사소송절차, 형사소송절차, 행정구제절차, 헌법소원심판청구절차 등이 있다.

1. 죄와 벌의 형사절차

우리는 과연 무엇을 죄(罪)라고 말하는가? 그리고 왜 단죄(斷罪)하려 하는가? 이 지구상에서 인간마냥 죄와 벌을 놓고 체계적인 사법체계를 갖추고, 구체적으로 시비를 가리려고 하는 생명체가 또 있을까?

죄란 무엇인가?

형법상 범죄라고 하기 위해서는 형법이 형벌로써 금지하고 있는 구성요건에 해당하여야 한다. 구성요건이란 무엇이 벌 받는 행위인지를 기술해 놓은 것이다. 죄의 실체라고 할 수 있다. 구성요건과 함께 구성요건해당성이란 것이 있다. 구성요건해당성은 구체적인 한 행위가 하나의 형벌규범의 구성요건을 실현하여 그 가벌성의 조건을 충족시킨 것을 말한다.

따라서 구성요건에 해당하는 행위는 위법하다. 그러나 구성요건에 해당하는 위법한 행위라도 예외적으로 정당화될 수 있다. 정당방위, 긴급피난, 자구행위, 피해자 승낙, 정당행위에 해당하는 행위는 구성요건에 해당하지만 위법하지 않다고 평가한다.

구성요건에 해당하고 위법한 행위라 하여 바로 벌을 줄 수 있는 것은 아니다. 행위자에 의해 저질러진 불법이 행위자에게 귀속할 수 있는지 검토해야 한다. 행위자에 대한 비난 평가를 책임이라 한다. 형사처벌은 책임을 전제로 한다. 책임 단계는 위법한 행위를 저지른 행위자에게 법적으로 비난할 수 있는가의 문제를 논한다.

민사소송은 사인으로부터 부당해고를 당했거나 재산상 손실을 입은 경우와 같이 사인 상호 간 진행되는 절차이다. 반면 형사소송은 사인 간 다툼일지라도 살인, 강도와 같이 사안이 중대하여 국가가 법률을 통해 강제로 형벌을 부과하는 절차로서 검사가 원고, 가해혐의자는 피고가 된다. 행정구제는 행정청이 위법 부당한 처분을 내려 권리가 침해된 경우 진행되는 절차로 그 상대방은 국가이다. 행정구제는 국가행위의 취소나 그로 인한 손해를 전보받는 절차이다. 한편 위헌법률로 인권이 침해되는 경우나, 공권력으로 인권이 침해되었으나 법원에 의해 권리가 구제될 가능성이 없는 경우 각각 위헌법률심판과 헌법소원심판이라는 헌법소송제도가 마련되어 있다.

벌이란 무엇인가?

(1) 죄를 지으면 벌을 받는데, 벌 받은 사람은 착해지는가? 형벌의 목적을 이야기할 때, 복수라는 개념이 빠지지 않는다. 형벌의 목적이 단지 복수만을 위한 것이라면, 하나 더 짚어 볼 것은 과연 국가가 피해자를 대신하여 복수하는 것이 타당한가? 누구를 위한 복수인가? 형벌의 목적은 재사회화를 통한 예방도 강조된다. 사형이 범죄예방에 효과가 있는가? 형벌이 무거울수록, 제재가 강화될수록 범죄가 줄어드는가? 오히려 잘못된 수사나 오판 때문에 억울하게 사형당하는 경우는 없을까?

'형의 집행 및 수용자의 처우에 관한 법률'(수용자처우법)은 '교정교화와 건전한 사회복귀를 도모'한다고 밝히고 있다.

여기서 말하는 사회복귀는 옥살이를 다 했다고 그저 감옥에서 사회로 내보내는 것을 말하는 것은 아니다. 사회에 복귀하여 다시는 죄짓지 않고 평범한 일상생활을 꾀할 수 있도록 한다는 재사회화(resocialization)의 의미를 담고 있다.

재사회화는 사회화(socialization)라는 개념에서 출발한다. 두 가지 관점에서 사회화의 의미를 새길 수 있다. 첫째, 인간화 과정이다. 둘째, 한 인간이 그가 속한 집단의 규범, 가치관, 또는 행위유형 등을 배우고 익히는 과정이다.

첫 번째 의미의 사회화는 모든 사람들은 태어나 자라나는 과정에서 (가족구성원에서 사회구성원으로) 사회화되었으므로, 범죄자를 대상으로 하는 교정 영역에서 의미 있는 개념은 두 번째 의미의 사회화다. 따라서 재사회화는 이미 사회화된 사람들을 전제로 한다. 그렇다면 범죄자는 이러한 사회화 과정이 불충분했거나 잘못 이루어진 경우이다. 그들은 교정 과정을 통해 사회화를 보충하거나 수정해야 한다. 이러한 관점에서 수용자 처우법은 교정교화와 건전한 사회복귀, 즉 재사회화를 그 목적으로 삼고 있다.

(2) 형법이 규정하고 있는 형벌은 사형, 징역, 금고, 자격상실, 자격정지, 벌금, 구류, 과료, 몰수가 있다. 이러한 형벌은 박탈되는 법익의 종류에 따라 생명형, 자유형, 재산형 및 명예형으로 나눌 수 있고, 그 구분에 따르면 사형은 생명형, 징역·금고 및 구류는 자유형, 벌금·과료·몰수는 재산형, 자격상실과 자격정지는 명예형에 속한다.

형벌 외에 보안처분이 있다. 형벌은 응보를 본질로 하고, 책임원칙에 따르면서 일반예방의 목적과 특별예방의 목적을 가진다. 그러나 응보적 책임형벌만으로는 사회의 변화에 따른 범죄의 다양화 및 누범과 상습범을 비롯하여 책임능력을 결한 자, 알코올 또는 마약중독자와 같이 형벌의 위하와 개선 효과를 기대할 수 없는 범죄인에게는 제재수단으로서 한계가 있다. 따라서 행위자의 사회적 위험성으로부터 사회를 방위하기 위한 새로운 제재가 요구되었으며, 형벌 이외의 형사제재수단으로 제시된 것이 보안처분이다.

형벌은 과거의 범죄행위에 대한 제재수단으로 이에는 책임주의의 원칙이 적용되지만, 보안처분은 범죄행위에서 나타난 행위자의 장래 위험성에 의하여 과해지는 점에서 비례성의 원칙이 적용된다는 본질적 차이가 있다.

피의자, 피고인, 피해자 등

피의자, 피고인, 피해자 등의 용어정리가 필요하다. 피고인(被告人)은 형사절차에서 검사에 의하여 형사 책임을 져야 할 자로 공소제기를 받은 사람을 말한다. 피의자(被疑者)는 범죄를 저질렀다는 혐의로 현재 수사기관의 수사를 받는 자로서 아직 공소제기가 되지 아니한 사람을 말한다. 한편 법원의 확정판결로 교도소 등에서 형벌을 받는 사람을 수형자(受刑者)라 한다. 피의자는 공소제기로 피고인이 되고, 피고인은 형의 확정으로 수형자가 된다. 미결 수용자와 수형자를 일반적으로 통칭해서 재소자(在所者)라 부르며, 수용자(收容者)라고도 한다.

범죄자(犯罪者)는 범죄를 저지른 사람이다. 범죄인(犯罪人)이란 용어와 같이 사용하는데, 범죄행위의 주체가 되는 자연인을 말한다. 행위자(行爲者)란 어떤 일을 하는 사람이란 뜻이다. 형사법에서 범죄 또는 개별범죄구성요건의 행위를 저지른 사람을 말한다. 가해자라고도 한다. 가해자(加害者)는 다른 사람의 생명이나 신체, 재산, 명예 따위에 해를 끼친 사람을 뜻한다. 피해자는 자신의 생명이나 신체, 재산, 명예 따위에 침해나 위협을 받은 사람을 말한다. 가해자에 대응하는 개념이다. 한편 성폭력범죄 피해자나 페미니즘의 영역에서는 피해를 당한 이후에 여러 어려움 속에서 목숨을 잃지 않고 또는 목숨을 포기하지 않고 살아남은 것만으로도 존중받아야 한다는 의미에서 생존자(生存者)를 이야기한다. 이때 피해자는 아직 생존자로서 정체감을 느끼지 못하는 경우의 사람이라고도 이해할 수 있다.

실체 진실의 발견

범죄가 발생한 경우 그 범죄를 저지른 사람을 발견하고 범죄의 증거를 찾고 그 혐의를 밝히기 위한 수사가 진행되며, 범죄 혐의가 있다고 인정되면 법원에서 죄의 사실을 놓고 심판하여 형을 선고하며, 그리고 그 형을 집행하는 순서로 형사절차가 진행된다.

민사소송은 당사자 간의 자율적 분쟁 처리를 이상으로 삼는다. 그러나 형사소송은 당사자의 주장과 제출된 증거에 구애받지 않고 실체적 진실을 발견하는 것을 목적으로 한다. 실체적 진실을 발견하기 위한 노력은 궁극적으로는 죄 없는 자를 처벌해서는 안 된다는 이념에 이바지하지만, 반면 죄 있는 자를 빠짐없이 벌하고자 하는 의도로 인하여 피의자와 피고인의 인권을 침해할 가능성이 커진다. 이러한 부작용을 막기 위해 적정절차의 원칙이 지켜져야 한다. 또한, 실체진실의 발견을 위한 형사재판은 신속하게 이루어져야 한다.

이러한 의미에서 형사소송의 목적은 적정한 절차에 의하여 정당한 판결을 꾀하는 데 있다고 할 수 있고, 실체진실주의와 적정절차, 그리고 신속한 재판의 원칙은 형사소송의 기본 원리로 등장하게 된다.

수사와 수사기관

수사와 재판은 기본적으로 인권 침해의 문제가 따른다. 그래서 헌법은 누구든지 법률에 의하지 아니하고는 체포, 구속, 압수, 수색 또는 심문을 받지 아니하며 법률과 적법한 절차에 따라 처벌을 할 수 있다고 규정하고 있다(헌법 제12조 제1항).

형의 확정판결을 받고 교정시설에 수용 중인 수형자도 교정처우를 통하여 이들을 재사회화할 수 있다면 그만큼 재범을 줄일 수 있다는 생각에 그 처우는 자유 박탈의 여부를 불문하고 인간의 존엄성을 해하지 않는 범위 내에서 꾀하도록 하고 있다. 법 앞의 평등이라는 헌법의 기본이념에 따라 법의 불평등한 적용과 불합리한 차별을 금지하고, 구금처우의 과정에서 일어날 수 있는 인권 침해를 방지하여 수형자의 권리를 보호하고 있다.

수사는 범죄사건에 관하여 공소제기 여부를 결정하기 위하여 또는 공소를 제기하고 이를 유지 및 수행하기 위한 준비로서 범죄사실을 조사하고 범인 및 증거를 발견·수집·보전하는 수사기관의 일련의 활동을 말한다. 이러한 수사 활동이 진행되는 과정을 수사절차라고 한다. 따라서 아직 범죄 혐의가 있다고 판단되지 아니한 단계에서 행해지는 활동은 수사라고

할 수 없다.

수사기관이란 법률상으로 수사 권한이 인정된 국가기관을 말한다. 이에는 검사와 사법경찰관리가 있다. 현행법상 검사는 범죄수사에 있어서 수사의 주체이며, 모든 수사의 최종 책임자가 된다. 사법경찰관리는 검사의 지휘를 받아 수사 또는 그 보조를 한다.

임의수사와 강제수사

(1) 수사의 방법에는 임의수사와 강제수사가 있다. 임의수사가 원칙이며, 강제수사는 법률에 규정된 경우에 한하여 허용된다.

수사기관은 수사에 필요한 때에는 피의자 출석을 요구하여 그로부터 진술을 들을 수 있다. 이를 피의자신문이라 한다. 피의자신문에서 피의자는 출석의무가 없다. 즉 출석을 거부할 수 있고, 출석한 때에도 언제나 나올 수 있다. 그러나 피의자가 죄를 범하였다고 의심할 만한 상당한 이유가 있고, 정당한 이유 없이 피의자가 출석요구에 응하지 아니하거나 응하지 아니할 우려가 있는 때에는 검사는 관할 지방법원판사에게 청구하여 체포영장을 발부 받아 피의자를 체포할 수 있다.

피의자를 신문하기 전에 피의자에게 일체의 진술을 하지 아니하거나 개개의 질문에 대하여 진술을 하지 아니할 수 있다는 것, 진술을 하지 아니하더라도 불이익을 받지 아니한다는 것, 진술을 거부할 권리를 포기하고 행한 진술은 법정에서 유죄의 증거로 사용될 수 있다는 것, 신문을 받을 때에는 변호인을 참여하게 하는 등 변호인의 조력을 받을 수 있다는 것을 알려주어야 한다.

수사기관은 피의자에게 진술을 거부할 권리와 변호인의 조력을 받을 권리를 행사할 것인지를 묻고, 이에 대한 피의자 답변을 조서에 기재하여야 한다. 이때 피의자 답변은 피의자에게 자필로 기재하게 하거나 검사나 사법경찰관이 피의자 답변을 기재한 부분에 기명날인하거나 서명하게 하여야 한다. 진술거부권을 알리지 않고 이루어진 피의자신문조서는 증거능력이 없다.

피의자신문이라 하여 조사과정에서 이루어지는 기록은 진술의 임의성과 조서작성 절차의 적법성을 판단하는 중요한 자료로서 의미가 있다. 피의자신문은 피의자의 임의의 진술을 듣는다는 점에서 임의수사이지만, 수사과정에서 자백을 얻기 위해 직권을 남용할 우려가 있을 수 있어서 법적 규제에 따라야 한다. 피의자신문 이전에 진술거부권을 알려주도록 하고, 변호인의 참여를 보장하여야 하며, 고문 등 기타 임의성에 의심이 있는 자백은 증거능력을 부정하는 등 피의자신문에 대한 사전적·사후적 규제가 그것이다.

(2) 인권에 중대한 침해가 우려되기 때문에 강제수사에서는 강제처분법 정주의, 영장주의의 원칙, 비례성의 원칙 등이 엄격히 지켜져야 한다.

피의자나 피고인의 인신을 제한하는 제도로는 크게 체포와 구속이 있다. 체포는 상당한 범죄혐의가 있고 체포사유가 존재할 때, 구속에 선행하여 사전영장을 받아 일정한 시간 피의자의 자유를 빼앗는 수사처분이다. 체포 요건은 죄를 범하였다고 의심할만한 충분한 이유가 있어야 하며, 정당한 이유 없이 수사기관의 피의자신문을 위한 출석요구에 응하지 아니하거나 응하지 아니할 우려가 있는 경우이다.

체포한 피의자를 구속하고자 할 때에는 체포한 때부터 48시간 이내에 구속영장을 청구하여야 하고, 그 기간 내에 구속영장을 청구하지 아니하는 때에는 피의자를 즉시 석방하여야 한다. 구속은 형사절차를 관철시키기 위하여 법원이나 판사가 피의자나 피고인의 신체자유를 제한하는 강제처분이다. 구속영장을 발부받기 위한 요건은 우선 범죄혐의가 인정되어야 하며, 아울러 피의자나 피고인이 일정한 주거지가 없는 때, 증거를 인멸할 염려가 있는 때, 도망 또는 도망할 염려가 있는 때이다.

인신구속에 대한 통제장치

(1) 체포나 구속된 피의자 또는 피고인은 법원으로부터 체포나 구속이 과연 필요한가에 대한 심사를 받을 수 있다. 이를 체포·구속적부심사제도라 한다.

체포 또는 구속된 피의자, 그리고 그 변호인, 법정대리인, 배우자, 직계친족, 형제자매나 가족, 동거인 또는 고용주는 관할법원에 체포나 구속의 적부심사를 청구할 수 있으며, 법원은 체포 또는 구속적부심사 청구서가 접수된 때부터 48시간 이내에 체포 또는 구속된 피의자를 심문하고 수사 관계서류와 증거물을 조사하여 그 청구가 이유 없다고 인정한 때에는 결정으로 이를 기각하고, 이유 있다고 인정한 때에는 결정으로 체포 또는 구속된 피의자의 석방을 명한다.

한편 법원은 구속 피의자(심사청구 후 공소제기된 자를 포함)에 대하여 보증금 납입을 조건으로 석방을 명할 수 있다, 이를 보증금납입조건부 피의자 석방제도라 한다. 그러나 죄증을 인멸할 염려가 있다고 믿을만한 충분한 이유가 있는 때, 피해자, 당해 사건의 재판에 필요한 사실을 알고 있다고 인정되는 자 또는 그 친족의 생명 또는 신체나 재산에 해를 가하거나 가할 염려가 있다고 믿을만한 충분한 이유가 있는 때에는 보증금납입조건부 피의자석방을 할 수 없다. 보증금납입조건부 피의자석방의 경우에 주거의 제한, 법원 또는 검사가 지정하는 일시·장소에 출석할 의무를 비롯하여 기타 적당한 조건을 부가할 수 있다.

(2) 피고인, 피고인의 변호인, 법정대리인, 배우자, 직계친족, 형제자매, 가족, 동거인 또는 고용주는 구속 피고인의 보석(保釋)을 법원에 청구할 수 있다. 이를 보석제도라 한다. 보석은 기소 후에 청구한다는 점에서 기소 전에 청구하는 체포·구속적부심과 다르다. 보석에 대하여 형사소송법은 피고인을 원칙으로 하면서 피의자까지 확대하여 인정하고 있다.

피의자나 피고인은 구속되어도 유죄판결이 확정될 때까지는 무죄로 추정한다. 따라서 재판이 장기화될 경우 구속된 자의 고통은 클 것이기에, 법원은 피의자나 피고인이 재판 때마다 출석하는 것이 보장된다면 굳이 구속을 할 이유가 없다. 구속되었다가 풀려나면 바로 생업에 종사할 수 있고, 불구속 상태에서 준비하면서 재판에 임할 수 있다는 점이 보석제도의 장점이다.

접견교통권

체포나 구속된 피의자는 변호인이나 가족, 친지 등과 접견하고 서류나 물건을 수수하며 의사의 진료를 받을 수 있는 권리가 있다. 이를 접견교통권이라 한다. 체포나 구속된 피고인 또는 피의자의 변호인 조력을 받을 권리는 헌법에서 보장하고 있는 기본적 인권이다.

형사소송법은 체포나 구속된 피고인 또는 피의자의 변호인과의 접견교통권을 제한 없이 보장한다. 그러나 변호인 아닌 다른 사람과의 접견은 법률이 정한 범위에서 인정하고, 이에 대한 법적 제한을 규정하고 있다.

접견교통권을 침해한 경우의 구제 수단으로는 항고와 준항고 및 증거능력의 배제 등이 있다. 법원의 접견교통제한 결정에 불복이 있는 때에는 항고할 수 있고, 수사기관의 접견교통권의 제한은 준항고로 취소나 변경을 청구할 수 있다. 교도소나 구치소에 의한 접견교통권의 침해는 행정소송이나 국가배상의 방법으로 구제받을 수 있다.

수사의 종결

검사는 사법경찰관으로부터 송치받은 사건이나 고소, 고발 또는 직접 인지 등으로 수사한 사건에 대하여 피의자가 재판을 받는 것이 마땅하다고 판단되면, 이를 법원에 회부한다. 이를 공소제기(기소)라 한다. 검사에 의하여 기소된 사람을 피고인이라 한다.

검사가 수사한 결과 공소제기를 하지 아니하고 사건을 종결할 수 있다. 이를 불기소처분이라고 한다. 불기소처분에는 혐의 없음, 죄가 안 됨, 공소권 없음, 기소중지, 기소유예 등이 있다.

검사의 불기소처분에 불복이 있는 때는 재정신청을 할 수 있다. 재정신청은 기소독점주의의 한계를 극복하기 위해 검찰의 잘못된 불기소 결정을 바로잡기 위한 제도이다. 검사가 이해관계가 있거나 친분이 있는 사람들, 공무원, 권력자 등을 수사하는 경우, 자신의 의사 또는 상급자의 의사에 따라 기소하지 않을 수 있다. 재정신청은 이런 경우를 방지하기 위해 법원에 기소를 강제할 수 있는 권한을 주는 것이다.

형사재판

검사의 기소로 법원은 해당 사건을 심리하고 재판하며, 검사와 피고인 당사자는 변론하는 재판절차가 진행된다. 통상 제1심의 공판절차는 모두절차와 사실심리절차, 판결선고절차의 순서로 진행된다.

(1) 모두절차는 진술거부권의 고지부터 시작한다. 즉, 재판장은 인정신문을 하기 전에 피고인에게 진술을 하지 아니하거나 개개의 질문에 대하여 진술을 거부할 수 있다는 사실을 알려주어야 한다(형사소송법 제283조의2 제2항). 진술거부권을 고지한 이후 재판장은 피고인의 성명, 연령, 등록기준지, 주거와 직업을 물어서 공소장의 피고인과 같은가를 확인하여야 한다. 이를 인정신문이라 한다. 인정신문에 이어 검사는 공소장의 공소사실, 죄명, 적용 법조를 낭독하여야 한다. 검사의 모두진술이 끝난 뒤에 피고인은 진술거부권을 행사하는 경우를 제외하고는 공소사실의 인정 여부를 진술하여야 한다. 재판장은 피고인에게 공소사실을 인정하는지를 물어야 한다. 공소사실의 인정 여부를 진술한 후에 피고인 및 변호인은 공소에 관한 의견, 그 밖의 이익이 되는 사실 등을 진술할 수 있다. 재판장은 피고인의

모두진술이 끝난 다음에 피고인 또는 변호인에게 쟁점의 정리를 위하여 필요한 질문을 할 수 있다. 또한 재판장은 증거조사를 하기에 앞서 검사 및 변호인으로 하여금 공소사실 등의 증명과 관련된 주장 및 입증계획 등을 진술하게 할 수 있다.

(2) 사실심리절차는 증거조사로 시작한다. 증거조사란 법원이 피고사건의 사실인정과 형의 양정에 관한 심증을 얻기 위하여 인증, 서증, 물증 등 각종 증거방법을 조사하여 그 내용을 감지하는 행위이다. 증거조사는 피고사건에 대한 법원의 심증을 얻기 위하여 행하는 것이지만, 당사자에 대하여는 증거의 내용을 알게 하여 공격과 방어의 기회를 주게 하는 기능을 가진다. 소송법상 피고인은 당사자로서의 지위뿐만 아니라 증거방법으로서의 지위를 가지고 있기 때문에 피고인에 대하여 공소사실과 그 정상에 관한 필요한 사항을 물어 조사한다. 검사와 변호인은 증거조사 종료 후에 순차적으로 피고인을 신문할 수 있다. 재판장은 필요한 때에는 증거조사를 진행하는 도중이라도 피고인신문을 허가할 수 있다. 증거조사가 끝나면 당사자의 의견진술이 있다. 검사는 사실과 법률적용에 관하여 의견진술, 형의 양정에 관한 의견, 즉 구형(求刑)을 한다. 검사의 의견진술이 끝난 후 변호인과 피고인에게 최후진술의 기회를 준다.

(3) 공판절차의 마지막 단계는 판결선고절차이다. 판결의 선고는 변론을 종결한 날에 한다. 그러나 특별한 사정이 있는 때에는 따로 선고기일을 정할 수 있고, 이 경우 선고기일은 변론종결 후 14일 이내로 한다. 판결은 재판장이 공판정에서 재판서에 의하며 선고한다. 재판장은 주문을 낭독하고 이유의 요지를 설명하여야 한다. 형을 선고할 때 재판장은 피고인에게 상소기간과 상소할 법원을 알려주어야 한다. 판결의 선고에 의하여 당해 심급의 공판절차는 종결된다.

형사절차와 인권보호장치

(1) 범죄를 저질렀다는 혐의를 받아 구속되었다가 법원에서 무죄판결을 받은 경우, 구속되었던 기간에 대한 보상을 받을 수 있다. 이를 형사보상 제도라고 한다.

헌법 제28조는 "형사피의자 또는 형사피고인으로서 구금되었던 자가 법률이 정하는 불기소처분을 받거나 무죄판결을 받은 때에는 법률이 정하는 바에 의하여 국가에 정당한 보상을 청구할 수 있다."라고 규정하고 있다. 헌법의 형사보상 규정에 따라 형사보상 및 명예회복에 관한 법률은 무죄재판 등을 받은 사람에 대한 형사보상과 명예회복을 위한 방법 및 절차를 규정하고 있다.

형사보상 청구는 무죄재판이 확정된 사실을 안 날부터 3년, 무죄재판이 확정된 때부터 5년 이내에 하여야 한다. 법원은 보상청구가 이유 있을 때 보상결정을 한다. 보상결정이 송달된 후 2년 이내에 보상금 지급청구를 하지 아니할 때에는 권리를 상실한다.

피의자도 보상을 받을 수 있다. 피의자로서 구금되었던 자 중 검사로부터 공소를 제기하지 아니하는 처분을 받은 자는 국가에 대하여 그 구금에 대한 보상을 청구할 수 있다. 이를 피의자보상이라 한다.

무죄재판을 받아 확정된 사건의 피고인은 무죄재판이 확정된 때부터 3년 이내에 확정된 무죄재판사건의 재판서를 법무부 인터넷 홈페이지에 게재하도록 해당 사건을 기소한 검사가 소속된 지방검찰청에 청구하여 명예를 회복할 수 있다.

(2) 사람의 생명 또는 신체를 해하는 범죄행위로 인하여 사망하거나 중한 상해를 당하고도 가해자를 알 수 없거나, 가해자에게 아무런 경제력이 없는 관계로 피해의 전부 또는 일부를 보상받지 못하고, 그 생계유지가 곤란한 사정이 있는 때에는 국가에서 피해자 또는 유족에게 일정한 한도 내

에서 구조금을 지급하는 제도가 범죄피해자구조제도이다.

(3) 자신의 권리가 침해된 경우에 그 권리를 구제받기 위해서는 반드시 재판절차를 통하여 해결하도록 되어 있다. 그러나 현실적으로 재판을 하려면 비용과 시일이 소요되고 또한 법에 대한 지식이 없는 경우에는 변호사까지 선임하여야 하므로 생활이 어려운 처지에 있는 사람들은 자신의 정당한 권리를 침해당하고도 재판절차를 이용하지 못하는 경우도 있다. 이에 이러한 자들을 위하여 재판에 필요한 소송비용을 대신 내주고 또한 변호사도 선임하여 재판을 대신하게 함으로써 법의 보호를 받을 수 있도록 하는 제도가 법률구조제도이다.

법률구조를 받고자 하는 경우에는 각 법률구조공단지부나 출장소에 구두 또는 서면으로 신청하면 된다. 신청인의 주장에 대하여 사실조사를 한 다음, 구조의 필요성 및 피해가 인정되면 즉시 변호사를 선임하여 소송을 제기토록 한다. 신청인이 피해를 완전히 구제받게 되면 신청인을 위하여 지급되었던 소송비용은 상환하여야 한다.

2. 개인 간의 다툼과 민사절차

어떠한 법익이나 권리침해 등을 당했을 때, 그것이 민사사건으로 해결할 것인지 아니면 형사사건으로 해결하는 것인지 문제가 제기될 수 있다. 민사사건은 당사자 사이에 재산권이나 신분권의 발생·변동·소멸에 대하여 다투는 사건으로, 대상자에게 국가가 형벌을 줄 것인가를 가리는 형사사건과는 다르다.

민사소송의 유형, 전제 개념의 정리

(1) 민사소송은 개인 상호 간의 생활 관계에서 생기는 법률상의 분쟁과 이해의 충돌을 국가의 재판권에 의해 강제적으로 해결하는 절차이다. 분쟁을 공권력에 의해 강제적으로 해결한다는 점에서 자치적 분쟁 해결방식인 화해, 조정, 중재 등과 구별된다.

민사소송절차는 크게 판결절차와 강제집행절차가 있다. 판결절차는 소의 제기로 시작하여 종국판결로 마치는 재판절차를 말한다. 법원은 삼심제도, 즉 크게 세 번의 재판절차를 진행한다. 1심 재판, 2심 재판, 3심 재판이란 것이 그것이다. 원칙적으로 지방법원이 제1심, 고등법원이 제2심, 대법원이 제3심이 된다. 종국판결은 해당 심급에서 완결하는 판결을 말한다.

강제집행절차는 판결로 확정된 내용을 채무자가 스스로 이행하지 않을 때 국가권력을 통해 원고의 권리를 강제로 실현하는 절차이다. 판결절차의 진행 중 채무자가 재산을 빼돌려 판결받더라도 자신의 채권을 실현할 수 없는 경우를 막기 위해 판결 이후의 집행을 보전하는 처분도 필요하다. 이러한 절차로 가압류, 가처분이 있다.

(2) 민사소송절차는 당사자가 소를 제기하면서 시작한다. 당사자란 민사소송에서, 소송의 주체가 되는 사람을 말한다. 제1심 판결절차에서는 원고·피고, 제2심에서는 항소인·피항소인, 제3심에서는 상고인·피상고인이라 불린다. 한편 강제집행절차 따위에서는 채권자·채무자이다.

소송은 당사자로서 소송능력이 있어야 한다. 소송능력은 스스로 유효한 소송 행위를 하고 상대편이나 법원의 소송 행위를 받을 수 있는 능력을 이른다.

소송을 진행하는 데 있어서 원고나 피고 따위의 소송 당사자가 될 수 있는 법적인 능력을 당사자능력이라 한다. 형사절차에서는 피고인이 될 수 있는 자격을 말한다. 또한, 소송은 소송 당사자로서 소송을 벌이고 판결을 받을 수 있는 자격을 갖춰야 한다. 이를 당사자적격이라 한다. 당사자적격이 없는 사람이 받은 판결은 무효가 되고, 소송 계속(係屬) 후에 당사자적격이 상실되었을 때에는 당사자적격을 가지는 사람이 소송을 이어가야 하며, 그러한 사람이 없는 경우에 법원은 그 소송에 대하여 각하 판결을 한다.

(3) 원고가 제기하는 소는 그 성질이나 내용에 따라서 '이행의 소', '확인의 소', '형성의 소'로 구분한다. 이행의 소는 원고가 피고에게 일정한 의무를 이행하라고 청구하는 소송을 말한다. 예를 들어, 원고의 상대방인 피고에게 법원이 금전의 지급이나 물건의 인도 등 이행명령을 선언해 달라는 것이다. 확인의 소는 "甲은 乙의 친자임을 확인한다."라는 판결과 같이 당사자 사이에 권리나 법률관계가 있는지 없는지에 대해 확인해 달라는 소송을 말한다. 이행의 소와는 달리 확인판결을 가지고 강제집행을 할 수는 없다. 형성의 소는 기존 법률관계의 변경이나 새로운 법률관계의 발생을 청구하는 것이다. "甲과 乙은 이혼한다."라는 판결처럼 판결이 확정되면 그 판결로 인해 법률관계가 발생·변경·소멸하는 효력이 생긴다.

민사절차의 진행

(1) 원고가 제1심법원에 소장을 제출하면서 민사절차는 시작한다. 소장(訴狀)이란 법률 소송을 제기하기 위하여 법원에 제출하는 서류를 말한다. 소장에는 원고, 피고의 당사자와 법정대리인의 표시, 청구취지, 청구원인 등을 기재한다. 청구취지는 원고가 소로써 구하는 법률효과의 내용과 범위를 특정하여 기재하되, 의무이행을 원하는지, 확인을 구하는지 등을 밝힌다. 재산권에 대한 민사소송은 원칙적으로 피고가 자연인이면 그 주소가 있는 법원에 소송을 제기하고, 법인이나 그 밖의 단체는 주된 사무소 또는 영업소가 있는 주소지 법원에 소장을 제출해야 한다.

(2) 소장을 제출받은 수소법원은 먼저 자신에게 관할권이 있는지를 판단하여야 한다. 아울러 당사자능력, 당사자적격, 소송능력, 권리보호의 자격과 권리보호의 이익 등이 있는가를 판단한다. 수소법원이 관할법원이 아니라면 관할권 있는 법원으로 이송한다. 그 밖의 소송 요건이 갖춰져 있지 않으면 당사자에게 보정을 명하고 보정에 불응하면 그 소는 부적법하다고 하여 소각하판결을 한다.

당사자는 변론을 통해 자신의 주장을 알리고 상대방의 주장을 반박한다. 소위 당사자의 공격과 방어는 서면으로 작성하여 미리 법원에 제출하고 그 내용을 상대방에게 보낸다. 이를 준비서면교환제도라 한다. 변론기일에 법원에 출석하지 않으면 출석한 쪽이 주장하는 사실을 자백한 것으로 간주하며, 쌍방이 출석하지 않으면 소의 취하로 의제한다. 따라서 사정이 있어 출석할 수 없을 때는 상대방의 주장을 부인하는 답변서를 제출하는 등의 조처를 해야 한다.

심판의 대상은 원고가 특정하여야 한다. 이를 당사자처분권주의라 하며, 법원은 당사자가 신청하지 아니한 사항에 대하여 판결할 수 없고, 원고가 청구한 범위를 넘어서서 승소 판결을 할 수도 없다. 소송자료인 사실과 증거를 수집·제출하는 책임은 당사자에 있고 법원은 소송자료만을 재판의 기초로 삼아야 한다. 소송에 필요한 자료는 필요한 때마다 수시로 제출할 수 있다.

(3) 법원이 종국판결을 내리면 소송은 종료한다. 또한, 원고가 소를 취하하거나 청구를 포기하는 경우, 피고가 청구를 이유 있다고 인정하는 인낙, 그리고 원고와 피고가 서로 양보하여 타협하는 소송상의 화해에 의해서도 소송은 종료한다.

소송에서 패한 당사자는 상소할 수 있다. 상소심에서는 상소인이 불복한 범위 내에서 재판한다. 법원은 한 당사자만이 상소했으면 그 당사자에게 하급법원의 재판보다 더 불리한 재판을 하여서는 안 되고, 상소인이 불복한 범위를 넘어서 그보다 더 유리한 재판을 하여서도 안 된다. 제1심판결에 대한 불복으로 진행되는 항소심에서는 새로운 공격과 방어의 방법을 제출할 수 있으나, 항소심에 대한 상소인 상고심에서는 항소심 재판에 법률적인 잘못이 있는지만 다툴 수 있다.

판결이 확정되었다는 것은 모든 법원 절차를 통틀어 더는 다툴 수 없게 된 경우를 말한다. 그러나 판결이 확정된 경우에도 중대한 하자가 있을 때는 이를 취소하고 다시 재판할 수 있다. 이를 재심이라고 한다. 판결법원이 잘못 구성되었다거나. 재판에 관여해서는 안 되는 법관이 관여했다거나, 위조된 문서가 판결의 증거가 되었다거나 중요한 사항에 관해 판단이 행해지지 않았다거나 하는 때가 그러하다.

확정판결이나 인낙, 화해조서, 지급명령 등에서 확정된 권리가 있음에도 불구하고 피고가 자발적으로 지급하지 않는 경우 국가의 강제력에 의해 강제집행절차가 진행된다. 일반적으로 채권의 강제집행신청이 있으면, 집행관과 집행이 시행되는 지역을 담당하는 지방법원 또는 지원의 단독판사인 집행법원은, 목적물을 압류하고 경매 등을 통해 돈으로 바꾼 다음 변제와 배당절차를 거쳐 집행을 종료한다.

민사조정제도

민사조정이란 민사에 관한 분쟁을 조정 담당 판사 또는 법원에 설치된 조정위원회가 간단한 절차에 따라 분쟁의 당사자로부터 각자의 주장을 듣고 서로 합의하도록 주선하고 권고하여 화해에 이르게 하는 절차이다. 분쟁 당사자가 조정신청을 하거나 소송사건을 심리하고 있는 판사가 직권으로 조정에 넘길 수 있다.

당사자 사이에 합의가 이루어지면 그 내용을 조서에 기재하면서 조정이 성립한다. 당사자의 합의 내용이 상당하지 아니한 경우에는 조정 담당

판사 또는 조정위원회가 합의를 무시하고 조정이 성립되지 아니한 것으로 하여 사건을 종결하거나 합의 내용과 다른 내용으로 조정에 갈음하는 결정을 할 수도 있다. 조정이 성립되지 못한 때는 소송절차로 넘어간다. 이 경우에는 조정신청을 한 때에 소가 제기된 것으로 처리된다. 조정이 성립되거나, 조정에 갈음하는 결정에 대해 이의신청이 없거나 이의신청에 대한 각하결정이 확정되면 그 조정 또는 결정은 재판상 화해와 같은 효력이 있다. 조정이 성립되었음에도 상대방이 의무를 이행하지 아니하는 경우 확정판결과 마찬가지로 강제집행을 할 수 있다.

기타 민사 관련 제도

(1) 거래를 할 때, 증거를 보전하고 권리자의 권리실행을 쉽게 하기 위하여 특정한 사실이나 법률관계의 존재 여부를 증명할 필요가 있다. 이를 공증이라 한다.

공증제도를 이용하면 분쟁의 발생도 줄일 수 있고 분쟁이 발생해도 공증받은 자료는 효과적인 증거로 활용할 수 있으며, 재판절차를 거치지 않고 간편하게 권리를 실행할 수도 있다. 공증은 공증인가를 받은 합동법률사무소와 법무법인 또는 임명된 공증인의 사무실에서 할 수 있고 그런 곳이 전혀 없는 지역은 검찰청에서도 할 수 있다.

(2) 우체국에서 우편물의 내용을 서면으로 증명해 주는 제도로 내용증명이 있다. 발송인이 수취인에게 어떤 내용의 문서를 언제 발송하였다는 사실을 우체국에서 공적으로 증명하는 등기 취급 우편제도이다. 주로 개인 상호 간의 채권 채무 관계를 명확히 하고자 할 때 손쉽게 이용할 수 있다. 상대방에게 알리고자 하는 내용을 육하원칙에 따라 작성한 다음, 원본과 복사한 등본 2부를 우체국 접수창구에 제출하면 된다.

3. 사법절차와 인권 관련 문제

영장주의

(1) 공적이든 사적이든, 인신구속은 가장 선명한 권력 작용이자 위력 행사다. 주인은 종을 맘대로 감금했고, 국가권력은 특별한 절차 없이 백성을 구속했다. 삼권분립과 법치주의 원칙이 확립되기 전에는, 사법은 행정의 일부였고 재판은 수사와 분리되지 않았다.

옛날 지방관아 마당에서는 "네 죄를 네가 알렷다" "저놈이 바른말 할 때까지 매우 쳐라"라는 수령의 목소리가 흔히 들렸다. 형벌은 죄의 대가였고, 구속과 고문은 혐의의 대가였다. 억울하게 고문당했더라도 혐의가 풀리기만 하면, 그것으로 천지신명에게 감사해하는 것이 권력을 대하는 보통 사람의 바른 자세였다. 옛날에는 그랬다.

그저 혐의(嫌疑)만으로도 유죄로 단정하는 태도는 역사적 연원이 매우 깊다. 푸코(Paul-Michel Foucault)는 중세사회에서의 용의자에 대한 고문은 '의심받을 짓'에 상응한 대가로서 '벌'이라는 의미를 이야기했다. 루쉰(魯迅)은 아무런 죄도 없이 끌려가 고문을 당하고서도 무죄로 석방되면 천지신명께 감사해하는 청나라 말기 중국인들의 모습을 한심하게 여겼다.

1895년 3월 25일, 조선은 '재판소구성법'(裁判所構成法)을 제정·공포하여,[18] 사법권을 행정권에서 분리했다. 그러나 수사와 사법 관행은 쉽게 바뀌지 않았다. 조선의 악습을 타파하고 시정(施政)을 개선하겠다고 공언한 조선총독부도 권력에 일방적으로 유리한 관행을 그대로 유지했다. 구속영장제도는 1954년 제정된 형사소송법에서 도입되었다.

---

18 http://encykorea.aks.ac.kr/Contents/Index?contents_id=E0049064/

(2) 헌법 제12조는 체포, 구속, 압수 또는 수색을 할 때는 적법한 절차에 따라 검사의 신청에 따라 법관이 발부한 영장을 제시하여야 하며, 다만 현행범인인 경우와 장기 3년 이상의 형에 해당하는 죄를 범하고 도피 또는 증거인멸의 염려가 있을 때는 사후에 영장을 청구할 수 있다고 규정하고 있다. 법원 또는 법관이 발부한 적법한 영장에 의하지 않으면 형사절차의 강제처분을 할 수 없다는 원칙이 영장주의이다.

신체의 자유를 보장하기 위한 가장 오래되고 중요한 장치가 영장주의다. 수사기관이 범인으로 의심이 되는 사람(피의자)의 신체의 자유를 제한하거나 범죄와 관련된 물건이나 장소를 압수 또는 수색하고자 할 때는 자기 마음대로 할 수 있는 게 아니라 반드시 법관이 발부한 영장이 필요하다. 만약 영장제도가 없거나 남용 또는 오용된다면 어떻게 될까? 수사기관은 자기 마음에 안 드는 사람이 있으면 그가 실제로 죄가 있건 없건 마음대로 잡아들일 수 있다. 그러나 영장제도가 있어서 그러한 일을 막아준다.

(3) 영장은 체포영장, 구속영장, 압수수색영장이 있다. 영장에는 체포와 구속의 대상자, 압수의 목적물과 수색 대상인 장소가 구체적으로 명시되어야 한다. 구체적 사항이 명시되지 않은 영장은 효력이 없다.

피고인을 구인 또는 구금할 때에는 구속영장을 발부하여야 한다(형사소송법 제73조, 제201조 참조). 즉, 피고인과 피의자의 구속에 관하여는 영장주의의 예외를 인정하지 아니한다. 피의자의 체포도 체포영장에 의하는 것이 원칙이다(형사소송법 제200조의2). 그러나 현행범인의 체포(형사소송법 제212조, 제231조의2)와 긴급체포(형사소송법 제200조의3)의 경우에는 체포영장을 필요로 하지 않고 사후에 구속영장을 발부받으면 족하다.

긴급체포는 장기 3년 이상의 형에 해당하는 죄를 범하고 도피하거나 증거를 인멸할 가능성이 있을 때 영장 없이 체포하는 경우이다. 여기서 '긴급을 요한다'라는 의미는 피의자를 우연히 발견한 경우 등과 같이 체포영장을 받을 시간적 여유가 없는 때를 말한다(형사소송법 제203조의3 제1항 참조). 그러니까 현행범인 체포와 긴급체포는 별도의 체포영장이 필요 없으나, 피의자를 계속 가두기 위해서는 48시간 이내에 구속영장을 청구해야 한다.

법원이 하는 대물적 강제처분은 영장주의의 예외가 널리 인정된다. 공판정에서 이루어지는 압수·수색은 영장을 필요로 하지 않는다. 한편 임의제출물의 압수도 마찬가지다(형사소송법 제108조). 그러나 공판정 외에서 법원이 압수·수색을 할 때는 영장을 발부하여야 한다(형사소송법 제113조). 검사는 범죄 수사에 필요한 때에는 피의자가 죄를 범하였다고 의심할 만한 정황이 있고 해당 사건과 관계가 있다고 인정할 수 있는 것에 한정하여 지방법원 판사에게 청구하여 발부받은 영장에 의하여 압수, 수색 또는 검증을 할 수 있다(형사소송법 제215조 제1항). 사법경찰관이 범죄 수사에 필요한 때에는 피의자가 죄를 범하였다고 의심할 만한 정황이 있고 해당 사건과 관계가 있다고 인정할 수 있는 것에 한정하여 검사에게 신청하여 검사의 청구로 지방법원 판사가 발부한 영장에 의하여 압수, 수색 또는 검증을 할 수 있다(형사소송법 같은 조 제2항). 다만 압수·수색의 긴급성에 대처하기 위하여 영장을 받을 수 없는 예외적 사정이 있는 때에만 영장에 의하지 않는 압수·수색·검증을 허용하고 있다(형사소송법 제216조, 제217조 제1항 참조).

(4) 영장주의는 다음과 같은 의미를 담고 있다. 영장주의는 법관의 공정한 판단으로 수사기관에 의한 강제처분 권한의 남용을 억제하고 시민의 자유와 재산의 보장을 실현하기 위한 원칙이다. 법관의 판단에 의한 강제처분의 제한이라는 점에서 강제처분에 대한 사법 통제라고 할 수 있다. 그리고 구체적 사건에 대하여 강제처분의 적부를 심사한다는 의미에서는 구체적 판단에 의한 강제처분의 억제형식이라고 할 수 있다.

영장주의는 영장을 법원 또는 법관이 발부할 것을 요구한다. 이는 곧 수사기관은 법관이 발부한 영장에 의하여만 강제처분을 할 수 있다는 것을 말한다.

영장주의는 강제처분을 할 당시에 영장이 발부되어 있을 것을 요구한다. 즉, 사전영장이 원칙이다. 따라서 강제처분을 한 후에 영장을 발부받는 경우인 사후영장주의는 영장주의의 예외가 된다.

영장주의는 법관이 발부한 영장 내용이 특정될 것을 요구한다. 즉, 일반영장의 발부는 금지된다. 따라서 구속영장은 범죄사실과 피의자는 물론 인치 또는 구금할 장소가 특정되어야 하며(형사소송법 제75조, 제209조), 압수·수색의 대상이 특정되어야 한다(형사소송법 제114조, 제219조). 다만, 통신비밀보호법은 전기통신의 감청에 관하여는 일정 기간에 걸친 포괄적인 통신제한 조치를 허용하고 있다(통신비밀보호법 제8조 참조).

(5) 구속영장을 청구받은 판사는 영장을 발부하기 전에 반드시 피의자를 불러서 얼굴을 맞대고 심문하여 구속이 필요한지를 심사해야 한다(형사소송법 제201조의2 참조). 이를 영장실질심사(또는 구속 전 피의자심문)라고 한다.

영장실질심사와 구별해야 할 개념으로 구속적부심사가 있다. 누구든지 체포 또는 구속을 당한 때에는 적부의 심사를 법원에 청구할 권리를 가진다(헌법 제12조 제6항).

구속적부심사는 구속된 이후에 피의자 측의 청구로 구속이 적법하게 이루어졌는지, 구속이 필요한지를 판사가 심사하여 구속의 타당성이 없으면 풀어주는 제도이다.

구속된 사람은 검사가 기소하기 전에는 구속적부심사를 통해서, 그리고 검사가 기소한 뒤에는 구속의 취소나 보석을 통해서 구속에서 벗어날 수 있다. 보석이라는 것은 보증금을 받거나 보증인을 세우고 형사피고인을 풀어주는 것을 말한다.

영장실질심사제도가 도입·시행되기 이전에 법원은 오로지 검찰이 제출한 수사기록을 보고 피의자 구속을 결정했다. 검찰이 원하는 대로 영장이 발부되었고, 이로 인해 불구속 수사의 원칙은 공염불에 불과했다.

국제인권조약인 '시민적·정치적 권리에 관한 국제규약'(B 규약, 자유권 규약)은 영장실질심사를 규정하고 있다. 'B 규약' 제9조 제3항은 형사 피의자를 구속할 때에는 '신속하게 법관 앞으로 데려갈 것'을 규정하고 있다. 이것은 피의자 의사와 관계없이 구속절차에서 국가의 의무를 규정한 것이다.

형사소송법은 여러 차례의 'B 규약'의 규정대로 영장실질심사를 의무적으로 하도록 했다. 즉, 구속영장을 발부하기 위해선 법원은 영장실질심사를 해야 하고, 만일 피의자의 신병이 확보되지 않은 상황(체포영장이나 긴급체포 되지 않은 경우)에선 구인장을 발부해 피의자를 강제 출석시켜야 한다(형사소송법 제201조의2 제2항).

피의자가 영장실질심사 절차에 나가지 않겠다고 하면 그것을 건너뛴 채 서류재판으로만 영장 발부 여부를 결정한 예도 있지만, 영장실질심사는 피의자 의사와 관계없이 피의자를 법관 앞에 데리고 가서 법관이 그의 말을 직접 들어보고, 영장 발부 여부를 결정하는 절차다. 그렇다면 영장실질심사제도는 피의자의 선택사항이 아니다.

피의자의 선택이 가능한 것은 구속적부심이다. 적부심(適否審)은 영장이 발부된 이후 법원이 적부(즉, 맞는 것인지 맞지 않는 것인지를 따지는 일)를 심사하는 절차로 이것은 피의자의 신청에 따라 열린다(형사소송법 제214조의2 참조). 하지만 영장실질심사제도는 다르다. 피의자를 구속하기 위해선 국가가 의무적으로 피의자를 법관 앞에 보내 법관이 심문케 하는, 인권을 보장하기 위한 절차이다.

불심검문

(1) 경찰관은 수상한 행동이나 그 밖의 주위 사정을 합리적으로 판단하여 볼 때 어떠한 죄를 범하였거나 범하려 하고 있다고 의심할 만한 상당한 이유가 있는 사람 또는 이미 행하여진 범죄나 행하여지려고 하는 범죄행위에 관한 사실을 안다고 인정되는 사람을 정지시켜 질문할 수 있다(경찰관 직무집행법 제3조 제1항 참조). 이렇듯 경찰관이 거동이 수상한 자를 발견한 때에 이를 멈추게 하고 질문하는 것을 불심검문이라 한다. 경찰관의 직무에 따른 질문이라는 점에서 직무질문이라고도 한다.

불심검문과 범죄 수사는 다르다. 불심검문은 범죄예방을 위한 경찰행정 활동이다. 특히 보안경찰의 영역에 속한다. 그러나 범죄가 발각되지 않았을 때 불심검문은 수사의 단서가 될 수 있고, 특정범죄에 대한 범인이 발각되지 않은 때에는 범인발견의 계기가 된다는 점에서 수사와 밀접한 관계를 가진다. 이러한 의미에서 불심검문으로 범죄 혐의가 있게 되면 수사가 개시되는, 수사의 단서가 된다고 할 수 있다.

(2) 불심검문의 대상은 '수상한 거동 또는 기타 주위의 사정을 합리적으로 판단하여 죄를 범하였거나 범하려고 하고 있다고 의심할 만한 상당한 이유가 있는 자 또는 이미 행하여진 범죄나 행하여지려고 하는 범죄행위에 관하여 그 사실을 안다고 인정되는 자'이다.

어떤 죄를 범하려 하고 있다고 의심할 만한 상당한 이유란 준현행범인(형사소송법 제211조 제2항) 또는 긴급체포(형사소송법 제200조의3)에 이르지 않는 경우이거나, 범죄가 특정되지 않은 경우를 말한다. 거동이 수상한 자인가의 판단은 형식적으로 이상한 거동이 있었는지 뿐만 아니라, 경찰관이 가지고 있는 정보와 지식, 그리고 관찰의 결과도 고려해야 하지만, 무엇보다도 그 판단은 합리적이어야 한다.

(3) 불심검문은 정지와 질문, 그리고 질문을 위한 동행 요구를 내용으로 한다. 불심검문의 핵심은 질문에 있다. 정지와 동행 요구는 질문을 위한 수단에 불과하다. 질문은 거동이 수상한 사람에게 가는 곳이나 용건 또는 성명, 주소, 나이 등을 묻는 것이다. 필요한 때는 소지품의 내용을 질문하기도 한다. 질문은 어디까지나 임의수단이다. 따라서 질문에 대하여 상대방은 답변을 강요당하지 아니한다(경찰관 직무집행법 제3조 제7항). 다시 말해서, 어떤 경우에도 질문의 강제는 허용되지 아니한다. 질문하는 동안 수갑을 채우는 것과 같이 질문에 대한 답변을 사실상 강요하는 결과가 되는 행위도 금지된다.

불심검문에서 정지는 질문을 위한 수단이다. 강제로 가는 사람을 물어본다고 정지시키는 것은 허용되지 않는다. 상대방이 정지하여 질문에 응하는 때는 문제가 없다. 그러나 정지요구에 응하지 않고 지나가거나, 질문 중에 떠나는 때에, 경찰관이 실력행사를 할 수 있는가가 문제 된다. 이에 대해서 다수의 견해는 사태의 긴급성, 혐의의 정도, 질문의 필요성과 수단의 상당성을 고려하여 강제에 이르지 않는 정도의 유형력 행사는 허용된다고 한다. 즉, 정지를 위하여 길을 막거나 추적하거나 몸에 손을 대는 정도는 허용된다는 것이다. 문제는 강제와 실력행사를 구별하는 것은 사실상 어렵다는 점이다. 따라서 정지도 원칙적으로 실력행사는 허용되지 않는다. 다만 살인이나 강도 등의 중범죄에 대하여는 실력행사가 가능하다. 또한, 긴급체포도 가능하지만 신중히 처리한 경우에만 예외를 인정하여야 한다.

경찰관은 질문을 위하여 당해인에게 부근의 경찰서 등에 동행할 것을 요구할 수 있다. 동행 요구는 그 장소에서 질문하는 것이 당해인에게 불리하거나 교통 방해가 된다고 인정되는 때에 한하여 할 수 있다. 당해인은 경찰관의 동행 요구를 거절할 수 있다. 동행을 요구할 때 경찰관은 자신의 신분을 표시하는 증표를 제시하면서 소속과 성명을 밝히고 그 목적과 이유를 설명하여야 하며, 동행 장소를 밝혀야 한다. 가족 또는 친지에게 동행한 경찰관의 신분 및 동행 장소, 동행목적과 이유를 알리거나 본인에게 즉시 연락할 기회를 주어야 하며, 변호인의 조력을 받을 권리가 있음을 알려야 한다. 또한 6시간을 초과하여 당해인을 경찰관서에 머무르게 할 수는 없으며, 당해인은 형사소송에 관한 법률에 따르지 않고는 신체를 구속당하지 아니하며 그 의사에 반하여 답변을 강요당하지 아니한다.

(4) 법원은 경찰관이 불심검문 대상자 해당 여부를 판단하는 기준 및 불심검문의 적법 요건과 내용에 대하여 다음과 같이 판시하였다.

"경찰관 직무집행법의 목적과 내용 및 체계 등을 종합하면, 경찰관이 '불심검문 대상자' 해당 여부를 판단할 때에는 불심검문 당시의 구체적 상황은 물론 사전에 얻은 정보나 전문적 지식 등에 기초하여 불심검문대상자인지를 객관적·합리적인 기준에 따라 판단하여야 하나, 반드시 불심검문 대상자에게 형사소송법상 체포나 구속에 이를 정도의 혐의가 있을 것을 요한다고 할 수는 없다. 그리고 경찰관은 불심검문 대상자에게 질문을 하기 위하여 범행의 경중, 범행과의 관련성, 상황의 긴박성, 혐의의 정도, 질문의 필요성 등에 비추어 목적 달성에 필요한 최소한의 범위 내에서 사회통념상 용인될 수 있는 상당한 방법으로 대상자를 정지시킬 수 있고 질문에 수반하여 흉기의 소지 여부도 조사할 수 있다."(대법원 2014.2.27. 2011도13999).

경찰관의 불심검문은 '범행의 경중, 범행과의 관련성, 긴박성, 혐의 정도, 질문 필요성' 등을 들고, '필요한 최소한의 범위에서 사회 통념상 용인'할 수 있는 방법으로만 불심검문과 질문을 할 수 있다.

미란다고지

(1) 미란다(Ernesto Arturo Miranda)라는 사람의 삶은 한마디로 추악했다. 그러나 역설적으로 그의 이름은 피의자 인권의 대명사가 되었다.

미란다는 1963년 3월 미국 애리조나주 피닉스시의 한 극장 앞에서 18세 소녀를 유괴해 강간했다. 경찰은 당시 21세인 그를 납치, 강간 혐의로 체포하여 조사했다. 변호사 없이 조사가 이루어졌다. 그는 무죄를 주장했지만 2시간여의 심문 끝에 범행 자백 자술서를 쓰고 서명을 했다. 재판이 시작되면서 미란다는 무죄를 주장한다. 강요된 자백에 따라 억지로 진술서를 썼다고 주장했다. 그러나 법원은 범죄 사실이 명백했기 때문에 그의 주장을 받아들이지 않았다. 애리조나주 법원은 최저 20년 최고 30년의 중형을 선고했다. 미란다는 상고했으나, 대법원의 태도도 마찬가지였다.

그러나 여기서 끝나지 않았다. 미국자유시민연맹(American Civil Liberties Union)은 이 사건을 연방대법원으로 끌고 갔고, 1966년 6월 13일 연방대법원은 미란다의 손을 들어주는 극적인 판결을 내린다. 연방대법관 9명 가운데 4명은 유죄를 주장했으나, 5명은 무죄라는 미란다의 주장을 받아들였다. 불리한 증언을 하지 않아도 될 권리(미국 수정헌법 제5조)와 변호사의 조력을 받을 권리(미국 수정헌법 제6조)를 침해했다는 것이다(Miranda v. Arizona 384 U.S. 436).[19]

(2) 언뜻 생각하면 너무도 명백하게 소녀를 유괴하고 강간한 범인을 무죄로 풀어준다는 것은 정의롭지 못하다. 당시 많은 사람들은 미란다 판결에 분노했다.

그러나 만약 미란다 사건에서 적법한 절차가 보장되지 않았다는 사실을 눈감고, 범인에 대한 처벌의 중요성만을 내세워 유죄를 선고했다면 우

리는 정의로운 사회, 더 좋은 사회에서 살게 되었을까? 인권은 정의로워야 하고, 정의는 적법절차를 통해서만 이루어져야 한다.

아무리 흉악한 범죄를 저지른 사람이라도 자신을 방어할 수 있는 기본 권리가 침해받아서는 안 된다는 것이, 미란다 판결을 통해 형사법의 원칙으로 자리 잡았다. 수사기관이 피의자를 연행할 때 반드시 알려야 하는 '미란다 경고'(Miranda warning), 미란다 원칙은 이렇게 탄생했다. 미란다 판결은 피의자 인권에 있어서 획기적인 전기를 만든 판결이다.

(3) 헌법 제12조 제2항은 "모든 국민은 고문을 받지 아니하며 형사상 자기에게 불리한 진술을 강요당하지 아니한다."라고 규정하고 있다. 고문 금지와 진술거부권에 관한 규정이다.

제2항의 앞 문단은 고문을 통해서 나온 진술은 재판에서 증거로 쓸 수 없다는 것을 밝히고 있다. 즉, 그러한 진술은 증거능력이 없다. 따라서 고문으로 얻은 진술을 증거로 삼아 사람을 처벌할 수 없다. 뒤의 문단은 진술거부권 규정으로 미란다 원칙을 이야기하고 있다. 2007년 형사소송법은 미란다 원칙의 규정을 신설했다.

검사 또는 사법경찰관은 피의자를 신문하기 전에 다음의 사항을 알려 주어야 한다(형사소송법 제244조의3 제1항). 일체의 진술을 하지 아니하거나 개개의 질문에 대하여 진술을 하지 아니할 수 있다는 것, 진술하지 아니하더라도 불이익을 받지 아니한다는 것, 진술을 거부할 권리를 포기하고 한 진술은 법정에서 유죄의 증거로 사용될 수 있다는 것, 심문을 받을 때는 변호인을 참여하게 하는 등 변호인의 조력을 받을 수 있다.

또한, 재판장은 피고인에게 "피고인은 진술하지 아니하거나 개개의 질문에 대하여 진술을 거부할 수 있다"라는 사실을 분명하게 알려주어야 한다(형사소송법 제283조의2).

피의사실공표

형법 제126조는 "검찰, 경찰 기타 범죄 수사에 관한 직무를 행하는 자 또는 이를 감독하거나 보조하는 자가 그 직무를 행함에 당하여 지득한 피의사실을 공판 청구 전에 공표한 때에는 3년 이하의 징역 또는 5년 이하의 자격정지에 처한다."라고 피의사실공표죄를 규정하고 있다.

(1) 피의사실공표죄는 검찰, 경찰 기타 범죄 수사에 관한 직무를 행하는 자나 이를 감독하거나 보조하는 자가 그 직무에서 알게 된 피의사실을 공판 청구 이전에 공표하여 성립하는 죄이다. 피의사실공표죄는 피의자 인권과 국가의 형사사법 기능을 보호법익으로 내세우고 있다.

행위주체는 검찰, 경찰 기타 범죄 수사에 관한 직무를 행하는 자나 이를 감독하거나 보조하는 자이다. 행위객체는 직무를 통해 알게 된 피의사실이다. 피의사실이란 수사기관이 혐의를 두고 있는 범죄사실이다.

피의사실공표죄는 공판 청구 이전에 피의사실을 공표하는 것이다. 공소제기가 된 이후에는 피의사실공표죄는 성립되지 않는다.

공표는 불특정, 다수인에게 알리는 것이다. 공연히 알릴 것을 요하지 않기 때문에 명예훼손죄나 모욕죄와 달리 특정한 어느 한 사람에게 알린 때에도 이로 인하여 불특정 또는 다수인이 알 수 있었을 때는 공표가 된다. 하지만 피의자의 가족이나 변호인에게 알리는 것은 공표에 해당하지 않는다.

(2) 알 권리 차원에서 수사기관의 피의사실에 관한 발표는 위법성을 조각할 수 있다. 그러나 수사기관의 발표는 원칙적으로 일반 국민의 정당한 관심이 대상이 되는 사항만 객관적으로, 또한 충분한 증거나 자료를 바탕으로 한 사실 발표에 한정하여야 한다. 이를 발표함에 있어서 수사결과를 발표할 수 있는 권한을 가진 자에 의하여 공식절차에 따라 이루어져야 한다.

무죄추정의 원칙에 반하여 유죄를 속단하게 할 우려가 있는 표현이나 추측 또는 예단을 불러일으킬 표현을 피하는 등 그 표현 방법도 상당성을 갖춰야 한다.

　따라서 피의자가 피의사실을 강력히 부인하고 있는데도, 담당 검사가 추가 보강 수사를 하지 않은 채 참고인들의 불확실한 진술만을 근거로 마치 피의자의 범행이 확정된 듯한 표현을 사용하여 각 언론사의 기자들을 상대로 언론에 의한 보도를 전제로 피의사실을 공표했다면, 피의사실 공표행위의 위법성이 조각되지 않는다.

　(3) 형법 제정 당시에 피의사실공표죄를 놓고 두 가지 주장을 들을 수 있다.

　하나는 "무죄의 추정을 받는다는 것은 관념상으로 생각할 뿐만 아니라, 우리가 사실에 있어서도 확정판결 되기 전에는 여러 가지 방면으로 이 사람이 범죄혐의자로서 받는 모든 불이익을 제거하는 데 신중한 노력을 해야 될 것입니다. 그런 의미에서 본다면, 경찰서 문 앞이나 검찰청 문 앞에만 가도 그것이 신문에 보도가 되어가지고 시끄럽게 떠드는 것은 대단히 곤란한 문제라고 생각합니다. 때때로는 수사관이나 혹은 기타의 권위 있는 사람의 담화 발표로서도 나오고 혹은 권위 있는 사람이 말한 바에 의해서도 나오고 이렇게 되어서 대단히 곤란하고, 때로는 경찰서에 한 번 잡혀갔지만, 나중에 신문에만 떠들어 놓고 수사한 결과 아무런 결론도 나지 못하는 형편도 있습니다. 그러나 한번 신문에 나고 소문이 퍼진 뒤에는 엎질러진 물을 다시 주워 담지 못하는 결과가 되어 그 피해자의 처지는 대단히 곤란할 것입니다."(변진갑 의원)

　그리고 다른 하나는 "법률을 제정하는 데 있어 민주주의 국가에서 가장 관심을 가져야 할 것이 인권 옹호입니다. 어떻게 하든지 인권 옹호를 해야 되겠는데, 지금 우리나라에 있어서 이 인권 옹호가 경찰이 고문한다. 이러한 정도의 여기에 대한 인권 옹호뿐만 아니라, 이러한 점에 있어서 유린당하는 불행한 현실이 많이 있지만, 그 이외에 있어서는, 혹은 무슨 형사 문제 혐의가 있었는지, 범죄사실이 있었는지 모르겠지만, 왕왕이 신문에다가 누가 어떠한 범죄사실이 있다고 해서 그 사람의 인권을 크게 유린하는 것입니다. 죄가 있어가지고 형의 언도를 받은 뒤에 신문 지상에 발표되는 것은 대단히 좋은 것입니다. 하등 상관이 없어요. 그러나 전연 죄도 없는 사람이 죄 있는 사람이라는, 청천백일하에 이러한 누명을 쓰게 되는, 이렇게 인권이 많이 유린당하고 있는 불행이 있는 것이올시다. 이러한 것을 시정하는 데 있어서는 이제 말씀드린 바와 같이 이러한 조문이 더군다나 우리나라 현 실정에 있어서는 가장 긴요한 것이라고 생각합니다."(조주영 의원)

많은 사람들이 세상을 떠들썩하게 한 피의자의 범죄사실과 인적 사항을 궁금해한다. 언론은 그러한 궁금함에 대해 신속하게 보도하고 싶어 한다. 이렇듯 피의사실의 공표는 알 권리, (언론을 통한) 표현의 자유와 충돌할 수 있다. '특정강력범죄의 처벌에 관한 특례법'에서 일정한 요건에 따라 수사 중인 피의자의 얼굴, 성명 및 나이 등 신상에 관한 정보를 공개할 수 있도록 한 것도 그러한 충돌에 대한 해법이다(특정강력범죄의 처벌에 관한 특례법 제8조의2 참조).

피의사실공표죄의 문제는 피의사실공표로 처벌은 물론, 기소조차 된 사례가 없다. 심지어 이에 대해서 검찰은 법무부 훈령으로 '인권 보호를 위한 수사공보준칙'을, 경찰은 경찰청 훈령으로 '경찰 수사사건 등의 공보에 관한 규칙'을 두고 있지만, 검찰이나 경찰이 준칙이나 규칙 위반으로 징계 등을 받은 예도 거의 없다.

일부 수사관은 피의사실의 공표를 수사기법의 하나로 여기기도 한다. 피의사실을 공표하여 피의자를 압박하면 수사가 훨씬 쉽다고 생각한다. 수사기관이 별건 수사 등을 통해 피의사실을 흘리거나 피의자를 압박하는 경우가 적지 않다. 이로 인해 모멸감과 수치심을 느낀 피의자가 극단적 선택을 하는 예도 있다. 또한, 피의사실공표를 통해 형성된 여론이 법원의 재판과 판결에 영향을 주기도 한다.

수사기관에 의해 남용되고 있는 피의사실공표죄는 과연 법규범으로서 필요성과 정당성이 있는가를 놓고 많은 고민을 해야 한다. 피의사실공표죄의 보호법익의 하나로 피의자의 인권을 내세우고 있지만, 과연 피의자의 인권이 제대로 보호되고 있는지를 따져봐야 한다.

판결의 공개

(1) 재판서(판결서 또는 판결문)는 크게 '주문'과 '이유'로 이루어진다. 주문은 예를 들면 "상고를 기각한다." 또는 "피고는 원고에게 돈 500,000원을 지급하라."라는 형식으로, 재판의 결론이다. 이유(판결 이유)는 재판의 결론, 즉 판결에 대한 논리적 경위를 밝힌 것이다.

우리 판례는 불친절하다. 많은 사람이 소송을 통해 시비를 가리고자 할 때는 자기의 삶을 내건다고 할 수 있다. 분해서, 억울해서 '재판으로 하자'라며 서로가 모든 것을 걸고 덤빈다. 그런데 판결문을 들여다보면, 너무나도 판결 이유를 간략하게 기술하거나, 민사사건, 소액사건에서는 판결 이유를 아예 생략하기도 한다. 법원은 그저 사건이 많다는 이유로 판결문에 판결 이유를 쓰지 않아도 되는 경우의 범위를 확장해왔고, 판결 이유에서 사실관계를 생략할 수 있다는 규칙을 정하기도 했다.

그래서인지 판결문만 봐서는 도대체 어떠한 사실관계에 법적용을 한 것인지 알기 어려운 경우가 많다. 판결 이유에 "피고는 ~라고 항변하나 이는 받아들일 수 없다."라거나, "원고의 신청은 이유 없으므로 이를 기각한다."라고 한 경우, 왜 받아들일 수 없는지, 그렇게 결정한 이유가 무엇인지에 대한 설명이 없다면 이는 실질적으로는 이유가 없는 것과 마찬가지이다. 판결 내용에 필수적으로 이유를 적도록 하고 있다(형사소송법 제39조 참조).

판결문에는 판사의 법학적 소양과 양심, 가치관, 철학이 들어 있어야
한다. 그래야 억울할 수밖에 없는 어느 한쪽이 받아들일 수 있다.

(2) "재판의 심리와 판결은 공개해야 한다."(헌법 제109조) "누구든지 판
결이 확정된 사건의 판결서 또는 그 등본, 증거목록 또는 그 등본, 그 밖에
검사나 피고인 또는 변호인이 법원에 제출한 서류·물건의 명칭·목록 또
는 이에 해당하는 정보를 보관하는 법원에서 해당 판결서 등을 열람 및
복사(인터넷, 그 밖의 전산 정보처리시스템을 통한 전자적 방법을 포함)할 수 있다.
소송기록의 열람 또는 등사를 제한하는 경우에는 신청인에게 그 사유를
명시하여 통지하여야 한다."(형사소송법 제59조의3 참조)

'판결서사본 제공신청제도'를 통해 판결문은 공개한다고 하지만, 판결
열람을 신청하기 위해서는 선고한 법원명과 사건번호 및 당사자 이름을
파악해야 하므로 사실상 사건 당사자만이 판결서 등을 열람할 수 있다.

헌법에 따라 판결은 당연히 공개되어야 함에도 제대로 공개하지 않기
때문에 뉴스가 된다. 흔히 당사자에게 사생활의 침해나 명예훼손의 우려
가 있어 판결문을 공개할 수 없다는 것이 법원의 태도다.

미국 판결문은 원고 대 피고의 이름 방식으로 표기하는 데 반해,[20] 우리
는 사건번호를 표기하는 방식이다. '대법원 2017.6.29. 선고 2017도3196
판결'의 형식이다. 2017은 '연도'를 의미한다. '도'는 형사사건으로 상고심
을 뜻한다. 이름 표기 방식인 미국 판례는 누구와 누구의 소송사건이란 것
인지 그냥 알 수 있다. 우리는 숫자만 드러나 있다.

———

20 미국 판례 표기는 예를 들어, Hudson v. Palmer, 468 U.S. 517 (1984)의 경우, 허드슨 대 파머는 사건명으로,
원고 허드슨과 피고 파머 사이의 소송을 의미한다. 숫자 468은 판례집의 권 수를 말한다. U.S.는 판례집의 이름
을 뜻한다. 517은 판례가 수록된 첫 페이지 번호를 말하고, 마지막 1984는 판결을 선고한 연도를 의미한다. 연방
대법원 판례를 수록한 판례집은 United States Reports(U.S.), Supreme Court Reporter(S. Ct), United State
Supreme Court Reports, Lawyer's Edition(L. Ed., L. Ed. 2d), North Eastern Reporter(N.E., N.E. 2d) 등이
있다.

원고와 피고의 이름을 드러내는 방식에 사생활의 침해나 명예훼손의 핑계를 댈 수가 없다. "판사는 판결로만 말한다."라는 말이 있다. 이는 곧 판사는 법과 양심에 따라 공정하게 판단하고 그 결과 모든 판단의 논리가 판결에 담겨 있다는 것이다. 그렇다면 판결문 공개를 주저할 이유가 없다.

판결문의 공개는 판결 이유 등을 논리적으로 작성하여야 하므로 누구든지 판결문을 쉽게 이해할 수 있게 한다. 판결에 일관성을 유지할 수 있어 변호사도, 의뢰인도 사건에 대하여 승소 여부를 정확하게 예측할 수 있게 한다. 소위 전관예우 등의 적폐를 해소할 수 있다.

국민에 의한 감시기능을 확보할 수 있으므로 판결문 공개는 필요하다. 누구든 제약 없이 자유롭게 판결문을 열람할 수 있어야 한다.

참고문헌

김도훈, "재판에서의 이유 기재 생략에 관한 고찰", 법학연구 제15집 제3호, 인하대학교 법학연구소 펴냄, 2012.

김비환·김정오·박경신·염수근·장영민·함재학, 자유주의의 가치들: 드워킨과의 대화, 423쪽, 아카넷 펴냄, 2011.

리처드 A. 포스너/백계문·박종현 옮김, 법관은 어떻게 사고하는가?, 552쪽, 한울 펴냄, 2016.

민주사회를 위한 변호사 모임, 쫄지 마 형사절차: 수사편, 292쪽, 생각의 길 펴냄, 2015.

법원 국제인권법연구회, 인권 판례 평석, 473쪽, 박영사 펴냄, 2017.

신동운, 형법 제·개정 자료집, 723쪽, 한국형사정책연구원 펴냄, 2009.

장호순, 미국헌법과 인권의 역사: 민주주의와 인권을 신장시킨 명판결, 576쪽, 개마고원 펴냄, 2016.

참여연대 사법감시센터, 공평한가? 그리고 법리는 무엇인가, 652쪽, 북콤마 펴냄, 2015.

한겨레21 올해의 판결 취재팀, 올해의 판결 2008~2013년 92개 판결: 이명박 정부 5년, 그리고 박근혜 정부 1년, 608쪽, 북콤마 펴냄, 2014.

한겨레21, 올해의 판결: 2014~2017년 64선. 박근혜 정부 3년과 문재인 정부 7개월, 456쪽, 북콤마 펴냄, 2018.

한국고문서학회, 조선의 일상 법정에 서다, 360쪽, 역사비평사 펴냄, 2013.

제9장
회복적 정의와 인권구제

　살기 좋으면 어지간한 잘못은 눈감아줄 수 있는 실수 정도로 넘어가겠지만, 그렇지 않으면 작은 잘못도 큰 시빗거리가 되어 결국에는 죄와 벌을 논하게 된다. 그러고 보면 우리의 삶은 힘든 것 같다. 이래도 처벌이고 저래도 엄벌이다. 문제는 처벌이 능사냐는 점이다.

　많은 갈등과 분쟁이 있지만, 대부분 서로 알아서들 해결하고 일부만이 법적 절차로 진입한다. 사법체계는 분쟁을 해결하는 여러 방법 중 하나일 뿐이다. 특히 범죄대응에는 국가라는 한 주체만이 죄와 벌의 문제를 다루고 있다. 그렇다면 좋은 노력에도 불구하고 절차의 진행이나 결과는 일방적일 수밖에 없고, 피해자와 가해자의 요구와는 무관하게 처벌만을 적합한 수단으로 간주할 수밖에 없다. 결과적으로 어느 사람도 만족할 수 없다. 그렇다면 범죄대응은 관련 당사자, 직접적으로는 가해자와 피해자의 삶과 경험에 상응하지 않는 방식으로 이끌어져 온 것은 아닐까.

　기본적으로 가해자 처벌에 초점을 둔 사법절차는 그 속성상 피해자를 제대로 이해하기에는 내재적 한계가 있지 않나 싶다. 본질에서 형사사법기관의 업무는 범죄 수사, 재판, 형벌의 집행이다. 오랫동안 형사사법기관

구성원들은 벌 받아 마땅한 범죄자를, 일컬어 '잡아 조지는 데' 익숙해 있다. 피해자 보호가 뜨거운 쟁점이기에 그들을 위해야 한다는 것에 고개를 끄덕이며 공감하고, 인권을 중시해야 한다는 것에 수긍하지만 '몸 따로 마음 따로'이기 쉽다. 범죄자를 바라보는 의심의 눈초리로 피해자를 이해하기가 쉽지는 않을 것이다. 그러다 보니 피해자를 위한다는 마음이 생색내기에 그칠 수 있다.

1. 화해와 치유

국가 공조직을 통해 인권 신장을 꾀하는 것은 당사자에게는 분명 도움이 되지만 사법체계의 여러 원칙과 절차를 고려할 때 쉽지 않다. 그렇다면 갈등과 분쟁 해결에 당사자와 이해관계가 있는 사람이 문제 해결의 주체가 되는 것은 어떠할까. 그들 사이의 상호 이해와 화해, 피해배상이나 원상회복을 통하여 정의를 꾀하는 것은 어떠할까. 응보나 처벌보다는 상호 간의 이해와 화해, 그리고 치유가 갈등 해결의 핵심으로 자리 잡는 것이다.

예를 들어 배고픈 한 사람이 편의점에서 빵을 훔쳤다. 편의점 주인은 그를 경찰서로 끌고 가서 엄한 처벌을 요구했다. 빵을 훔친 절도사건으로 수사를 마치고, 재판에 넘기고, 형을 선고하고, 절도범은 교도소에 구금되어 형기를 채우고 풀려났다. 이것이 형사사법체계의 흐름이다. 응보적 정의를 꾀했다. 그러나 편의점 주인이, 빵을 훔친 사연을 듣고 공감하여 오히려 먹거리를 잔뜩 챙겨주며 앞으로 일주일 동안 가계를 청소해준다면 빵을 훔친 대가를 따지지 않겠다고 한다면 어떠할까. 점원이나 주변에 있던 손님은 손뼉을 칠 것이고, 빵을 훔친 절도사건은 훈훈한 미담으로 널리 알려질 것이다. 이것이 회복적 정의의 흐름이다.

회복적 정의, 회복적 사법

'회복적 정의 또는 회복적 사법'(restorative justice)이라는 용어가 혼용하여 쓰이고 있다. 저스티스(justice)는 공정함, 정의이면서 사법(司法)을 의미하기에, 어떻게 쓸 것인가에 따라 같은 듯 달리 쓰인다.

회복적 사법은 형사사법(criminal justice)의 대안으로 논의되었다. 전통적인 형벌에 기초를 둔 응보적 사법(restitutive justice)의 대응 개념이다. 응보적 사법은 범죄자의 행위에 대한 통제에 초점을 두고 있지만, 회복적 사법은 범죄로 발생한 손해의 회복을 꾀하며 범죄자뿐만 아니라 피해자도 그러한 회복의 과정에 문제 해결의 주체로 등장한다.

형사사법은 처벌에 초점이 맞춰져 있지만, 회복적 사법의 이념은 가해자와 피해자, 더 나아가서는 범죄문제에 대하여 일정한 이해관계가 있는 지역사회 공동체의 구성원까지 문제 해결 주체로 끌어들이고 그들 사이의 상호 이해와 화해 및 피해배상을 통하여 사회공동체의 평화 회복을 화두로 내걸고 있다. 이러한 점에서 논의의 영역이 형사사법에 한정한다면 회복적 사법이라는 용어 사용이 적합하다.

회복적 정의의 개념

일반적으로 회복적 정의의 개념 정리에는 다음과 같은 내용이 전제된다. 개인의 존엄과 평등을 존중하고 상호 이해를 증진하며 피해자와 가해자 그리고 지역사회의 치유를 통해 조화를 꾀해야 한다. 이를 위해서 피해자와 가해자뿐만 아니라 참여가 가능한 지역사회 구성원이 같이 만나서 얼굴을 맞대고 이야기를 풀어나갈 수 있는 환경이 마련되어야 한다. 따라서 회복적 정의는 가능한 한 비공식적 절차에 의하는 것이 바람직하다. 물론 때에 따라서는 나름의 제재를 정할 수 있고 그렇기에 관련자들의 행동을 제한할 수도 있다. 또한, 회복적 정의는 피해자가 사법절차에 적극적으로 참여하는 것을 전제로 한다. 그냥 잊힌 존재가 아닌, 주체로서 형사사법의 무대에 등장하도록 유도해야 한다. 가해자에게는 자신의 행동에 대한 책임을 지게 하되, 낙인이 찍히지 않게 하여 회복적 정의의 방식이 가해자 자신에게 도움이 된다는 믿음이 주어져야 한다. 그리고 피해자에게는 피해를 회복할 수 있다는 것을 목적으로 하여야 한다.

이러한 생각을 토대로 시행하는 회복적 프로그램은 가해자, 피해자, 그들의 가족과 친구들, 그리고 지역사회 구성원들에 의해 이루어진다. 화해와 국가 배상절차의 문제도 동일한 방식을 꾀할 수 있다. 회복적 프로그램은 상호 간의 합의점을 도출해낼 수 있도록 가해자와 피해자가 직접 또는 여의치 않으면 간접적으로 마주 보며 이야기하자는 것이다.

회복적 이념의 실천 형태로는 조정(mediation), 피해자와 가해자의 화해(victim offender reconciliation programs)나 조정 프로그램(victim offender mediation), 치유 프로그램 등이 있다.

회복적 정의는 다수의 토착문화, 전통적 정서와의 조화, 전인적 치유(healing)에 바탕을 두고, 지역사회 환경 내에서 가해자의 사회복귀를 꾀하는 것이다. 회복적 정의는 시민적 공화주의 이론(civic republican theory)을 토대로 이야기하기도 한다.

새로운 대응 전략으로서 회복적 정의

(1) 회복적 이념의 역사적 기원은 인간이 최초로 무리를 지어 살던 시대에서도 그 흔적을 찾을 수 있다. 인간을 사회적 동물이라고 표현하듯이, 무리를 지어 살며 그 사회에 저해되는 행위에 대하여 벌을 주면서, 무리 사회의 평화를 유지하려 했다.

인류 역사에 있어서 처벌은 범죄자에 대한 가장 보편적인 대응이다. 또 다른 대응으로 피해자에게 보상이 적용되었다. 고대 게르만인들은 살인도 일정한 벌금으로 속죄되었다. 도시에서 분쟁과 갈등은 위험하므로 가족들은 공공복리의 장점을 살려 보상체계를 받아들였다. 게르만 시대부터, 그리고 중세까지도 인정된 속죄금(Sühnegeld)은 피의 복수를 받지 않기 위해 살인자나 살인자 가족이 피해자 유족에게 배상하는 금전이었고, 이는 복수를 제한하고자 하는 명백한 의도였다. 보상체계를 통한 사회와 공동체의 평화 유지를 최고의 가치로 생각한 것이다. 보상과 회복적 이념의 메커니즘은 질서를 회복하고, 가능한 한 빠르게 평화를 되찾고, 불화를 피하기 위한 것이다.

문제는 자연스럽게 이루어졌던 보복과 보상의 갈등 해소 메커니즘은 국가의 등장과 실정법 체계의 정비로 오히려 경직되어 가기 시작했다는 점이다. 처벌의 확대나 엄벌 집행이 사회질서를 지키는 것으로 받아들여졌다.

(2) 회복적 정의는 결코 새로운 흐름은 아니다. 형사제재는 돌고 도는 유행과도 같다. 지금도 사형이 있고, 조선 시대나 로마 시대에도 있었다. 지금도 감옥에 가두고 뇌옥에 가뒀으며 동굴에 가뒀었다. 벤담(Jeremy Bentham)이 꿈꿨던 파놉티콘은 카메라의 눈으로 곳곳에 깔려있다. 주물로 만든 족쇄는 첨단 디지털의 전자발찌로 나타났다. 주홍글씨는 요즘도 활개를 치고 있다. '좋은 폭력'으로 '나쁜 폭력'을 틀어막는 희생양은 옛날이나 지금이나 필요악인 양 받아들인다.

다만 국가 형성 이전의 사회는 범죄자를 사회에서 배척하기보다는 회복(restoration), 포섭(inclusion), 또는 보상(restitution)의 관점에서 끌어안으려 했다는 점이 오늘날 우리와 다르다. 오히려 근대국가 이후 권력자들은 사람을 통제하는 권력의 수단이라는 관점에서 형사사법제도를 구축했다는 푸코(Paul-Michel Foucault)의 말도 의미가 있다. 그래서 국가권력 통제 메커니즘에 따라 죄와 벌의 주체와 객체인 가해자와 피해자는 분리될 수밖에 없었을지도 모른다.

처벌은 결코 인간을 길들일 수 없다. 맹수를 조련하듯 인간을 교화하는 어떤 권력도 인간의 의지를 막을 수 없다. 구금이라는 처벌은 인간을 길들이기 위해 고안된 것이지만, 인간을 효과적으로 길들일 수도 없으며, 인간을 더 나은 존재로 만들 수도 없다. 인간은 덜 위험해 보이도록 연기할 수는 있지만, 자신도 완전히 파악할 수 없는 야수성을 완전히 길들일 수는 없다.

(3) 회복적 정의는 상대적으로 간과되었던 피해자, 약자의 인권을 생각하자는 것이다. 그리고 그 흔적은 원시·고대사회에서도 찾을 수 있다. 그 당시 사회에서 전개되었던 본질적인 회복적 요소를 오늘날의 형편에 맞게 다듬는 것이 새롭다면 새로운 것이다.

오늘날 그러한 새로운 회복적 정의는 많은 논의를 거쳐 이제는 나아갈 방향이 정해졌다. 회복적 사법은 피해자가 당한 피해를 복구하고, 가해자가 자신의 행위에 대하여 책임감을 느끼도록 하며, 그 해결 과정에 지역사회가 관여하도록 하여 분쟁을 해결하려는 절차라고 할 수 있다.

회복적 프로그램 운용에 국가의 무의미한 개입은 없어야 한다. 이해 당사자, 가족, 그리고 지역사회 구성원이 적극적으로 자기 지역에서 발생한 사회문제에 적극적으로 개입할 수 있는 환경이 형성되어야 한다. 그를 통해 회복하는 것이 중요하다고 인식해야 한다. 국가기관은 최소한의 지원이나 후원자의 역할에 족해야 회복적 공동체 사회를 향한 자생력을 키울 수 있다. 우리는 그러한 회복적 절차를 통해 나온 공동체 구성원의 합의를 존중해줘야 한다.

배척이 아닌 끌어안음으로써 바람직한 공동체를 구축할 수 있을 것이다. 그를 통해서 단절이 아닌 소통을 경험할 수 있을 것이다. 이것만으로도 회복적 정의는 충분히 존재의 의미가 있고, 이전의 형태와 내용을 되짚어보면서 오늘날 요구되는 내용으로 채워가야 한다.

2. 비사법적 인권구제

청원제도

(1) "모든 국민은 법률이 정하는 바에 의하여 국가기관에 문서로 청원할 권리가 있다. 국가는 청원에 대하여 심사할 의무가 있다." 헌법 제26조의 내용이다.

청원은 '일이 이루어지도록 청하고 원하는 것'이다. "구청에 청원을 냈다."라고 말하듯, 법률이 정한 절차에 따라 국민이 손해의 구제, 법률·명령·규칙의 개정 또는 개폐, 공무원의 파면 따위의 일을 국회·관공서·지방의회 따위에 청구하는 일이 청원이다. 곧 국민이 국가에 요청하는 것이다.

'청원법'에 따라 국민이 제출한 청원에 대해 국가는 반드시 심사하여야 하고(헌법 제26조 제2항, 청원법 제9조 제1항), 그 결과를 당해 국민에게 통지하여야 하는 청원은 청구권적 기본권에 속한다.

청원권의 주체는 국민이다. 법인과 외국인도 한정된 범위 내에서는 청원할 수 있다. '청원의 상대방'(청원 대상기관)이 되는 국가기관도 입법, 사법, 행정기관뿐만 아니라 지방자치단체 등의 소속기관, 법령에 따라 행정권한을 가지고 있거나 행정 권한을 위임 또는 위탁받은 법인·단체 또는 그 기관이나 개인도 포함된다(청원법 제3조).

청원할 수 있는 사항은 피해의 구제, 공무원의 위법 부당한 행위에 대한 시정이나 징계의 요구, 법률·명령 또는 규칙의 제정·개정·폐지의 요구, 공공의 제도 또는 시설의 운영, 기타 공공기관의 권한에 속하는 사항 등이다(청원법 제4조).

청원은 반드시 문서로 하여야 하는데, 이를 청원서라고 한다. '전자정부법'에 의한 전자문서를 포함한다. 이때는 인터넷 전자민원창구를 통해 전자민원처리(방문에 의하지 아니하는 민원처리)로 진행할 수 있다(전자정부법 제9조 참조).

청원서에는 청원의 이유와 취지를 명시하고 청원인의 성명(법인의 경우에는 명칭과 대표자의 성명), 직업, 주소 또는 사는 곳을 기재한 뒤 서명하여야 하고, 여러 사람이 공동으로 청원을 하는 때에는 그 처리결과를 통지받을 3인 이하의 대표자를 선임하여 이를 청원서에 표시하여야 하며, 필요한 경우에는 서류 및 기타 참고자료를 첨부할 수 있다(청원법 제6조). 청원서는 청원 사항을 주관하는 관서에 제출하는 것을 원칙으로 한다. 청원을 수리한 기관은 성실하고 공정하게 청원을 심사하고 처리하여야 한다(청원법 제7조, 제9조 제1항).

(2) 청와대 국민청원 게시판은 2017년 8월 19일 문재인 정부 출범 100일을 맞아 '국민의 목소리를 직접 듣겠다'라는 취지로 만들어졌다. '국정현안 관련' 내용이면 나이와 관계없이 누구나 청원을 올릴 수 있다. 게시 뒤 30일 동안 20만 명 이상의 동의를 받으면 정부와 청와대 관계자가 답한다.

청와대 국민청원은 실제 법제도의 개선으로 이어지기도 했다. 음주운전 처벌을 강화한 '윤창호법', 불법 촬영물 유포 처벌을 강화한 '성폭력범죄의 처벌 등에 관한 특례법'(성폭력처벌법)을 비롯해 디지털 성범죄 수사 본격화 등이 그 사례다.

이런 의미에서 청와대 국민청원 게시판은 잊혀가는 권리인 청원권을 부활시켰다는 평가를 받고 있다. 예전에는 조례 개정을 하려면 밖에 나가서 사람들 이름, 주소 등을 받아야 했다. 국회나 정부는 청원권을 보장한다고 말만 했지 실제로는 보장하는 게 거의 없었다. 그러나 이제는 에스엔에스(SNS)에서 로그인만 하면 누구나 국민청원에 참여할 수 있다. 국민이 자기 의사를 보다 분명하게 표현할 방법이 생긴 셈이다.

대체분쟁처리제도

사회가 다원화되면서 갈등과 분쟁도 증가하고 다툼의 내용도 다양해졌다. 분쟁 해결의 수단에서 전형적인 방법은 소송이다. 하지만 기존의 사법제도만으로는 폭발적으로 증가하는 새로운 형태의 분쟁이나 다수 당사자가 관계되는 사건 등을 대응하기에는 한계가 있다.

소송은 과다한 비용, 재판의 지연 등으로 불만이 쌓일 수밖에 없다. 대안으로 재판 외의 분쟁처리제도가 있다.

대체분쟁처리제도(alternative dispute resolution)는 민사소송 절차 외에 사적으로 실시되는 임의의 분쟁 해결수단을 말한다. 소송이 국가권력에 의한 강제적 분쟁 해결 방식이라면, 대체분쟁처리제도는 당사자 쌍방의 의사에 의한 해결 방식이다.

대체분쟁처리제도가 유용하다고 하지만, 당사자에게만 맡기면 실효를 거두기 어려울 수 있다. 그래서 법원이 주도하는 대체분쟁처리제도의 중요성이 강조되고 있다. 대체분쟁처리의 장점을 살리면서 법원의 행정적 통제 안에 있어 언제라도 법원의 정상적인 소송절차로 복귀할 수 있기 때문이다.

일반적인 대체분쟁처리제도로는 행정부 산하의 위원회를 들 수 있다. 소비자분쟁조정위원회, 언론중재위원회, 의료심사조정위원회, 환경분쟁조정위원회, 저작권위원회, 하도급분쟁조정위원회 등이 그것이다.

소비자분쟁조정위원회는 소비자 분쟁에 대한 조정요청 사건을 심의하여 조정 결정을 하는 준사법적인 기구이다. 한국소비자원은 '소비자기본법' 제60조에 근거하여 소비자분쟁조정위원회를 설치하여 운영하고 있다. 소비자분쟁조정위원회의 분쟁 조정은 법원에 의한 사법적 구제 절차 진행 이전에 당사자 간의 분쟁 해결을 위한 마지막 수단의 기능을 담당한다. 언론중재위원회는 언론 보도로 인한 분쟁의 조정 및 중재, 언론피해와 관련한 법률상담, 불공정 선거기사 심의 등의 업무를 수행하기 위하여 설립된 합의제 기관이다. 의료심사조정위원회는 의료행위로 인하여 생기는 분쟁을 조정하기 위하여 보건복지부 소속으로 중앙의료심사조정위원회를, 시·도지사 소속으로 지방의료심사조정위원회를 두고 있다. 지방의료심사조정위원회는 의료분쟁 조정이 직무이지만, 중앙의료심사조정위원회는 의료분쟁을 조정하는 직무 이외에도 보건복지부 장관이 회의에 부치는 의료행위의 범위, 의료인의 종별에 따르는 업무한계, 기타 의료에 관한 중요사항도 심의한다. 환경분쟁조정위원회는 환경분쟁의 조정, 환경피해와 관련되는 민원의 조사, 분석 및 상담, 환경피해의 예방 및 구제와 관련된 교육, 홍보 및 지원을 담당한다. 저작권 보호와 저작물의 올바른 이용질서 확립, 그리고 저작권산업 발전을 위한 중추적 역할을 담당하는 대한민국 유일의 저작권 전문 기관이다. 2009년 7월 공공기관 선진화에 따라 저작권위원회와 컴퓨터프로그램보호위원회가 한국저작권위원회로 통합되었다. 하도급분쟁조정위원회는 '하도급거래 공정화에 관한 법률'에 따라 하도급거래에 대한 분쟁의 신속하고 자율적인 해결을 도모하기 위하여 공정거래위원회가 요청하는 원사업자와 수급사업자 간의 하도급 거래에 관한 분쟁에 대하여 사실을 확인하거나 조정하는 업무를 수행한다.

국가기관에 속한 대체분쟁처리기구로서 여러 위원회 제도의 문제는 소비자분쟁조정위원회, 언론중재위원회, 하도급분쟁조정위원회 등 일부만 다소 활성화돼 이용될 뿐이며, 다른 기구는 그 이용 실적이 많지 않다는 점이다. 또한, 상설 민간 대체분쟁처리기구는 대한상사중재원이 유일하다. 무엇보다도 각종 분쟁조정기구인 조정위원회의 내실화를 위해서 그 절차와 조정에 대한 효력을 통일시키고, 각 위원회의 독립성과 중립성, 절차의 공정성과 신중성을 높이기 위해 그 분야 전문인을 상임위원으로 배치할 필요가 있다.

3. 국가인권위원회와 국민권익위원회

국가인권위원회

(1) 기본적 인권을 보호하고 증진하여 인간으로서의 존엄과 가치를 구현하고 민주적 기본질서 확립을 위한 인권 전담 독립 국가기관으로 국가인권위원회가 있다.

많은 국가에서 국가인권기구를 운영하고 있다. 그러한 만큼 명칭도 다양하나, '국가인권위원회'라는 이름을 가장 많이 쓴다. 역할도 나라마다 다르다. 법에 규정된 인권 사항의 침해 여부를 판정하는 역할, 행정부에 의한 권리침해 감시와 조사, 인권정책 개발, 국제법의 국내 적용, 인권교육, 대중계몽 등 여러 가지이다.

국제연합(유엔)은 1946년 국가인권기구 설립을 권장하면서, 1993년 유엔 총회에서 '국가인권기구 지위에 관한 원칙'(파리원칙, 1993)을 채택하였다. 이 원칙이 오늘날 국가인권기구 설립에 관한 국제사회의 보편적인 기본준칙이 되었다.

파리원칙에 따르면 인권기구는 국가조직 일부로서 국가 예산과 행정체계에 속하면서도 독립성을 지키게 되어 있다. 국가인권기구의 독립성을 위해 국가나 시민사회로부터 완전히 떨어져 위치해야 하고, 이와 동시에 국가와 시민사회를 잇는 가교 구실을 하도록 요구하고 있다. 또한, 인권기구의 구성에 다원성을 강조한다. 인권 관련 비정부 국제조직, 노동조합, 인권을 염려하는 사회와 직능단체, 철학과 종교계, 대학 및 전문가, 의회 등을 대표하거나 그들과 협력할 수 있는 여러 세력이 인권기구에 포함되어야 한다고 못 박는다.

우리나라는 국내 인권시민단체가 인권기구 설립 활동을 지속해서 펼쳤고, 1998년 정부가 인권기구 설립을 국정 과제의 하나로 발표하면서 인권기구 설립 추진이 현실화하였다. 이후 다양한 논의를 거쳐 2001년 5월 '국가인권위원회법'을 제정하고, 같은 해 11월 국가인권위원회를 공식 출범하였다.

그러나 대한민국 국가인권위원회는 모든 개인이 가지는 불가침의 기본적 인권을 보호하고 그 수준을 향상함으로써 인간으로서의 존엄과 가치를 실현하고 민주적 기본질서의 확립에 이바지'하자는 본연의 목적에 충실한가? 따져 볼 문제이다. 국가인권위원회는 세월호에 침묵했고, 사법 농단에도 소리를 내지 않았다. 환골탈태해야 한다.

(2) 국가인권위원회는 준국제·준사법적인 인권전담기구로서 인권에 관한 법령, 제도, 정책, 관행의 조사와 연구 및 그 개선이 필요한 사항에 관한 권고 또는 의견의 표명 등의 업무를 수행한다(국가인권위원회법 제19조 참조).

업무 중에서 정책업무는 인권의 보호와 향상을 위하여 필요하다고 인정하는 경우 인권 관련 법령, 정책, 관행을 조사하고 연구하여 개선 권고 또는 의견표명하는 것을 내용으로 한다. 또한, 국제인권조약 가입과 조약의 국내이행에 관한 연구, 권고 등 업무를 수행한다. 아울러 인권 관련 재판이 진행 중이면 법원 또는 헌법재판소의 요청이 있거나 위원회가 필요하다고 인정할 때에는 의견을 제출할 수 있다. 조사·구제업무는 대한민국 국민이나 대한민국 영역 안에 있는 외국인이 당한 인권 침해나 차별행위를 대상으로 한다. 인권 침해는 국가기관, 지방자치단체 또는 구금 보호시설의 업무수행과 관련하여 헌법 제10조 또는 제22조에 보장된 인권을 침해당하였을 때 조사할 수 있다. 차별행위는 국가기관 등은 물론 법인·단체 또는 개인에 의해 합리적인 이유 없이 성별, 장애, 종교 나이 등을 이유로 고용, 재화·용역의 공급이용, 교육 시설 이용과 관련하여 차별을 당한 상황에 해당한다. 한편 장애인차별과 연령차별에 대해서는 국가인권위원회법뿐만 아니라 '장애인차별 금지 및 권리구제 등에 관한 법률', '고용상 연령차별금지 및 고령자 고용촉진에 관한 법률'에 따라 조사와 구제를 한다. 교육과 홍보는 모든 사람의 인권의식을 깨우치고 인권의식을 향상하기 위한 활동이 해당한다. 국내외 협력은 인권단체와 기관, 인권 관련 국제기구 및 외국 인권기구 등과 교류협력을 통해 인권 보호와 향상에 이바지하기 위한 것이다.

국민권익위원회

(1) 국민권익위원회는 국민의 고충 민원의 처리와 이에 관련된 불합리한 행정제도를 개선하고, 부패의 발생을 예방하며 부패행위를 효율적으로 규제하기 위한 업무를 수행하는 행정기관이다. 조선 시대의 신문고 제도나 암행어사 제도(어사제)에 비유할 수 있고, 오늘날 옴부즈맨 제도의 한 유형으로 설명한다. 관리의 비위를 규찰하고 백성들의 억울함을 풀어주는 제도였다.

현재의 국민권익위원회는 '부패방지 및 국민권익위원회의 설치와 운영에 관한 법률'(부패방지권익위법)에 따라 국민고충처리위원회와 국가청렴위원회에 분산된 고충 민원처리, 부패 방지, 행정심판 기능을 통합하여 국민의 권익구제 창구를 일원화하였다.

(2) 주요 업무는 국민의 권리 보호와 권익구제 및 부패 방지를 위한 정책의 수립 및 시행, 고충 민원의 조사와 처리 및 이와 관련된 시정 권고 또는 의견표명, 고충 민원을 유발하는 불합리한 행정제도 개선, 처리한 고충 민원의 결과 및 행정제도의 개선에 관한 실태조사와 평가, 공공기관의 부패 방지를 위한 시책 및 제도개선 사항의 수립·권고, 행정쟁송을 통하여 행정청의 위법하고 부당한 처분으로부터 국민의 권리를 보호하는 것 등이다(부패방지권익위법 제12조 참조). 지방자치단체와 그 소속기관에 관한 고충 민원의 처리와 행정제도의 개선 등을 위하여 각 지방자치단체에 시민고충처리위원회를 둘 수 있다(부패방지권익위법 제32조 제1항).

누구든지(국내 거주의 외국인 포함) 권익위원회(시민고충처리위원회 포함)에 고충민원을 신청할 수 있다(부패방지권익위법 제39조). 전자민원신청도 가능하다.

국민권익위원회는 고충 민원을 접수하면 바로 그 내용에 관하여 필요한 조사를 하여야 한다(부패방지권익위법 제41조 제1항). 접수된 고충 민원 중 관계 행정기관 등에서 처리하는 것이 타당하다고 인정되는 사항은 이를 관계 행정기관 등에 넘길 수 있다. 이 경우 넘겨받은 관계 행정기관 등의 장은 권익위원회의 요청이 있는 때에는 그 처리결과를 국민권익위원회에 통보하여야 한다(부패방지권익위법 제40조 제1항).

국민권익위원회는 조사 중이거나 조사가 끝난 고충 민원에 대한 공정한 해결을 위하여 필요한 조치를 당사자에게 제시하고 합의를 권고할 수 있고(부패방지권익위법 제44조), 여러 사람이 관련되거나 사회적 파급효과가 크다고 인정되는 고충 민원의 신속하고 공정한 해결을 위하여 필요하다고 인정하는 경우에는 당사자의 신청 또는 직권에 의하여 조정할 수 있다(부패방지권익위법 제45조).

국민권익위원회는 고충 민원을 조사·처리하는 과정에서 법령 그 밖의 제도나 정책 등의 개선이 필요하다고 인정되는 경우에는 관계 행정기관 등의 장에게 이에 대한 합리적인 개선을 권고하거나 의견을 표명할 수 있다(부패방지권익위법 제47조). 고충 민원의 조사·처리 과정에서 관계 행정기관 등의 직원이 고의 또는 중대한 과실로 위법·부당하게 업무를 처리한 사실을 발견한 경우 위원회는 감사원에, 시민고충처리위원회는 당해 지방자치단체에 감사를 의뢰할 수 있다(부패방지권익위법 제51조).

한편 누구든지 부패행위를 알게 된 때에는 이를 국민권익위원회에 신고할 수 있다(부패방지권익위법 제55조). 공직자는 그 직무를 행함에 있어 다른 공직자가 부패행위를 한 사실을 알게 되었거나 부패행위를 강요 또는 제의받았으면 바로 이를 수사기관·감사원 또는 권익위원회에 신고하여야 한다(부패방지권익위법 제56조). 누구든지 부패방지권익위법에 따른 신고나

이와 관련한 진술 그 밖에 자료 제출 등을 한 이유로 소속기관·단체·기업 등으로부터 징계 조치 등 어떠한 신분상 불이익이나 근무 조건상의 차별을 받지 아니하며, 신고했다는 이유로 신분상 불이익이나 근무 조건상의 차별을 당하였거나 당할 것으로 예상하는 때에는 국민권익위원회에 해당 불이익처분의 원상회복·전직·징계의 보류 등 신분 보장조치와 그 밖에 필요한 조치를 요구할 수 있다(부패방지권익위법 제62조 참조).

참고문헌

강성용·고일홍·김능우·김시천·김월회, 문명 밖으로: 주류 문명에 대한 저항 또는 거부, 332쪽, 한길사 펴냄, 2011.

미셸 푸코/오생근 옮김, 감시와 처벌: 감옥의 탄생, 472쪽, 나남 펴냄, 2016.

박상기, 독일형법사, 270쪽, 율곡출판사 펴냄, 1993.

오병선·박종보·김비환·홍성필, 인권의 해설, 304쪽, 국가인권위원회 펴냄, 2011.

월 듀런트/왕수민 옮김, 문명이야기: 동양문명 1-1, 627쪽, 민음사 펴냄, 2011.

인권법교재발간위원회, 인권법, 458쪽, 아카넷 펴냄, 2006.

장규원, 피해자학 강의 (살림지식총서 393), 95쪽, 살림 펴냄, 2011.

장규원, "회복적 사법과 범죄이론", 피해자학연구 제24권 제1호, 289-309쪽, 한국피해자학회 펴냄, 2016.

장규원·백일홍, "회복적 이념의 형성 과정에 관한 고찰" 피해자학연구 제22권 제2호, 한국피해자학회 펴냄, 2014.

조효제, 조효제 교수의 인권 오디세이: 다시 인간답게 살 권리를 묻는다, 440쪽, 교양인 펴냄, 2015.

하워드 제어/손진 옮김, 회복적 정의란 무엇인가: 범죄와 정의에 대한 새로운 접근, KAP 펴냄, 2012.

하워드 제어/조균석·김성돈·한영선 외 옮김, 회복적 정의 실현을 위한 사법의 이념과 실천, 113쪽, KAP 펴냄, 2015.

제10장
인권과 정의

인간의 역사를 통해 크게 세 부류 계층이 세상을 좌지우지했다고 할 수 있다. 지금의 관점에서 보면, 사람의 인지가 한참 덜 깨쳤다고 하던 시절, 소위 원시 시대에는 주술사나 제사장이 뭇사람들을 홀렸다. 자연의 이치를 몰라 천둥 번개도 무서워 벌벌 떨던 시절이다. 그때는 주술사나 제사장의 말이 곧 하늘이 아니었을까?

중세 시대를 흔히 암흑의 시대라고 한다. 왜 암흑의 시대라고 했을까? 신만이 존재한 시절이기 때문일 것이다. 물론 중세가 일방적으로 암흑시대라고 하는 것은 정당한 평가인가에 대해서는 논란이 있지만, 사실 중세에는 많은 사건들이 그리스도교를 중심으로 일어났다. 그러니 소위 '신의 이름으로' 성직자들이 세상을 재단했다.

오늘날에는 법치주의를 이야기한다. 법으로 모든 것을 말하려 드니 변호사가 난리다. 속된 말로 주둥아리로 여기저기서 '법의 판단'을 꼬드긴다.

정의라는 이름으로 제사장 시절부터 지금까지 시비를 따지기 위한 심판은 계속됐다. 그 주재자는 하늘을 대변한 제사장이었고, 신의 이름으로 행한 성직자이었으며, 법치를 따른다는 검사, 판사, 변호사 등 법률가들이었다. 오늘날 사법절차는 헌법과 법률에 따라 신분이 보장된 검사, 법관이 맡고 있다(헌법 제101조, 제103조, 제105조, 제106조; 법원조직법 제5조, 제42조; 검찰청법 제29조, 제37조 등 참조).

1. 정의의 정의

(1) 법 없이도 사는 사람이 많기에 사회가 이만하게 유지되는 것일까? 아니면 법이 있어서 사회가 이만큼 유지되는 것일까? 아무 생각 없이 법이 그냥 있는 것은 아닐 것이다. 그 어떤 이념과 가치라는 것을 꾀하기 위해 법은 존재한다. 그 무엇인가를 찬찬히 살펴보면 반드시 정의의 문제가 제기된다.

사전적인 의미로 정의는 '사람이 지켜야 할 올바른 도리', '바른 의의', '바른 뜻'이다. 정의를 의미하는 다른 나라 용어도 마찬가지이다. 독일어로 정의는 Gerechitigkeit이다. 이 단어로부터 정의와 법(Recht)의 관계를 가늠해볼 수 있다. Gerecht는 반듯한(gerade), 올바른(richtig) 또는 적합한(passend)이라는 의미가 있다. 여기에 '법감정에 상응하는'이라는 의미가 추가되었다. 곧 정의는 '바른 것'(Gerecht)을 뜻하며, 따라서 바르지 않은 것은 법(Recht)이 아니라는 뜻으로 새길 수 있다.

다른 언어권에서 쓰이는 정의의 개념으로는 justice(영어, 프랑스), iustitia(라틴어), dikaiosyne(그리스어) 등이 있다. 이러한 각국의 용어들도 의미론적으로는 모두 한결같이 정의 및 법과 밀접하게 결합하여 있다.

(2) 서양에서 정의의 의미를 신화에서 찾아본다. 디케(dike)는 그리스 신화에 나오는 정의의 여신이다.[21] 오른손에 칼을, 왼손에 저울을 들고 있고 눈을 가렸다. 정의의 여신이다. 왼손에 들고 있는 저울은 정의의 엄정한 기준을 뜻한다. 오른손의 칼은 정의 실현에 강력한 힘이 요구된다는 것을 시사한다. 눈을 가렸다는 것은 정의는 사리사욕에 흔들리지 않고 공평무사하여야 한다는 것을 의미한다.

동양에서는 정의와 법의 연계가 쉽지는 않다. 오히려 정의라고 하기보다는 의(義)나 의리(義理)라는 말이 많이 쓰였다.[22] 법치주의보다는 예치주의 또는 덕치주의라 하여 법규범보다는 도덕규범을 중요하게 생각했으며 인의예지(仁義禮智)를 으뜸으로 꼽았다. 전통 유학에서 중요하게 여긴 덕목은 인과 의로서, 인(仁)은 사람들 사이의 사랑을 뜻하는 좀 더 보편적인 덕목을, 의(義)는 사회적인 맥락에서 올바름을 뜻한다.

동과 서를 가릴 것 없이 정의는 좀 더 포괄적이고 주체적이며 윤리적인 덕목으로부터 더욱 구체적이고 객체적인 질서, 원리로서의 정의로 전개되었다.

(3) 정의는 다양한 관점에서 그 특성과 내용을 이야기할 수 있다.

'정의롭다'라는 느낌은 '조화롭다'라는 의미로 새겨진다. 정의롭다는 것에 마음이 편안해진다. 조화에서 조(調)는 '여러 이견을 조율하다'라는 일상어에서 느껴지듯, 여러 가지 것들이 불협화음을 일으키지 아니하고 잘

---

21 디케는 제우스(Zeus)와 율법의 여신 테미스(Themis) 사이에서 태어난 딸이며 '질서'를 뜻하는 에우노미아(Eunomia)와 평화를 뜻하는 에이레네(Eirene)의 자매이다. 이 세 자매를 계절의 여신 호라이(Hōrai)라고 하며, 이들은 계절과 자연의 질서를 상징한다. 정의의 여신으로서 디케는 고대 그리스에서 많은 사람으로부터 숭배되었으며, 로마 시대에는 유스티티아(Justitia)로 대체되었다. 오늘날 영어에서 정의를 뜻하는 저스티스(justice)는 여기서 유래했다.

22 일상용례에서 의리는 원래의 뜻에서 다소 변질되었다. 명분의 옳고 그름보다는 우연적인 연고 관계를 따지는 덕목으로 의미가 변질하여, 마치 명분을 위해 연고를 깨는 경우 의리 없는 사람으로 여기며 더 나아가 깡패나 도적들 사이에서도 의리를 들먹거린다.

어우러지는 것을 의미한다. 화(和)는 서로 응하는 것이다. 어울리는 것이다. 그래서 정의는 여럿이 서로 어울리는 것을 뜻한다.

정의는 약자의 편이라 생각하지만, 정의는 강자의 편이기도 하다. 고대 그리스에서 트라시마코스는 소크라테스와의 대화에서 '정의는 강자의 행동'이라고 주장했다. "정부마다 자기의 이익을 위해서 법률을 만드는데, 민주제는 민주제다운 법률을, 참주제는 참주제다운 법률을 만든다. 이렇게 만든 법률을 통해 그들 자신에게 이익이 되는 것이, 다스림을 받는 이에게 이로운 것이라고 선언하고, 그것을 벗어난 사람은 범법자요, 부정한 사람으로서 처벌한다. 그래서 모든 나라에서 정의는 다 같은 것이고, 이로운 일이 곧 의로운 일이다."라고 말한다. 이에 소크라테스는 말한다. "정의가 무엇인지, 법이 누구 편인지는 정확히 모르겠지만, 지배자들이 피지배자의 이익을 위해 통치한다고 떠드는 것은 사실이다. 그리고 그것이 곧 정의라고 주장한다."

누구나 차별은 정의롭지 못하다고 말한다. 그러나 우리 사회는 인종차별, 장애인 차별, 성차별 등 차별이 난무하고 있다. 어떤 이는 장애인 차별은 인정하면서도 인종차별은 없다고 주장하거나, 인종차별엔 동의하면서 성차별에는 공감하지 못하는 이들도 있다. 우리와 다른 '너희'를 대상화해 생각하고 대하는 모든 것이 차별이다. 차별이 우리 사회 여기저기서 왈가왈부하지만, 그래도 여전히 많은 사람은 차별은 정의롭지 못하다고 말한다. 이렇듯 정의는 사람에 대해 대우가 다른 사람에 의해 이루어질 때 적용되는 개념이다.

정의는 분노이다. 살아가면서 억울한 경우를 당하기도 하고 남이 당하는 것을 보기도 한다. 억울한 일을 당하거나 목격하면서 사람은 억울해서 분노를 느낀다. 억울한 일이란 그래야 할 정당한 근거도 없이, 그래야 할 당연한 이유도 없이 부당한 피해를 받는 것이다. 단순한 울분을 넘어 정의에 바탕을 둔 분노를 의분(義憤)이라 하기도 한다.

정의에서 새길 수 있는 또 하나의 의미는 응분의 몫을 치른다는 것이다. 합당한 대가를 받았다는 것은 곧 정의로운 대응을 했다는 것으로 이해할 수 있기 때문이다. 그러나 도둑들이 훔친 물건을 고루 나누면 공정한 분배이기는 하나 합당한 몫을 갖는 것이 아닌 까닭에 정의와 응분은 완전히 같은 의미는 아니다. 한편 정의는 사람을 응분에 따라 처벌이나 처우할 것을 요구하는데, 이때 응분은 과거의 행위와 관련된다. 그래서 정의는 과거 회고적인 개념이다.

정의에 대한 가장 객관적이고 구체적인 정의(定義)는 '법 앞의 평등'이다. 한 나라가 얼마나 정의로운가는 결국 '법 앞의 평등'이 얼마나 잘 구현되는가에 있다. 그 나라의 법과 절차와 집행이 얼마나 정의로운가이다. 우리 사회에서 발생하는 분쟁과 갈등은 궁극적으로는 사법절차를 통해 해결을 꾀한다. 그 마지막 해결의 창구인 법정에서 법이 정당하게 해결해주는가에 따라 한 사회의 정의로운 정도를 평가하는 척도라는 점이다. 사법(司法)이 무너진다면 정의가 설 자리가 없다. 그래서 누구나 법 앞에 평등해야 한다.

정의는 적법한 처벌을 말한다. 정의로운 사회를 위해서는 범죄자도 적법한 절차에 따라 벌해야 한다. 흉악한 범죄자라고 하여도 적법한 절차에 따라 정당한 권리를 보호받지 않고 처벌한다면 더 큰 해악을 초래할 수 있기 때문이다. 적법한 절차를 따르지 않고 도달하는 곳은 설사 그것이 정의라는 외관을 가지고 있더라도 결코 정의가 아니다.

인권을 누리는 주체는 개인이다. 정의도 집단보다 개인에게 좀 더 자연스럽게 다가가는 개념이다. 예를 들어 개인의 공과를 무시하고 집단으로 칭찬과 비난을 하는 집단주의적 발상은 정의롭지 못한 것이다. 또한, 정의는 개인들 사이의 관계에서 평가되는 까닭에 상대적 부정의(不正義)라는 개념도 성립한다. 예컨대 같은 범죄를 저질렀는데 한 사람은 무거운 형을 받고 다른 사람은 풀려났을 경우 상대적 부정의에 해당한다.

정의는 권리의 개념과 다소 중첩된다. 기본적으로 법과 정의, 정의와 권리는 어원에서도 확인할 수 있듯이, 맞물려 있다. 그러나 정의와 권리는 결이 좀 다르다. 일반적으로 정의는 공정(fairness)과 같은 의미로 이해한다. 곧 정의로운 대우, 분배, 절차란 곧바로 공정한 대우, 분배, 절차를 말한다. 그런 점에서 정의와 인권은 맥락을 같이한다.

정의는 분명한 개념으로 사용해야 한다. 막연하게 정의라는 말을 사용할 때는 자기편에 이로운 것을 모두 주워 담아 정의라고 주장하는 경우가 너무나 많기 때문이다. 그래서 정의는 가장 오염된 개념 중의 하나이다. 한 사회에서 공적 역할을 담당하고자 하는 이들은 자신이 사용하는 정의가 어떠한 개념인지 구체적으로 명시할 수 있어야 한다. 예를 들어 젠더 정의, 경제 정의, 정치적 정의, 생태학적 정의, 인종적 정의 등이 그것이다. 공적 영역에서 정의라는 용어를 사용할 때에 다양하고 구체적인 정의 표기가 필요하다.

정의의 핵심에는 평등이 자리 잡고 있다. 평등은 보편타당한 성격을 띠고 있다. 그래서 누구나 어디에서나 언제나 정의를 지향하는 사람은 합치될 수 있는 소지가 있다. 환영받을 수밖에 없다. 그러나 정의라는 보편적 가치가 아무리 중요해도 구체적이고 개별적일 때 내용상으로 무엇이 정당하다고 가르쳐주지 않기 때문에 공허하다. 실컷 먹어도 배고픈 꼴이다.

2. 정의 내용의 변천

고대 서양의 정의

(1) 고대 그리스 자연철학은 정의를 삼라만상의 자연적인 것으로 이해하고 인간의 주관적 판단을 초월하는 것으로 보았다.

인간의 실천 생활의 신념에 정의의 기반을 제공한 사람은 소크라테스였다. 그는 법과 정의를 같은 것으로 인식하고, 법과 정의는 개인적 이해관계에서 나오는 것이 아니라 인간의 본성에서 나오는 것이라 하였다. 그가 악법에 따라 죽음을 받아들인 것은 실정법의 우위를 인정한 것이 아니라 소극적 저항권을 행사한 것이다.[23] 플라톤은 정의를 인간의 이성에서 찾으려 했다. 그는 덕을 지혜, 용기, 절제, 정의의 넷으로 나누고, 정의의 본질은 공동생활 속에서 자기 분수를 지키는 것, 즉 각인이 그 고유의 생활 범위를 자기에게 속하는 특별한 덕으로써 승화시키고 유지하는 총합에 있다고 했다.

(2) 고대 그리스 철학자 아리스토텔레스도 정의란 무엇인지 고민했다. 그리고 나름 명쾌하게 정리했다. 그래서 그의 정의론은 오늘날까지도 많은 사람이 수긍하고 있다. 그에 따르면 정의란 같은 것은 같게 대우하고, 다른 것은 다르게 대우하는 것, 즉 각자에게 각자의 몫을 주는 것이다.

아리스토텔레스는 일반적 정의와 특수적 정의, 평균적 정의와 배분적 정의를 이야기했다. 일반적 정의는 인간의 심정과 행동을 공동생활의 일반원칙에 적합하게 하는 것, 모든 사람에게 요구되는 것에 따르는 것, 공동생활의 일반원칙에 따라 생각하고 행동하는 것이다. 특수적 정의는 법의 구체적 원리에 따라 여러 사람의 물질적, 정신적 이해를 평등하게 하는 것이라 했다. 아리스토텔레스의 일반적 정의는 개인의 성품에 의한 덕과 법의 제정과 목적에 중심을 둔 그야말로 일반적이고 보편화하는 개념적인

---

23 소크라테스가 "악법도 법이다."라는 말을 했다는 문헌적 증거는 없다. 소크라테스가 사형선고를 받게 된 까닭은 스파르타와의 전쟁(펠로폰네소스 전쟁)에서 패한 아테네 사람들은 누군가에게 패전의 책임을 따지고 싶었고, 여기서 소크라테스의 제자 중 한 사람이 스파르타에 중요한 군사정보를 넘겨준 것이 패전의 원인이라 여겼다. 그래서 소크라테스도 패전의 책임이 있다고 생각했다. 그때 소크라테스에 적용된 죄는 "젊은이들의 정신을 타락시켰고 아테네가 인정하지 않는 신을 아테네에 유포했다."라는 것이었다. 소크라테스는 자신을 탈출시키려는 친구에게 "법은 지켜야 한다."라고 말하면서 탈출 권유를 받아들이지 않고, 결국 자신의 신념을 위해 죽은 것으로 평가한다(플라톤, 2007).

것에 중심을 두고 있다. 일반적 정의와는 달리 더 구체적으로 현실적 정의 개념은 특수적 정의에서 다룬다. 아리스토텔레스는 특수적 정의를 둘로 구분한다. 하나는 평균적 정의이고, 다른 하나는 배분적 정의이다.

평균적 정의는 절대적 평등을 요구하는 것이다. 그것은 급부와 반대급부, 손해와 배상, 범죄와 형벌 등의 절대적 평등으로서 대비되는 대상 사이의 동등한 가치에 따라 이루어지는 개인 사이의 수평적 질서를 전제로 한다. 배분적 정의는 비례적 평등을 말한다. 여러 사람 사이의 상대적·비례적 평등으로서 사람의 능력이나 공적에 따라 다르게 취급함을 인정하는 것이다. "甲은 그러한 보상을 받아 마땅하다."라는 것이 배분적 정의에 따른 것이다. 이 때문에 평균적 정의는 형식적 평등으로서 같은 위치에서의 질서를 주장하는 사법의 영역에서 많이 이야기되고, 배분적 정의는 실질적 평등으로서 상하 질서를 수립하는 공법의 영역에서 타당한 것이라 할 수 있다.

"그가 그런 벌을 받아 마땅하다." 또는 "그는 응보의 대가를 치렀다."라는 것은 형사적 관점에서 정의가 이루어졌다는 것이다. 형사적 정의는 범죄행위에 대한 응보, 응분의 처벌이라는 것은 이론의 여지가 없다. 그러나 배분적 정의가 과연 도덕적 덕(virtue)에 대한 응분의 보상인가에 대해서는 생각이 다를 수 있다. 형사적 정의와 배분적 정의의 차이에 관한 논의이다. 이에 대해서, 배분적 정의는 도덕적 덕에 대한 보상이나 받을만한 자격(deserve to)이라기보다는 합당한 기대치 또는 현실적으로 얻은 권한(entitled to)이라는 점에 형사적 정의와 차이를 둘 수 있다.

가난한 사람에게 최소한의 생계를 보장해 주기 위해서 부자에게 세금을 징수하는 절차를 시행하지 않을 수 없다. 한편 형사적 정의에서 법관은 공정한 절차를 마련하기 위해 최선을 다하지만, 재판의 결과는 무고한 사람이 처벌되거나 죄인이 무죄로 풀려나는 '부정의스러운' 결과가 나올 수도 있다.

아리스토텔레스는 자기 이익만이 아니라 공동의 선에 봉사하는 공동의 덕, 사회 전체를 생각하는 시민적 덕을 정의의 기초로 삼았다. 그리고 그의 정의 유형론은 오늘날까지도 많은 영향을 주고 있다.

고대 동양의 정의

(1) 유가(儒家)는 법의 기본을 예(禮)와 의(義)에 있다고 한다. '예'는 고대의 거의 모든 사회규범을 포함한 것으로 도덕규범이라고 할 수 있다. 예(禮)는 법의 이념으로써 서양의 정의와 같다고도 할 수 있으나, 예는 행위규범이며, 정의는 행위규범의 정당성의 기준이 되는 점에서 차이가 있다. 따라서 유교에서 정의 개념에 해당하는 것은 '의'라고 할 것이다. 의(義)는 '옳다', '바르다'라는 것으로, '옳음'을 뜻한다. 정의 개념과도 일치한다.

한편 도가(道家)는 무위자연(無爲自然)을 주장하고 소극적 정치를 최고라고 생각하였다. 이들은 법의 중요성을 무시했기 때문에 그 이념인 '의'도 무시하고 자연법칙에만 따르도록 강조하였다.

(2) 유가나 도가들이 법을 경시한 데 대해 법가(法家)는 인치주의를 배격하고 법치주의를 주장한다.

중국 전국시대 말기 한(韓)나라 사람인 한비(韓非)는 강한 사람만이 살아남는 시대에 나라를 다스리는 방법으로 엄격한 법 집행을 주장했다. 일반적으로 한비는 법가(法家) 사상을 완성한 사람이라고 평가한다. 물론 한비의 법사상이 오늘날 적용되고 있는 법 내용과 일치하는 것은 아니다. 그러나 그의 생각을 곱씹어 오늘의 생각과 비교해 보는 것은 나름의 의미가 있다.

한비는 근본적으로 인간의 본성은 악하다는 성악설(性惡說)에 바탕을 두고 있다. 그저 인간은 이해득실만을 따질 뿐 도덕적이지는 않다는 것이다. 이에 반해 공자와 맹자의 인성론 전제는 성선(性善)이다. 즉 사람은 누구나 원초적 양심이 있으며, 이 양심이 곧 도덕적 자율성 또는 자발성의 근거가 된다고 했다.

한비는 이러한 낙관론을 부정했다. 사람의 이해관계는 늘 어긋난다. 예를 들어 군주와 신하가 생각하는 이익이 다르고, 남편과 아내, 형과 아우도 이해는 서로 엇갈리게 마련이다. 특히 군주와 신하는 혈육이 아닌, 남남끼리 만나 각자의 이익을 추구하는 관계이다. 따라서 군주가 신하에게 충성심만을 요구한다든지 도덕만으로 다스린다는 것은 어리석은 짓이다. 그래서 한비는 이들을 다스리는 유일한 방법으로 법을 제시한다.

법가는 부국강병을 목적으로 하는 전국시대 말기의 제자백가 중 한 파이다. 중국 역사에서 춘추와 전국시대는 격변의 시대였다. 늘 싸움질만 하던 시대였으니, 세상인심은 흉흉하여 '예와 악이 붕괴된'(禮樂崩壞) 어지러운 세상이었다. 한비는 그러한 시대에 남에게 먹히지 않으려면 무엇보다도 내 나라가 튼튼해야 한다고 생각했다. 그러기 위해서 군주는 강력한 통치 권력을 가져야 한다고 강조했다. 빈틈없는 권력체계를 갖추는 것이 통치의 핵심이었다.

법가는 사회진화에 관하여 현저히 현실주의적인 견해를 취하여 법의 우월을 주장하였다. 법가는 법의 목적이 사회질서의 유지에 있다는 것을 명백히 밝히고, 법의 적용은 평등해야 한다고 하였다. 이처럼 법치주의를 강력히 주장한 법가는 법의 이념으로서 평등이라든가 정의를 주장하지는 않았다. 이들은 법의 실력성을 중심으로 법의 효용 등을 중시했을 뿐 정의 개념을 정립하는 것에는 무관심했다.

흔히 법을 아는 사람들이 말하기를, 오직 법리에 따라서만 해석을 하며, 재판은 법조문의 내용을 적용한 결과일 뿐이라고 한다. 법치주의는 인간의 지배가 아닌 법의 지배가 실현되었을 때 완성된다는 것이다.

하지만, 인간의 창조물인 법은 인간 의지의 지배를 받아야 한다. 사실, 법의 지배라는 용어 그 자체는 수사적인 표현일 뿐이다. 법이 지배할 수 없다. 지배는 행위이며, 법이 직접 행위를 할 수 없다. 법은 법적용자들이라는 현실의 사람들을 통해 해석되고 운용된다.

한비의 법은 무엇이 문제였나. 그의 법은 군왕의 통치를 유지하는 수단이었을 뿐이다. 다소라도 백성을 보호할 뜻이 있었다면, 공정한 재판을 받을 수 있어야 하고 최소한 자기 자신을 위해 변호할 수 있어야 했다. 그러나 그러질 못했다. 법에 그런 조항이 없었기 때문이다. 이것이 한비의 법이 지닌 가장 큰 문제이자 모든 법가의 법에 공동으로 존재하는 문제였다. 법의 집행은 엄격하고 분명해야 하지만 법을 제정할 때는 또한 정리(情理)에 부합해야 한다. 사람은 때로, 아니 많이 선하다. 인간의 선함을 불신한 한비는, 그래서 한계가 있었다.

법이 꾀해야 하는 정의란 단순한 보편 이념의 문제가 아니다. 이념에 따라 정의가 달라진다는 것을 역사적으로 숱하게 살펴볼 수 있다. 그런데도 정의를 실현하는 것은 법의 끊임없는 요구다. 법치주의는 권력의 횡포로부터 민주주의와 인권을 지키기 위한 것이다. 그래서 세상이 아무리 떠들어도 정의는 행해져야 한다.

중세의 정의

중세에는 법학이 신학의 일부였다. 교부철학자인 아우구스티누스(St. Augustinus)는 국가보다는 교회가 근본적으로 우월하다는 것을 인정하고, 국가는 인간 생활의 질서를 유지하기 위한 수단이라는 의의를 부여하였다. 그는 정의를 사랑과 같은 것으로 보고 유일한 신을 신봉하는 것이 곧 정의라고 생각하였다.

스콜라 철학자 토마스 아퀴나스(St. Thomas Aquinas)는 지혜, 용기, 절제, 정의를 4대 덕목으로 들고, 정의를 일반적 정의와 특수적 정의로 나누었다. 그에 의하면 일반적 정의는 지상의 모든 덕망을 포괄함에 대하여, 특수적 정의는 배분적 정의와 평균적 정의로 나누어진다고 하였다.

그리스도교 정의관을 한마디로 이야기하기는 어렵다. 그러나 그리스도교 정의관에 복잡한 굴절을 통해 정의의 역사는 획기적인 발전이 이루어진다. 구약의 정의관은 대체로 응보적(retributive) 정의관이다. '눈에는 눈, 이에는 이'라는 식의 동해보복(同害報復) 사상(탈리오 법칙, lex talionis)은 바로 이러한 정의관을 보여준다.

신약은 구약의 응보 대신에 사랑의 복음을 내세운다. 사랑에 의한 구제 복음은 전통적인 정의 이념에 많은 변화를 준다. 모든 인간은 다양한 차이에도 불구하고 동등하게 대해야 할 인간의 존엄성을 지닌다고 했다. 이 같은 그리스도교적 정의 이념은 그 근본에서 하느님의 자녀로 한 형제 됨(brotherhood)과 관련이 있다. 인간의 존엄성에 관한 생각은 신약에서 구체화하였다고 할 수 있다.

근대의 정의: 칸트와 공리주의의 정의론

(1) 근대에 들어와서는 칸트의 정의론을 놓치지 말아야 한다. 칸트의 윤리학은 언제나 누구에게나 보편적으로 적용되어야 하는 법칙성을 바탕으로 하고 있다. 또한, 칸트는 자율성을 말한다. 얼핏 보면 법칙성과 자율성은 충돌하는 것으로 보일 수 있다. 그러나 칸트는 그 자율성을 최고선(最高善)에 대한 자발적 승인과 의무의 개념으로 파악하기 때문에 모순되는 것이 아니라, 오히려 서로를 더 고귀한 것으로 만든다고 주장한다. 칸트의 정의도 그런 틀 안에서 정리할 수 있다.

칸트는 의무를 '사람으로서 마땅히 하여야 할 일'이라 정의한다. 그렇다고 내가 하고 싶으면 하고 하기 싫으면 하지 않는 게 아니다. 의무는 누구는 지키고 누구는 안 지켜도 되는 것이 아니다. 칸트는 또한 '만약에 ~하다면, ~하겠다'라는 것이 아니라 아무런 조건을 따지지 않고 따르는, 그야말로 오로지 의무감에서 따르는 정언명령(定言命令)을 이야기한다. 누군가 명령하고 나는 그걸 따른다면 그건 노예의 삶이지 주인의 삶이 아니다.

칸트는 이렇게 의무와 정언명령을 주체성과 연결한다.

칸트의 최고선은 누구나 동의하고 추구할 가치로, '옳다 그르다'를 따지지 않는 완전 선이라 한다. 누가 억지로 시켜서가 아니라 나 스스로 선택하고 기꺼이 행동하는 것, 그것이 곧 자율이고 그런 자율을 수행하는 나는 자연히 주체적이다. 최고선은 그러한 행복과 도덕성이 일치하는 상태다. 칸트가 말하는 의무, 최고선, 자율성 등은 이런 뜻이다.

칸트가 살던 18세기는 서양 근대 시대의 한복판이라 할 수 있다. 그때 '자유로운 개인'이란 생각이 자리 잡기 시작했다. 근대 이전에는 개인이 아니라 '집단의 한 구성원'이거나 영주의 소유물에 가까운 존재였을 뿐이었다.

칸트는 '자유로운 개인'의 확고한 수립을 위해 보편적 법이 될 수 있는 준칙(기준, 규칙, 법칙)을 좇는 사람과 삶을 기초해야 한다고 믿었다. 그가 살았던 시기는 18세기 내내 성장한 신흥 시민계급의 사상인 자유주의가 자리 잡았던 때다. 칸트는 바로 그러한 사상을 굳건한 이론 체계로 정립하였다.

칸트의 정의를 요약하자면, 타인의 자유를 침해하지 않는 한 자신의 인격을 자율적으로 나타내고 실현할 수 있는 인간의 자유와 권리를 보장하는 것이다. 그런 점에서 칸트는 자유주의 철학의 기초를 굳건히 세운 사람이다. 그러나 그는 인간의 쾌락과 행복을 정의의 기초로 삼지 않는다. 그런 점에서 공리주의와는 다르다. 칸트가 내세운 정의관의 바탕은 모든 사람은 자유롭고 합리적이며 책임감 있는 존재라는 가정이다. 자유가 없으면 도덕도 정의도 마련될 수 없다. 이러한 근대적 자유와 정의에 대한 태도는 지금까지 그대로 이어진다.

(2) '최대다수의 최대행복'이란 말이 있다. 누구나 행복을 원한다. 물론 개인의 행복이 사회의 행복과 반드시 일치하지는 않는다. 이러한 충돌을

조정하는 것이 법이다. 법에 따라 불공정한 일, 부정한 일을 예방하고 처벌한다. 그래야 사회적 정의가 실현될 수 있다.

사회적 가치 판단 기준에 효용이라는 가치를 중히 여기고, 그리고 그 효용의 구체적인 내용으로 행복을 이야기하는 사상을 공리주의라 한다. 여기서 말하는 정의란 무엇일까?

산업화 사회는 공장을 중심으로 이루어지기 때문에 노동력이 도시로 모인다. 그러면 이전에 농촌에서 영주의 영지에서 소작하던 농민들이 고향을 떠나 대도시와 광산 지역으로 간다. 이전의 사회는 큰 변화도 없고 복잡하지도 않았다. 윤리적 태도도 단순하고 간결했다. 하지만 대도시로 몰린 사람들은 각자 자신의 이해를 위해 살기에 다른 사람들의 윤리적 판단과 충돌을 피할 수 없었다. 조용하고 일상적인 농촌 사회에서는 어떤 규범을 학습하고 그에 따라 살며 그것으로 행위를 판단할 수 있었다. 충돌할 것도 없었다. 하지만 도시의 삶은 그렇지 않다. 그렇다고 매일 힘으로 겨루거나 주먹다짐을 할 수도 없다. 이렇게 서로의 윤리적 기준이 충돌하면 사회는 불안해진다. 공리주의는 이러한 상황에서 적절했다. 우선 행위의 결과에 대한 객관적 틀을 갖고 있으므로 쉽게 판단하고 수긍할 수 있다. 즉, 행복의 총량을 따져서 더 많은 행복이 우월한 것으로 평가되기 때문이다. 이렇게 공리주의는 산업화 시대 상황에서 매우 큰 설득력이 있는 윤리적 이론이었다.

힘이 있는 사람들은 모든 권력을 독차지하고 부를 축재하며 온 세상이 자기 것이었다. 그러한 틀 안에서 그들은 다른 사람들을 차별하고 억압했다. 선거권과 피선거권이 일반 시민에게 돌아가지 않았다. 공리주의에서 진정 주목해야 할 부분은 바로 이 지점이다. 누구나 쾌락을 추구할 권리가 있다. 행복은 소수의 독점물이 아니다. 무조건 최대다수의 최대행복만 강조하는 것이 아니다. 최대다수라는 말에는 모든 사람이 포함된다. 쾌락의 평등한 가능성이 전제된 말이다.

공리주의의 정의는 공평성에 있다. 공평이란 어느 쪽으로도 치우치지 않고 고른 상태를 말한다. 이것이야말로 사회적 정의와 분배적 정의를 형성하는 가장 높은 추상적인 기준이다.

공리주의는 근본적인 문제를 안고 있다. 공리주의는 불공정하고 불의한 행위를 정당화할 수 있다는 점이다. 나치의 독재가 그 예이다. 히틀러와 나치의 거짓 선전과 선동의 탓이기는 하지만, 당시 독일인들은 나치 정권을 받아들였고, 또 그렇게 하는 것이 독일인들에게 최대행복을 주는 것이라고 여겼다.

한편 공리주의는 다수를 위해 소수가 희생하는 것은 어쩔 수 없다는 태도다. 나의 행복을 위해 다른 사람의 불행을 무시하는 것은 결코 정의로운 일이라 할 수 없다. 이 사회에서 목격하는 많은 불의가 바로 강자의 횡포로 일어난다. 올바른 정의는 약자와 소수자를 먼저 보호하는 데에 그 바탕을 두어야 한다.

현대의 정의: 존 롤스의 정의론

롤스(John Rawls)는 공동체의 행복을 증대시키기 위해 소수 약자에게 희생을 강요하는 건 공정하지 못하며, 인간은 모두 천부적 인권을 지니고 있으므로 어떤 상황에서도 그것을 지켜줘야 한다고 주장한다.

신분의 높고 낮음, 그리고 출신에 상관없이 모든 인간은 자유롭고 평등한, 즉 절대적 가치를 지닌 존재로서 누구나 인간답게 살아야 한다고 롤스는 주장한다. 그는 공리주의가 편의적이고 때론 전체주의적 가치로 작동되는 것을 비판했다. 최대의 선을 얻기 위해 인간의 권리를 침해하는 것은 용납할 수 없다는 점을 분명하게 밝혔다. 그는 어떠한 상황에서 누구는 보호받고 누구는 불이익을 당하는 일은 용납해서는 안 된다고 주장한다.

모든 사람이 동등하다고 말하지만, 현실은 어떤가? 어떤 사람은 권력을 가지고 있고 재산이 많다. 그러나 대다수 사람은 그렇지 못하다. 그렇다면 이러한 불공평한 상황에서 공정한 계약이 가능할까? 힘 있는 사람들은 지위를 이용해서 더 많은 것을 요구할 것이고 돈 많은 사람은 다른 사람들보다 좋은 조건에서 경쟁을 시작할 수 있으니 더 많은 기회를 가질 것이다. 그렇다면 시작부터 불공정하다.

그래서 롤스는 '무지의 베일'(the veil of ignorance)이라는 개념을 제시한다. 블라인드 테스트라고 할 수 있다. 어떤 합의를 할 때 참여하는 사람들의 여건을 모르게 하자는 것이다. 그래야 자기에게 유리한 쪽으로 결정하려는 유혹을 막을 수 있고, 그렇게 하지 않고 모두 자신의 위치나 처지에서 생각하고 행동하기 때문에 정의에 대한 합리적 결과를 내놓을 수 없다는 것이다. 문제는 현실에서 이러한 요구는 가능하겠는가. 하지만 롤스의 이런 제안은 적어도 '순수 절차적 정의'를 보장하자는 것이다. 올바른 결과에 대한 별도의 독립된 기준은 없지만, 최소한 공정하고 바른 절차가 있어야 그 이후의 내용과는 무관하게 그 결과가 공정할 수 있기 때문이다. 절차가 공정하면 그 결과도 정의롭다고 할 수 있다는 생각이다.

롤스는 두 가지 원칙을 강조한다. 하나는 자유의 원칙이고 다른 하나는 평등과 차등에 관한 원칙이다. 이에 바탕을 둔 정의는 사람들의 자유나 혜택 등의 선을 극대화하는 것을 정하는 원칙이 아니라 각각의 자유와 혜택의 방식을 합의하고 그것을 어떻게 분배하는지에 집중하는 것이다.

3. 정의와 법치

"법대로 하자!" 당연한 말인데, 법대로 하자는 말은 뒤틀려짐이 숨어있다. 정의와 상식이 통하지 않을 때 빼 드는 나쁜 히든카드인 양 느껴진다. 갈등이 법의 문제가 되는 순간, 정의는 뒷전이 되어버리고 누가 더 센지 대보자는 으름장이 된다.

하나가 행복하면 다른 하나는 그렇지 못하다. 솔로몬 사례는 두 여자 중 한 사람만이 아이를 사랑하고 있다는 조건에서만 정당하다. 두 여자 모두 아이를 사랑하고, 두 사람이 그들의 요구를 철회한다면 분쟁은 해결될 수 없다. 그러나 결국 판결로 아이가 한 당사자에게 넘겨진다면, 그 판결은 분명히 정의롭지 못하다.

절차가 정의롭고(fair procedure), 그에 대한 결과 또한 정의로울 수 있다면(just result) 더없이 바람직할 것이다. 그러나 현실에서는 그 가운데 하나를 위해 어쩔 수 없이 다른 하나를 희생해야 하는 경우가 있을 뿐만 아니라 많기까지 하다. 정의가 반드시 정의로운 결과를 가져오는 것은 아니다.

극단적으로 정의만을 강조한다면 "세상은 망하더라도 정의는 세우라!"라는 것이 된다. "정의만이 통치의 기초이다."라는 것이다. 그래서 정의는 합목적이어야 한다.

헌법은 "국민의 모든 자유와 권리는 국가안전 보장·질서유지 또는 공공복리를 위하여 필요한 경우에 한하여 법률로써 제한할 수 있다."라고 규정하고 있다(헌법 제37조 제2항 참조). 이 규정은 정의와 합목적성이 충돌하는 경우에 이의 조화로운 조정을 원칙으로 하면서 궁극적으로는 정의의 원칙인 인간의 자유와 권리의 본질적 우선을 규정하고 있다고 새겨야 할 것이다.

인간은 이 지상에 살면서 동시에 모든 가치를 한꺼번에 누릴 수는 없고, 하나의 가치를 추구하는 만큼 다른 하나의 가치를 희생하게 된다. 따라서 법의 이념과 가치 선정에서도 명석한 사려 위에서 조화와 결단으로 이루어야 한다.

오늘날 정의 개념은 어느 정도 통일성을 보인다. 정의 개념은 아리스토텔레스에 따라 평등으로 파악하면서, 그 평등과 함께 인권의 존중을 이야기한다. 국제연합헌장은 인권 존중과 정의 원칙에 따라 국제사회를 건설하려 하고 있다. 세계인권선언의 전문에서도 "인류사회의 모든 성원의 생명의 존엄과 평등하고 양도할 수 없는 권리를 인정하는 것은 자유와 정의와 평화의 기초이다."라고 하고 있다.

제1차 세계대전 이후 독재정권을 경험한 세계 각국의 인민은 각자에게 각자의 것을 준다는 정의의 격식이 지나치게 형식적이며 이것으로는 정당성의 구체적 기준을 제시할 수 없다고 보고, 실질적 정의의 내용을 확정하려고 노력하고 있다. 정의의 내용으로 평등을 말하지만, 무엇이 평등인가를 단언하기는 쉬운 것이 아니다.

참고문헌

구스타프 라드부르흐/최종고 옮김, 법철학, 442쪽, 삼영사 펴냄, 2011.

권창은·강정인, 소크라테스는 악법도 법이라고 말하지 않았다, 246쪽, 고려대학교출판부 펴냄, 2005.

문종욱, "사물의 본성의 법이념으로의 구현" 법학연구 제31집, 27 – 46쪽, 한국법학회 펴냄, 2008.

박용진, 중세 유럽은 암흑시대였는가, 126쪽, 민음인 펴냄, 2010.

스테판 에셀/임희근 옮김, 분노하라, 88쪽, 돌베개 펴냄, 2011.

아리스토텔레스/이창우·김재홍·강상진 옮김, 니코마코스 윤리학, 486쪽, 이제이북스 펴냄, 2006.

엘리자베스 홀츠라이트너/서정일 옮김, 정의 Gerechtigkeit (유럽정신사 개념 04), 156쪽, 이론과 실천사 펴냄, 2009.

이정우, 개념 뿌리들 02, 396쪽, 산해 펴냄, 2009.

이종은, 정의에 대하여: 국가와 사회를 어떻게 조직할 것인가, 760쪽, 책세상 펴냄, 2014.

이종은, 존 롤스, 118쪽, 커뮤니케이션북스 펴냄, 2016.

이항녕, 법철학개론, 393쪽, 박영사 펴냄, 2004.

장규원, "한바지와 법치주의: 정의를 실현하는 것은 법의 끊임없는 요구", 원대신문, 2011.5.24.

조천수, "자연법과 사물의 본성", 저스티스 (통권 제77호), 157－175쪽, 한국법학원 펴냄, 2004.

존 롤즈/황경식 옮김, 정의론, 782쪽, 이학사 펴냄, 2003.

프레드 로델/이승훈 옮김, 저주받으리라 너희 법률가들이여, 280쪽, 후마니타스 펴냄, 2014.

플라톤/조우현 옮김, 국가, 504쪽, 올재 펴냄, 2013.

플라톤/황문수 옮김, 소크라테스의 변명, 326쪽, 문예출판사 펴냄, 2007.

|사항색인|

저자 약력

장규원(張珪遠)

동국대학교 법학과(법학사)
동국대학교 대학원 법학과(법학석사)
독일 프라이부르크대학 법학과(법학박사)
원광대학교 경찰행정학과 명예교수

인권강의

초판발행   2020년 2월 25일
중판발행   2024년 1월 31일

지은이   장규원
펴낸이   안종만·안상준

편 집   박가온
기획/마케팅   이영조
표지디자인   박현정
제 작   고철민·조영환

펴낸곳   (주) **박영사**
               서울특별시 금천구 가산디지털2로 53, 210호(가산동, 한라시그마밸리)
               등록 1959. 3. 11. 제300-1959-1호(倫)

전 화   02)733-6771
f a x   02)736-4818
e-mail   pys@pybook.co.kr
homepage   www.pybook.co.kr
ISBN   979-11-303-3587-2   03360

정 가   15,000원